杭州市哲学社会科学重点研究基地浙大城市学院
文化和旅游法治研究中心项目资助

旅游法治与发展文库
TOURISM LAW & DEVELOPMENT LIBRARY

U0740461

日本旅游业发展模式与政策体系研究

方琳 著

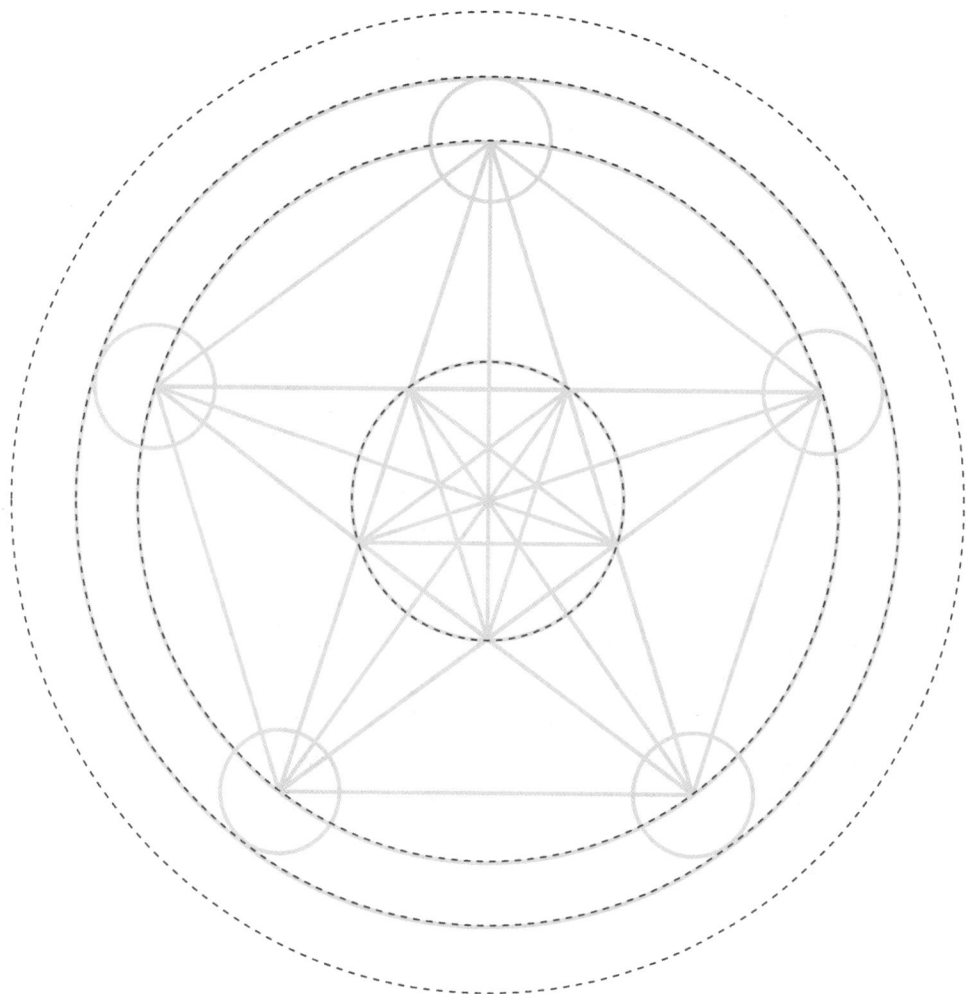

中国旅游出版社

项目统筹：郭海燕
责任编辑：郭海燕
责任印制：冯冬青
封面设计：中文天地

图书在版编目（CIP）数据

日本旅游业发展模式与政策体系研究 / 方琳著. --

北京 ： 中国旅游出版社，2023.8
（旅游法治与发展文库）
ISBN 978-7-5032-7194-6

Ⅰ．①日… Ⅱ．①方… Ⅲ．①旅游业发展－研究－日
本 Ⅳ．①F593.133

中国国家版本馆CIP数据核字(2023)第153536号

书　　名	日本旅游业发展模式与政策体系研究

作　　者	方琳著
出版发行	中国旅游出版社
	（北京静安东里 6 号　邮编：100028）
	http://www.cttp.net.cn　E-mail:cttp@mct.gov.cn
	营销中心电话：010-57377103，010-57377106
	读者服务部电话：010-57377107
排　　版	北京旅教文化传播有限公司
经　　销	全国各地新华书店
印　　刷	北京工商事务印刷有限公司
版　　次	2023 年 8 月第 1 版　2023 年 8 月第 1 次印刷
开　　本	720 毫米 ×970 毫米　1/16
印　　张	12.5
字　　数	220 千字
定　　价	58.00 元
ISBN	978-7-5032-7194-6

《旅游法治与发展文库》总序

"生活不止眼前的苟且，还有诗和远方的田野。"诗意的生活，而非异化的生存，是人生在世的本质追求，而旅行正是让我们可以到达"诗"和"远方"最直接的方法。当下，旅游已成为一种大众生活方式，成为人类须臾不可分离的一项重要权利。而如果放眼世界，旅游既是不同国家、不同文化交流互鉴的重要渠道，是发展经济、增加就业的有效手段，也是提高人民生活水平的重要产业。

以习近平同志为核心的党中央高度重视我国旅游业的发展，尤其是在推进国家治理体系和治理能力现代化的大背景下，更是强调旅游业的高质量规范发展。2013年4月，习近平主席签署主席令公布《中华人民共和国旅游法》，自此，我国的旅游法治建设就迈上了新的台阶。七年来，逐步形成了以《旅游法》为核心，以《旅行社条例》《导游人员管理条例》和各省市旅游条例等法规规章为重要组成部分的旅游法制体系，为规范旅游市场秩序，提升旅游服务质量，保障游客、旅游经营者和旅游从业人员的合法权益发挥了积极的作用。

然而，我们也应该清醒地认识到，我国旅游业发展的巨大成就与满足人民日益增长的美好生活需要之间还存在着不小的差距。观念落后、体制不顺、机制不活、市场不规范、产品不丰富、服务不优质、基础设施和公共服务不到位、旅游业态创新能力不强、旅游资源的开发利用不够可持续、旅游法制环境不理想等问题，仍在不同层面、不同区域和不同主体之间存在，成为制约我国旅游业持续健康快速发展的最大障碍。因此，我们认为，只有通过不断的改革创新，并以法治的手段做好规范和促进，才能最终解决我国旅游业发展的深层次难题，进一步巩固旅游业的战略性地位，提升人民群众的获得感和幸福感。

为此，我们必须在理论上深化旅游法治相关问题的研究，推动"旅游法学"这一新兴交叉学科的发展。"旅游法学"并非传统的部门法，而是属于"行业法"，其研究理路是针对行业发展中出现的法治问题，提出具备理论性和实践性的解决方案，这需要兼有民法、商法、经济法、行政法、国际法、环境法等综合知识储备。因此，从目前来看，"旅游法学"的研究基础还比较薄弱，专门从事这一领域研究的学者也较少。但由于旅游行业本身是一个综合性行业，涉及面极广，所以"旅游法学"的内涵和外延还不确定，且处于不断扩展之中，这就为学科自身的发展留下了极大的空间。部门法学者在接触了解了旅游行业之后，或是旅游管理研究者借助一定的法学方法，都能在这一领域产出高质量的研究成果，为壮大"旅游法学"学科添砖加瓦。

这也是我们筹划出版"旅游法治与发展文库"的初衷。"文库"会坚持以旅游行业发展为底色，秉持交叉、开放的原则，吸纳不同领域、不同界别的专业人士开展旅游法治相关问题的创新研究，更好地融合学术性与应用性，以满足旅游消费者、旅游经营者、旅游从业者、旅游管理者和旅游研究者等不同主体的需求。同时，也希望通过"文库"的出版，进一步整合旅游法治研究队伍，不断地打造旅游法治研究平台，更好地促进旅游法治学术交流。

作为杭州市哲学社会科学重点研究基地"浙大城市学院旅游法治与发展研究中心"的项目成果，"旅游法治与发展文库"的策划和出版得到了文化和旅游部、浙江省文化和旅游厅的关心和鼓励，得到了杭州市社会科学界联合会和浙大城市学院的鼎力支持，也得到了中国旅游出版社的积极响应，在此一并致谢！

"斑斓五彩服，前路春物熙。""诗"和"远方"带给我们的将永远是春色和希望。是为序。

方立新

2019 年 12 月 13 日

目　录

第一章

绪 论

一、研究背景及意义

　　旅游业对全球经济和社会的发展至关重要，特别是对发展中国家，旅游业不仅为社会提供了生产性的创造和包容性的就业机会，也为保护自然和文化资源提供了资金以及增强经济权能的机会。根据世界银行的数据统计，在疫情之前，旅游业是世界上最大的服务业，在全球范围内提供了1/10的就业机会，其影响（包括直接、间接和诱发影响）占全球新增就业岗位的1/4，尤其是为旅游业的女性从业者提供了机会。2019年整个旅游产业的产出占全球GDP的10.4%，国际游客支出达到1.8万亿美元（占全球出口总额的6.8%）。总体而言，旅游业对于每一个国家的经济而言都是非常重要的领域，它的贡献除了增加经济收入，创造就业机会，促进国家基础设施的发展，还为外国人和在地住民之间的文化交流提供了机会，对游客来说，它可以提高幸福感和教育水平[①]。

　　日本作为全球重要的商业、科技、美食、流行文化和购物中心，近年来旅游业在文化产业基础上逐渐崛起并成长为日本经济支柱产业之一，从2011年

---

　　① The World Bank. Tourism and Competitiveness[EB/OL].（2022-03-31）[2022-12-01]. https：//www.worldbank.org/en/topic/competitiveness/brief/tourism-and-competitiveness.

到 2019 年，日本利用其丰富的自然资源和文化底蕴，使其入境旅游市场规模每年不断持续增长，疫情前，仅 2019 年日本的入境游客数就超过了 3000 万人次，入境旅游已经成为日本政府实现 2020 财年名义国内生产总值（GDP）600万亿日元目标的核心要素。根据 2022 年世界经济论坛统计，日本在 2021 年旅游发展指数中，尽管由于新冠感染疫情，入境旅游严重受限，日本仍然力压美国、西班牙、法国等众多国家，在世界观光魅力度排行榜（117 个国家和地区）中位居全球第一，这也是世界经济论坛自 2007 年开展调查以来，日本首次排行第一[①]。随着日本社会经济的发展和国民收入水平的提高，日本政府通过发布针对文化和旅游行业发展的施行规则和施行令等实施细则，以确保文化和旅游领域政策方针的实施，并有效维护文化和旅游经营者以及消费的利益，推进文化、旅游发展与国民福利相融合。

随着我国旅游经济的发展，产业结构也日渐合理，管理日趋完善，对国家社会经济发展的贡献日益显现。相比之下，我国旅游法律法规的制定、修改和实施则存在一定的滞后性和不完善性的问题，容易导致旅游市场乱象，给游客的合法权益带来损害。本研究通过总结日本旅游业的发展模式及其政策和法律，分析日本通过旅游业政策法规的制定、实施来推进文化市场培育、旅游消费内需扩大、人民福利增加以及各地区间的均衡发展的经验，希望以此作为他山之石，为我国旅游政策法规制定提供有益的借鉴。

二、研究综述

日本基于"观光立国"战略，充分统筹文化和旅游资源，积极推进融合发展的手段复活了明治维新后持续了百年左右的入境游模式，并成功推进旅游产业成为日本新的出口产业，在促进外汇收入增加的同时，也大力推动了国民社会经济的全面发展[②]。国内外关于日本文化和旅游发展模式及其政策的研究也

---

① Lauren Uppink, Maksim Soshkin. Travel & Tourism Development Index 2021 [R]. The World Economic Forum, 2022. https://www.weforum.org/reports/travel-and-tourism-development-index-2021.

② 王金伟、李子洁、冯岩飞. 日本旅游经济发展特点及政策走向——基于 2018 年版《旅游白皮书》的审视 [J]. 日本研究, 2019 (2): 54-60.

已成气候。

　　在日本，旅游业是多个行业的集合，并没有作为一种产业种类出现在日本标准产业分类中，尽管日本基于传统文化的旅游活动十分盛行，但其文化和旅游产业是分属于不同的行政管理部门，因此日本的文化政策主要来源于日本中央省厅文部科学省的文化厅，旅游政策则主要来源于国土交通省的观光厅。

　　日本政府十分重视国内社会、经济、文化、教育和生态等各方面的发展并致力于宏观战略研究，许多政策性文件相应出台，各类统计资料也编写成册，为研究分析每个阶段不同的旅游开发侧重点提供了重要依据。[①] 日本国土交通省观光厅的《统计情报》中涉及住宿业、旅行社业、交通运输、经济带动效果等与旅游相关的数据资料；日本国土交通省观光厅《观光立国》中对"观光立国"战略的推进基本计划也为研究此战略给日本经济和旅游业带来的影响提供了数据资料支撑；日本国土交通省每年编撰的《白皮书》则包含了政策、经济与旅游业的相关统计材料，为不同的旅游开发侧重点提供了重要依据。除了国土交通省编辑成册的计划书和白皮书等统计材料以外，日本外务省针对入境旅游，积极联合观光厅发布《促进入境旅游》《"支持未来的日本"观光宗旨》等政策。文化厅则发布《文化观光推进法》《以文化财产为核心的观光地打造》等政策，通过具体的案例模型分析文化旅游发展的做法。

　　日本学术界针对日本旅游产业发展的相关研究历史由来已久，且成果丰硕。笔者通过检索谷歌学术、CiNii Articles、IRDB.NII、J-stage 以及"日本の研究"等日语论文常用查询网站，发现近 5 年来，以"日本の観光政策（日本旅游产业）"为搜索主题的论文数量多达 12000 多篇，且主要聚焦在日本入境旅游的政策变迁、旅游业促进地域振兴、旅游业的灾后（疫情后）复兴、文化观光地共生发展、都市圈内部的产业关联、产业结构变动、产业聚焦与城市扩张、旅游目的地营销等方面，对日本旅游产业的发展规律、政策和结构演进过程进行全方位的研究。而在旅游行政管理方面的主题，笔者归纳了由（公财）日本交通公社的期刊《观光文化》[②] 和（公社）日本观光振兴协

　　① 陈蕙.日本旅游业发展及特点研究［J］.华东师范大学硕士论文，2009：2.
　　② 《观光文化》是由（公财）日本交通公社于 1976 年创办的旅游期刊，每年在 1 月、4 月、7 月、10 月发行共 4 期，发行内容除了来自（公财）日本交通公社独立的研究成果以外，也有与外部的研究人员以及当地的从业者等合作的研究成果。

会的季刊《观光和城镇发展》^①（见表 1.1）近年来相关的主题。首先，不难发现，近年来的主题都在围绕一直被关注的"可持续旅游"，基于通过设置"指标"来客观评估旅游目的地状况的视角，研究旅游目的地管理的旅游政策以及包括居民在内的各种参与者参与旅游目的地治理的意义。其次，相对聚焦的是与日本入境旅游政策、"振兴地方经济及其连锁反应"以及旅游资源的评价、保护和管理等主题。最后就是旅游灾后重建相关的内容，包括东日本大地震、新冠感染疫情对旅游业的影响及其灾后复兴等。《观光和城镇发展》的研究主题则以旅游业的发展新趋势为主，包括了解"内容旅游"和"美食旅游"等时代新趋势，此外也包含数字营销、区域品牌和旅游信息传播等旅游营销的相关内容以及如自行车、高铁、区域交通与旅游、MaaS^② 交通与旅游的关系等。

表 1.1 《观光文化》和《观光和城镇发展》近年来旅游行政相关主题

年份	《观光文化》	《观光和城镇发展》
2016	·亚洲旅游研究的动向 ·旅游对东日本大地震的复兴有何贡献 ·关于旅游目的地的就业环境的思考 ·成为"对旅游研究和实践有用的图书馆"	·活用 ICT 发展旅游业 ·全球视角下的日本旅游
2017	·区域振兴时代的乡村与旅游 ·如何将外国游客的消费与地域经济振兴联系起来 ·目的地管理的趋势 ·可持续旅游	·面向可持续旅游 ·对打造新型旅游商务以及商业合作的思考 ·驱使年轻人去旅行的因素 ·距东京奥运会和残奥会还有 4 年，与全日本一起向世界传递信息
2018	·旅行到生活！里程碑式旅行^③ 的建议 ·未来的区域交通和旅游 ·入境旅游时代的旅游振兴的经济效益 ·从古书开始学习	·区域发展与体育旅游 ·在地方体验各种类型的住宿 ·通过美食接触当地文化—美食旅游 ·旅游人才—今日环球旅游

① 《观光和城镇发展》是由（公社）日本观光振兴协会于 2009 年创办的旅游期刊（季刊），主要面向日本全国的旅游业经营者和旅游行政管理者，是日本国内唯一的关于旅游全产业链的综合性杂志。

② MaaS, Mobility as a Service 意为"出行即服务"，主要是通过电子交互界面获取和管理交通相关服务，以满足消费者的出行要求。通过对这一体系的有效利用，可充分了解和共享整个城市交通所能提供的资源，以此实现无缝对接、安全、舒适、便捷的出行服务。

③ 以入学、毕业、就业、结婚、退休以及生日等人生中重要的节点为契机去旅游的一种说法。

续表

年份	《观光文化》	《观光和城镇发展》
2019	·游客激增后在地居民的"意思"如何 ·利用特色产品提高入境旅游的经济效应 ·多元化商务旅行 ·旅游与图书馆：图书馆如何为区域旅游做出贡献	·温泉度假村复兴的秘诀 ·旅游景点的危机管理 ·未来的区域品牌 ·数字营销改变旅游业
2020	·公司型 DMO（目的地营销机构）的挑战 ·目的地治理 ·可持续旅游领域的本质；新冠感染疫情的现状和挑战 ·基于从新冠感染疫情中幸存下来的角度——新冠感染疫情的现状和挑战 第 2 部分	·地方旅游业的培育 ·新冠感染疫情下的观光信息发布 ·旅游组织的改变 ·观光型 MaaS 的可能性
2021	·新的市场前景——Covid-19 新冠感染疫情的现状和挑战 第 3 部分 ·东日本大地震 10 年后——灾区观光重建现状及感想 ·为旅游业的振兴做贡献的地方公立大学——地方的现状、问题和期望 ·国际体育赛事与区域振兴	·挑战新型旅游方式 ·东日本大地震 10 年后——今天的东北旅游 ·活用文化资源的旅游 ·因新冠感染疫情危机而改变的旅游业
2022	·有助于创造未来旅游文化的研究领域 ·关于导游这个企业 ·可持续旅游重建 ·从停滞状态重新开始的目标——新冠感染疫情的现状和挑战 第 4 部分	·面向可持续旅游的实现 ·COVID-19 时代的旅游业 ·重启旅游业 ·旅游业挑战碳中和 ·新冠感染危机的新想法 ·变化中的旅游业 ·Z 世代的观光信息 ·纪念铁路开通 150 周年——用铁路旅游振兴地方 ·入境旅游的恢复与旅游业的未来

概括地说，日本本土对于文化和旅游业的研究角度十分多样化，从文化旅游、入境旅游、旅游业与宏观经济到旅游产业结构、企业集聚之间的互动关系、灾后（疫情后）的旅游复兴等，既有理论政策的研究也有具体案例的分析，可供学习和参考的研究成果较为丰富。

国内关于日本旅游产业发展及政策研究的文献，就笔者目前查找的情况来看，研究起步也较早，且总体数量较多。以全球最大的中文数据库"知网"为检索对象，截至 2023 年 4 月，以"日本旅游业"为检索主题的相关文献共有156 篇，其中包含学术期刊 93 篇（核心期刊 21 篇），特色期刊 10 篇，学位论文 32 篇，会议 2 篇，报纸 18 篇，近 5 年来的相关文献有 34 篇，其中学术期刊 18 篇（核心期刊 6 篇），学位论文 8 篇。以"日本旅游政策"为检索主题的相关文献共有 26 篇，其中学术期刊 17 篇（核心期刊 7 篇），学位论文 5 篇，但近 5 年来的相关文献仅有 3 篇。

作为东亚地区战后经济发展最快的国家，日本也是旅游产业快速发展且以赤字为特征的国家，其国际旅游业在世界旅游业发达国家中独具特色[①]。通常情况下，旅游业对于各国经济的发展都具有普遍性意义，但旅游业对日本经济发展的促进作用尤其显著，它不仅弥补了日本经济发展的资源与人口"瓶颈"，也拉动了日本国内的就业并极大地刺激了消费[②]。针对日本旅游产业的发展，国内多数研究是从"二战"以后划分出日本旅游业发展的纵向脉络，并分为起步阶段（20 世纪 50—60 年代）、快速发展阶段（20 世纪 70—80 年代）以及变革阶段（20 世纪 90 年代至今）。然后通过数据比对和分析研究，提炼和总结出日本旅游业发展的结构性演变规律，即基于信息化条件的转型促进，信息化推动旅游业不断实现再组织化，促使其经济性不断延拓；其次是政府推动体制下的内部性与外部性协同发展。与世界上大部分市场主导型的发达国家不同，虽然其市场经济体制较为完备，可自动调节旅游产业的资源配置过程，但是日本在发展旅游业方面仍然采用政府主导型发展模式，这与其国家干预和控制经济的历史传统有着密切的关联[③]。尤其是通过对日本战后连续 7 次国土规划计划以及数量众多的旅游法律法规及产业政策等的研究，不难发现日本政府在推进旅游业规范有序的发展过程中的强有力保障作用。

特别是进入快速发展阶段以后，日本为了振兴地方经济，向世界传达日本的魅力，日本首次在 2003 年 1 月的观光立国恳谈会上提出了"观光立国"的初步概念，并于 2006 年颁布了《观光立国推进基本法》，随后继续颁布观光立国推进基本计划、成立日本观光厅等。随着日本政府一系列的"观光立国"措施的实施，观光立国战略也带来了十分显著的成效。因此，针对"观光立国"战略的研究也成为国内研究日本旅游政策的主流。观光立国战略模式主要

---

① 徐皎.日本国际旅游业的特点及新动向［J］.世界地理研究，2006（1）：94-98.
② 邹蔚菲.经济危机中日本旅游业的市场拓展与政策扶植［J］.现代日本经济，2009（4）：60-64.
③ 凌强.日本政府主导型旅游发展模式及其政策措施与成效［J］.世界地理研究，2008（3）：150-157.

包含 10 个方面内容，即旅游法律体系、国家旅游行政管理机构、国家旅游发展战略规划、旅游人才培养战略、财税金融支持战略、美化国土战略、旅游国际化战略、国民旅游发展战略、国家旅游形象传播战略以及其他具体战略措施。日本的观光立国战略实施是一个动态发展的过程，随着日本国内经济社会的发展和世界旅游形势的变化而不断调整新内容和新发展①。2022 年 10 月，日本召开第 16 次观光立国推进阁僚会，为了观光立国战略的复苏，日本调整了战略措施内容，重点推行旅游消费复苏行动，发挥日元贬值的效果，尽快达成超过 5 万亿日元的目标；支援住宿设施改造，加速推进项目进展，实现可持续性且高附加值的旅游产业；制订新的《观光立国推进基本计划》，推进日本旅游产业以可持续发展的形式获得复苏②。

除了观光立国战略，日本也从多个层面出台一系列的旅游政策和法规，如《观光立国推进基本法》《生态旅游法》《观光圈整备法》《景观法》等。针对日本的旅游法规的研究，目前主要有殷作恒教授编译的《日本旅游法律法规》③，该著作翻译汇总了日本旅游基本法、国际旅游事业资助法、国际旅游事业资助法施行规则、国际旅游振兴会法及其施行规则、通过促销和举办国际会议等振兴国际旅游法及其施行规则、振兴国际旅游法及其施行规则等基础性法规、旅行社相关法律、旅馆业相关法规以及出入境相关法规等，法规内容翔实、完整。从总体上看，日本的旅游法律法规有完整的体系并相互制约，涉及面广、数量多，并且很多法律都配有实施细则，突出重点同时针对性强，并根据情况变化适时进行修改④。总体而言，现有研究日本旅游法规的文献翔实经典，但由于年数较为久远，尽管日本的旅游法规通常实施期较长，但也有一部分如国际观光振兴法等，随着日本入境旅游政策的变化等出现了修正或重新制定的法规，因此在内容的更新迭代方面出现了新的诉求。

针对日本的旅游政策的研究，目前最完善、最系统的是陈友华的《日本旅游政策研究》⑤，该著作将日本的旅游政策分为旅游政策体系、旅游行政管理体

① 金春梅，凌强．日本观光立国战略模式及启示［J］．日本问题研究，2012，26（1）：20-25.
② 日本国首相官邸．召开观光立国推进阁僚会议［EB/OL］．（2022-10-11）［2023-04-17］．https://www.kantei.go.jp/cn/101_kishida/actions/202210/_00006.html.
③ 殷作恒．日本旅游法律法规［M］．北京：社会科学文献出版社，2005.
④ 殷作恒．日本旅游立法的主要内容及法律体系的特点［J］．外国经济与管理，2000（5）：30-33.
⑤ 陈友华．日本旅游政策研究［M］．南昌：江西人民出版社，2007.

系以及旅游法律体系三大方面，并按照历史发展进程，结合主要事件进行评述，从而充分展示日本旅游政策的特点，是国内第一个比较系统研究日本旅游政策系统的文献。针对日本旅游政策走向，王金伟等通过对日本旅游白皮书的解读，归纳了三大类日本政府近年来出台和实施的管理政策：首先是从地方振兴视角出发，为了更有效管理和活化地方旅游资源而制定的产业管理政策；其次是从目的地角度出发，为了推进日本旅游业的革新和增强国际竞争力而制定的产业发展政策；最后是从游客角度出发，为游客提供便捷舒适和高品质的旅游体验而制定的产业经营政策[①]。

三、关于本书的构成

日本旅游业的发展具有鲜明的文化和民族特色，是传统旅游向现代旅游转型的成功案例。通过大量的文献阅读和笔者在日留学工作期间实地调研发现，日本在推进旅游事业发展的过程中，并不仅依靠单一的旅游政策，而是整个完善的旅游法规、政策体系。为了便于说明日本旅游业发展模式及其相关法律政策之间的关联，笔者通过实际案例归纳总结了日本旅游业的多种发展模式，并通过日本旅游业的政策体系和法律体系以及旅游资源开发与保护等相关法律，结合主要事件进行评述，展示了日本独特的旅游发展模式及法律、政策体系。

本书结构如下：在第一章中，主要介绍了本书的研究现状和研究意义等内容。第二章主要介绍了日本旅游业的发展历程，包括从日本古代、中世纪、近世纪等战前的观光史，到战后的国内旅游、入境旅游以及疫情后的观光产业发展。第三章中笔者将日本旅游业的发展业态分为自然生态型、文化依托型、都市资源型、乡村体验型、主题游乐型以及游学一体型6种不同业态，并通过实际案例比较详细地介绍了每一种业态的发展历程、发展现状以及发展经验等。第四章先是描述了日本的旅游行政管理体制及其观光政策的变迁，特别是战后基于"入境旅游→国内旅游→出境旅游→出境与入境并举→入境旅游"变化轨

---

① 王金伟，李子洁，冯岩飞.日本旅游经济发展特点及政策走向——基于2018年版《旅游白皮书》的审视［J］.日本研究，2019（2）：54-60.

迹的政策变迁，以及日本独特的 DMO 的形成及其确立政策。第五章笔者系统概括了日本的旅游法律体系，概述了日本旅游业的基本法并对专项法律制度进行了解读。第六章，笔者从旅游资源保护利用的最新动向、旅游资源保护的相关法律综述以及旅游资源利用和保护相关法律的基本知识等阐述了日本旅游资源开发与保护的法律现状。

第二章

日本旅游业的发展历程

一、战前的旅游业

（一）古代 ① 和中世纪 ② 的旅游业

早在 6 世纪前后，日本的古代国家完成了律令制度，规定民众缴纳租税、到各地开展土木工程，民众被迫开始出行，到了 7 世纪末，国家为了保障边境安全，从全国各地征用农民并派往北九州等边疆。尽管到了 10 世纪末，律令制度逐步衰退，但是庄园主等强权势力针对民众的"强迫之旅"仍在继续。而旅游作为"享受"之由开展的活动则始于 8 世纪前后，贵族们出行去泡温泉、探风景、朝拜神社。《风土记》③ 和《万叶集》④ 中均记载了当时贵族们游览、旅行的事迹。到了 11 世纪前后，日本的律令制度规定了居住平安的条款，去寺庙和神社参拜之旅在日本的富裕和权力阶层逐渐繁盛起来。

---

① 日本的古代主要指公元前 3 世纪的弥生时代到日本平安时代的末期。
② 日本的中世纪主要是指镰仓幕府成立时期（12 世纪末）到江户时代开始（16 世纪末）的阶段。
③ 《风土记》是 8 世纪前半叶根据中央政府的命令编撰的文献，是纪录日本古代各国文化和地理的一部书，包含地理、历史、农业、神话与民俗的丰富资料。
④ 日本最早的诗歌总集，是日本诗歌发展的一个重要阶段，开创了日本后世和歌的道路，堪称日本诗歌的典范。

日本紫式部的《源氏物语》①对日本的律令时代②也就是贵族社会时期的华丽生活和文化也进行了详细的描述。其中书中记载的宇治③就是日本古代和中世纪度假胜地的典型案例。宇治风景优美，是日本平安贵族的别墅地，原本是贵族用于狩猎打猎的地方，但是由于后山风景独特，因此逐渐成为贵族远离都城喧嚣的度假之地。目前位于日本京都府郊区宇治市莲华 116 号的平等院前临宇治川，远对朝日山，是平安时代池泉舟游式的寺院园林，据说是古代日本人对西方极乐世界的极致具体实现，也是"净土庭园"之喻的代表建筑。

到了中世纪，日本由武士统治时代的封建制度正式形成。该时期，城市的商业水平和农村的生产力都有了提升，特别是随着货币经济的普及、住宿设施的发展以及御师和宿坊④的完善，在一定程度上均促进了旅游业的好转。然而，由于中世纪的日本战争频发，导致社会动荡，山贼海盗肆虐，同时道路关所征收的过路费用较高，这些因素都极大影响了中世纪旅游业的发展⑤。

（二）近世⑥~江户时代的旅游业

1.近世—江户时代的旅游业特征

江户时代是日本历史上武家封建时代的最后一个时期。江户时代之前的日本是个分裂割据、战乱频繁的国家，无论是治安、交通还是旅馆设施都不完善，所以老百姓当时出远门是件很艰难的事情。但是到了江户时代，在德川幕府的统治下，日本社会逐渐稳定，经济日益发达，交通和旅馆设施都有了一定程度的完善，老百姓的生活水平也有了一定的提高。同时，由于各产业的发达与"参勤交代制度⑦"的影响，江户时期形成了以江户（今东京都千代田区）为

① 由日本平安时代女作家紫式部创作的一部长篇小说，作品的成书年代一般认为是在1001年至1008年间，以日本平安王朝全盛时期为背景，描写了主人公源氏的生活经历和爱情故事，全书共五十四回，近百万字。

② 日本的律令时代是指7世纪中叶至10世纪，这个时期日本一方面在模仿中国的统治理念与身份制度的基础上逐渐形成了化内化外身份秩序与良贱身份秩序，另一方面在不断调整旧有氏姓制度的基础上逐渐完善了古代日本所固有的氏姓身份秩序。

③ 位于日本京都府南部，邻接京都市的东南方，自古以来就是连接奈良和京都的通路。宇治市是一个以世界遗产寺庙平等院及宇治抹茶闻名的都市，也是《源氏物语》故事的主要舞台。

④ 属于特定神社或寺庙的神道教牧师，为香客和信徒祈祷、引导他们，并照顾他们的参拜和住宿。

⑤ 冈本伸之，等.観光学入門［M］.東京：有斐閣，2001.

⑥ 近代之前的一个时期，通常指江户时期。

⑦ 也称参觐交代，是日本江户时代一种控制各大名的制度。各藩的大名需要定期前往江户替幕府将军执行政务一段时间，然后返回自己领土执行政务。

中心的呈反射状的交通要道。沿海岸到京都的东海道、经信浓到京都的中山道、通往甲州（今山梨县）的甲州道、去往奥州（今东北地区）的奥州道与通往日光的日光道被称为当时的"五街道"。在这样的背景下，人们的旅游意识也不断增强，特别是去参拜伊势神宫成为当时很多日本百姓的梦想。

1802—1814 年，十返舍一九撰写了《东海道中膝栗毛》（下），书中描写了主人公从江户通过东海道前往大阪、京都、伊势神宫的旅途中发生的各种滑稽事件，介绍了日本各地的风俗习惯以及路途中的各式景点，该书籍出版后瞬间在平民乃至武士之间普及，并形成了一股江户旅行风潮。伊势、成田山、秩父这些以信仰为目的的旅行地，成为当时江户出行的主流路线，日本普通大众自主参与旅游活动的时代正式开始。

然而在制度上，幕府政府规定了居民离开居住地时需要通行证，但是以信仰为由的神社参拜之旅以及以医疗为由的温泉之旅得到了社会的认可。可以说这个时期的远距离神社参拜就是周游观光，温泉治疗就是度假休闲，也就是说江户时期的老百姓已经能够以旅游和度假的形式开展各种类型的旅游活动。原田（2011 年）将江户时代的观光形态从空间形态分为以下三种规模[①]：

（1）广域：以西国巡礼、四国遍路[②]为代表的大规模巡礼之旅。

（2）中域：八景巡回的风景之旅以及当地名胜区之旅（大山、江之岛等）。

（3）狭域：江户时期老百姓在近郊的神社参拜之旅。

探究江户时期促进旅游业发展的原因，首先得益于江户时代的参勤交代制度，使以江户为据点的五个街道，即东海道、中山道、日光道、甲州道以及奥州道都得以统一。其次是旅游住宿业的发展。从大名[③]居住的"本阵"[④]到庶民居住的客栈，各种住宿设施蓬勃发展。除了交通和住宿设施的完善以外，生活水平的提升、货币经济的发展以及治安的稳定都是促进江户时期旅游业发展的重要原因。然而，由于江户时期的幕府政府和各氏族在道路上设置了关卡，庶民需要一张作为通行证的交通票据和身份证才能通过。同时为了防止其他氏族

---

① 原田顺子，十代田朗. 観光の新しい潮流と地域［M］. 东京：财团法人放送大学教育振兴会，2011.

② 1200 年前的佛教高僧空海大师开创的徒步朝拜之路，横跨四国四县（香川县、爱媛县、高知县、德岛县）88 个寺庙，全长约 1400 公里。

③ 拥有众多"名田"（冠以名字的土地）的人，类似我国古代的诸侯。

④ 专供武士、官吏投宿的场所。

的攻击，多数的河流并未搭建桥梁，这些因素又在一定程度上阻碍了旅游的发展。

2. 近世——江户时期的"講"和度假胜地

江户时期，百姓去伊势神宫参拜成为当时的出行热潮。原本，参拜主要是作为祈祷师的"御师"参与的活动，而到了江户中期，民间形成了"講"组织，该组织一般由"御师"负责管理，其主要的作用就是充当活动的组织者，通过收取经费，协助前往参拜的人们：①规划路线、斡旋住宿等旅行事务；②引导参拜、祈福；③参观各地名所，泡温泉等；④游客作为"講"组织的成员之一。当时其中较为有名的主要有"伊势講"、东北出羽的"三山講"、江户近郊的"大山講"等。值得注意的是，这个时代的参拜之旅更多是为了享受全国各地的温泉和都市观光等，而"御师"的角色也更接近于现代的活动组织者。

随着旅游活动的盛行，《道中记》《名所图绘》《绘地图》等观光指南不断增多。其中，万治三年（1660年）时期发行的《东海道名所记》被评为"即使不去旅行，也能让你感觉在旅游的书"，并荣登当时的最畅销书目排行榜。江户时代中期以后，浮世绘和双六等大大增加了旅途的乐趣。

江户时期的度假胜地是以温泉治疗为代表的，并于17世纪后叶逐步普及。根据古代关于温泉地的记载，当时的温泉度假和如今的只停留1~2日不同，通常都会停留2~3周。当时客栈的结算周期以"轮"为单位，即5~8日为一轮，且不提供餐饮，住宿者往往都是自带米、味噌和酱油等。停留期间，除了泡温泉，游客们也会在周边散步、钓鱼、会友、参观当地手工艺品的制作等，已与现在的度假没有区别。

总体而言，江户时期没有战乱，较为和平，如何释放民众的精力是一个非常重要的政策问题。笔者认为江户时代的旅游业在这个过程中扮演了重要的角色。随着旅游业的普及，旅游业的产业化也取得了进展。其中进展最迅速的除了交通运输业和住宿业以外，还有旅游咨询等柔性服务业等。

（三）近代的旅游业及度假胜地

日本近代的旅游产业很大程度上受到了西洋文明的渗透和影响。在此之前，尽管日本已经形成独自一体的东洋观光和度假胜地模式，但是之后逐渐融入了西洋的思想并诞生了各种新的旅游度假胜地风格。

1. 近代的度假胜地

来自西方的"避暑"和"转地疗法"^①两种度假理念，给日本现代度假胜地的形成带来了深刻的影响。明治维新后，大量的欧美技师、医生、传教士、学者和商人涌入日本，同时也有很多日本人前往欧美，日本接触到西方文明和文化的机会持续增加。

明治十年（1877 年），外国人由于受不了日本炎热潮湿的夏天，大量前往草津、伊香保等高海拔温泉地区避暑，于是，西方"度假"的理念逐步渗入了日本百姓的生活。而"转地疗法"，顾名思义，就是通过改变位置，改变心情，恢复健康的一种疗法，是"温泉浴疗法""海水浴疗法""空气浴疗法"以及"日光浴"的总称。近代时期的日本，很多人都患有肺结核、脚气等疾病，人们想要把病态的身体变成健康体魄的愿望非常强烈。当时高原和海边含有臭氧的空气，被认为是治疗这些疾病的好地方，因此在那一带产生了大量的疗养院。堀辰雄在小说《起风了》中写到，肺结核病重的未婚妻在长野县富士见市的一家疗养院住院，堀本人也在轻井泽过着疗养生活。同时，随着快速西化的日本现代城市的卫生状况逐渐变差等，也进一步驱使了人们去高原和海滩寻找新鲜的空气。

2. 近代的国内观光

1869 年，日本废除了各地的关所，并做出了铁路建设的决定。从 1872 年新桥和横滨之间的铁路开通起，铁路网络在日本全国范围扩张，人们可移动的范围也急剧扩大，这也促进旅游活动更加的自由化。随着交通运输的发展，日本旅馆业的发展也逐步成熟，旅游业的基础设施不断完善（见表 2.1）。

表 2.1　日本铁路的主要年表

年份	日本铁路建设
1869 年	日本最初的铁路建设计划（东京—京都干线、东京—横滨、京都—神户、琵琶湖畔—敦贺的三支县）
1872 年	新桥—横滨铁路线开通
1877 年	大阪—京都线、京都—神户线开通
1882 年	新桥—日本桥（轨道业开始）

---

① 一种通过从常住地移动到具有不同环境因素（例如，气候因素）的地方并停留相对较长的时间，以恢复体力来达到治疗目的的疗法。

续表

年份	日本铁路建设
1884 年	上野—高崎铁路线全线开通
1885 年	阪界、难波—大和川北岸开通
1887 年	私铁条例公布（私设铁路最初的立法）
1889 年	东海道全线开通
1891 年	东北线全线开通（上野—青森）
1899 年	东武铁路开通
1901 年	山阳铁路、神户—马关线全通
1903 年	新桥—品川（东京都内最早的市内电车）
1905 年	阪神电气铁道开业
1906 年	铁道国有法公布，国有收购了日本、山阳、九州等全国主要的 17 条私铁路线，大部分的私铁变为国有

新风景观的形成也极大地促进了明治时期日本国内旅游业的发展，逐渐改变了日本人对自然和风景的看法。明治 20 年代（1887—1897 年），英国的传教士韦斯顿介绍了阿尔卑斯山，之后，日本也逐渐将"山"公认为美丽的娱乐场所。再者，西方现代自然科学对日本的地理学发展也带来了极大的影响。从 1894 年志贺重昂撰写的《日本风景论》[1] 到小岛乌水的《日本山水论》[2] 等，从科学视角描述日本风景以及自然环境的著作不断出台，刷新了日本人对于自然的认知。

此后，田山花袋、幸田露伴等文人的"山水"游记随着铁路的发展，引发了国内"寻风之旅、娱乐探索之旅"等热潮。特别是在 1924 年创办的杂志《旅》的发行，激发了普通大众的旅游意识。

进入昭和初期，东京和京阪神等大都市地区的私铁逐步完善。这些私营铁路连接了寺庙和神社、旅游景点和海滩等相对短途的度假胜地。随着私铁的发展，东京湾和大阪湾的一日游的海洋旅游也相继开放。此外，在农村地区也开发了多条以温泉区为终点站的铁路。因此，随着时间距离的缩短，日本国内的短途游客不断增多，以自助式长期居住为特征的温泉客也开始两天一夜的经营模式。

---

① 志贺重昂. 日本風景論［M］. 东京：政教社，1894.

② 小岛乌水. 日本山水論［M］. 东京：隆文館，1906.

3. 近代的国际观光

日本近代的国际观光基本上就是简单的外国人入境。1873 年横滨大酒店、1878 年箱根富士屋大酒店等针对外国人的酒店相继成立。但是那个时期为了避免和外国人产生冲突，明治政府限制了除医疗和学术目的以外的外国人入境。然而随着外国观光客的不断增加，明治二十六年（1893 年），涩泽荣等财团人士专门设立了用于接待外宾的机构"喜宾会"。

其后，1912 年，半官方半民间的机构——"日本观光局（JTB）"成立，接手了"喜宾会"接待国外游客的相关工作。除了积极接待国外游客以外，JTB 还正式在海外开始了旅游宣传工作。宣传的内容包括日本的风景和文化，宣传手段主要有印刷英、法、俄、德、中文等不同语种的宣传手册，并通过世界各国的航空、海运公司进行推广。

1916 年，大隈内阁顾问委员会"经济研究会"向政府提出以赚取外汇为目的促进国际旅游。从改善国际收支的角度实施国际旅游政策，政府首次将其作为政策问题正面对待。

1930 年，日本政府在铁道部设立了"国际观光局"。国际观光局建立的目的是吸引外国人并获取外汇，直到"二战"前，外国游客的数量一直在稳步增加。然而，在国际观光局成立后不久，日本的对华政策就携带着浓厚的军事色彩。

1931 年，日本颁布国立公园法。国立公园的设立一方面是为了保护优良的自然风景地，另一方面也是为了吸引更多的外国游客。1934 年，日本认定了第一批国立公园，即濑户内海、云仙、雾岛等，这些地方也是当时外国游客的主要目的地。1936 年，日本政府又相继认定了十和田、日光、富士箱根等12 个国立公园，同步带来的是公园周边的酒店业的一片繁荣，如上高地酒店、赤仓观光酒店、川奈酒店、云仙观光酒店等。

综合来看，促进日本旅游业发展的基本条件主要有政府消除或放宽了限制自由行动的规定、交通业和住宿业基础设施的完善、旅游信息的流通和民众对风景名胜的兴趣增加等。从近代日本旅游的特点来看，与西欧国家相比较，团体旅游是日本较为独特的旅游方式，较为典型的有修学旅行，即以学校为单位的团体旅行。根据教育史记载，日本的修学旅行源于 1886 年东京师范大学在房总半岛方面实施的"长途远足"活动。再者从国际观光角度来看，西欧国家从古代开始入境旅游就占据了较大的比例，相比较，日本一直到近代为止，仍以国内旅游为主。究其原因主要有岛国的地理环境，距离其他国家较远，明治以前禁止国外旅游，即使明治维新之后也只有少数人可以通过视察和留学等目的才可出境。

总体而言，日本近代旅游业发展主要得益于限制自由移动政策的废除、交通运输业的发展、住宿设施的完善、观光信息的流通带来的民众关注度等，而在这个过程中，以修学旅行为代表的团体旅游和蓬勃发展的国内旅游是这个时期最大的特点。

二、战后日本的国内旅游

战后，日本的旅游业迅速发展，旅游观光地的数量也不断增加。较为传统的旅游胜地有草津①、有马②等温泉地，被民众视为朝圣地的伊势和长野等附近的门前町③，以及被外国人发掘的轻井泽④和六甲度假区⑤等。总体而言，战后日本的很多旅游观光地都是经过休闲潮、度假胜地潮之后在战后逐渐流行起来。究其发展的原因，主要有三个方面：首先，是旅游需求的增加。战后随着家族制度的崩塌，年轻人以及女性的社会参与度增加、经济收入提高、劳动时间缩短带来的可支配休闲时间的增加等极大促进了民众对旅游的需求。其次，是旅游基础设施的完善。如私家车的普及、航空网和地面交通网的高速发展，加之地域振兴政策对旅游开发的援助，以及住宿设施的多样化和大量化发展都

---

① 位于群马西部的山岳地带，是冬季运动和温泉泡浴的天堂，日本旅行社一直将草津温泉列为日本最佳的温泉镇，也是日本三大名泉（其他两个是下吕温泉、有马温泉）之一。

② 位于兵库县神户市北区有马町，是日本关西地区最古老的温泉，于公元8世纪，由佛教僧人建造而成的疗养设施，历史悠久，素有"神户之腹地"之称，是日本三大名泉（其他两个是下吕温泉、草津温泉）之一。

③ 在寺庙、神社等宗教建筑周边形成的市街、聚落。

④ 位于群马县及长野县交界处海拔约1000米的高原，距离东京仅1小时车程，1886年夏天加拿大传教士亚历山大·克罗夫多·萧来访，觉得此地景色很有故乡多伦多的味道，于是1888年时便在这里兴建了别墅，并向友人广为宣传，开启了轻井泽作为避暑胜地的历史新页。

⑤ 位于日本国神户市东北部，海拔高度为931米，明治时代外国最早在这里建造别墅，后发展成为游览胜地，馆中馆六甲、六甲高山植物园、旋转十国展望台是著名观光景点。

积极推动了日本旅游业的发展。最后是旅游中介的产业化发展。1964年的东京奥运会举行，促进了整个日本社会基础设施迅速发展，成为日本旅游业发展的重大转折点。加之东海道新干线的开通和日本海外旅行的自由化更加促进了日本国内外旅游业的发展。本章节，笔者以1964年为时间节点，简要概括了日本战后的旅游业发展历程。

（一）战后的国内旅游

1.1946—1964年：国内旅游的复苏阶段

战后初期由于日本民众的消费水准仍然较低，旅游在当时并不是大多数国民的选择。随着日本战后经济的复苏，民众可支配收入增加，旅游需求随之也不断激发，铁路网和住宿设施的完善，修学旅行、海水浴、登山等旅游活动也逐渐恢复。随后，日本政府又在观光事业审议会特地设置了社会旅游（Social Tourism）小组委员会。这里的社会旅游主要是指国家和地方政府通过为财政薄弱的阶层提供特殊帮助来促进旅游业的行为，如铁路和航空享受优惠制度，开发青年旅馆等低价住宿设施。如1951年的青年旅馆、1956年的国民宿舍、1961年的国民度假村等在战后旅游政策的扶持下陆续登场。

另外，从战前开始就享有盛名的轻井泽和箱根等日本度假胜地的度假酒店等被GHQ①收购以后，除了一些特权阶层外，民众甚至不能参观。且与西欧国家不同的是，日本没有实行长期休假制度，因此长期滞留型的度假胜地难以有发展的空间。

1960年，日本公布"国民收入倍增计划"，要求国民生产总值年平均增长率达到7.2%，十年间使国民收入增长1倍，实现充分就业。因此为了解决温泉地区和农民工在冬季收入减少的问题，日本又积极开发滑雪场，同时面向年轻人以及家庭出游的廉价住宿设施"民宿"也在这个时期登场。当时日本的民宿主要是在地农民在夏天的海水浴以及冬天的滑雪季期间经营的副业。

2.1964—1990年：大众旅游的快速发展阶段

进入20世纪60年代后，日本经济快速发展，GDP生产总值先后超过了法国、英国和德国，并在1968年成为仅次于美国的世界第二经济大国，国民

---

① 第二次世界大战结束后，麦克阿瑟为执行美国政府"单独占领日本"的政策，以驻日盟军总司令的名义，在东京建立盟军最高司令官总司令部（General Headquarter）。

收入也伴随着经济总量而进一步增长，企业社员旅行、农业合作社旅行等团体旅游进入鼎盛期。交通方面，得益于东京奥运会的召开，东海道新干线的开通，各种周边游的游览线路簇拥而至。随着名神、东名高速公路的全线开通，加上各地观光专用道路设施的完善，日本迎来了巴士旅游、自驾游的时代。地方上。特别是温泉地为了接待团体游客，旅馆的规模也不断扩大。民营企业，特别是私营铁路资本的介入极大地促进了箱根、伊豆、鬼怒川和河口湖等地的旅游发展。

1970 年，在大阪国际博览会的契机下，日本的旅游基础设施也得到进一步完善。在铁路方面，日本在新建数条铁路的基础上，也对原有国营铁路和周边设施进行了改良和改造；在机场建设方面，政府斥资 99 亿日元，为大阪国际机场新建了跑道并对停车场等原有设施进行改造；在港口方面，分别向大阪港和神户港拨款 20.68 亿日元和 31.48 亿日元，用于护堤和栈桥以及道路等方面的扩建与改良[1]；在住宿设施方面，为了给国内外客人提供良好的住宿环境，日本政府出台措施，给予出资建造标准饭店的企业多项支持和优惠政策，在政府的鼓励下，京阪神地区和京滨地区内符合国际旅游饭店标准的住宿设施分别达到了 35 家（客房数约 8600 间）和 45 家（客房数约 1.1 万间），整个近畿地区各饭店、旅馆所提供的客房数量约为 9000 间。

同期，日本国内航线开始加强。1972 年，波音 747 就航，"大型、大量、高速运输时代"正式到来，以北海道、冲绳等远距离的国内旅游、蜜月旅游等为中心的旅游开始普及。1967 年，日本的汽车保有量已经突破 1000 万辆，"家庭自驾游"正式进入成熟期。据统计，1970 年（昭和四十五年）日本每两个人中就有一个人参加过当年的大阪世博会。同期，日本的国家铁路推出了"发现日本"的宣传活动，以仓敷、萩、津和野等为代表的传统街区、以白川乡为代表的文化遗址观光地也越来越受到关注。

进入 20 世纪 60 年代中期，日本经济在经历了近二十年的高速发展之后开始转向稳定增长阶段。1973 年，由于第四次中东战争爆发引发的石油危机在不同程度上波及了世界上的大多数国家和地区，而日本由于 90% 以上的石油依赖进口，因此 1974 年日本的经济增长率在战后首次出现了负增长。石油危

---

① 薛芹.日本现代旅游业的发展历程及发展方向［J］.苏州大学硕士论文，2006：18.

机给日本经济带来的影响是巨大而深远的，面对这一形势，日本政府积极调整由重工业产业机构向知识集约型产业结构过渡，同时，通过加快开发代替石油的能源和调整出口结构、扩大对外贸易等经济政策，帮助日本度过第一次石油危机。也正是这些政策使得日本在 1980 年第二次石油危机之后，经济依旧保持了 6% 的高增长率。在此时期，以"日本列岛改造论"①为背景的全国大开发热潮兴起，旅游目的地的开发也不例外，如首都圈近郊的伊豆、箱根、房总、那须、轻井泽、富士山麓等，各种度假村、别墅区的开发此起彼伏。农山村地区也大肆开发海水浴场、滑雪场等旅游目的地以及配套的旅馆、民宿等住宿设施。同时由国家主导的系列大型度假胜地规划也相继诞生，如原建设省的"休闲都市"规划，原厚生省的"大规模年金保养基地"等。然而，前述的繁荣所支撑的发展并没有持续多久，特别是在 20 世纪 70 年代先后两次遭遇石油危机冲击后在旅游风格上，"便宜、近、短"成为主流，大规模的旅游开发也告一段落，而之后的经营赤字给国家和地方政府的财政造成了严重的打击。

1975 年，根据日本文化财产保护法的修订，各地方政府开始建立保护传统建筑物的地方制度，保护街区的运动也不断活跃起来。现在较为热门的秋田县的角馆、长野县的妻笼等都是在这些地方制度的保护下遗存下来的传统街区。此外，以东京迪士尼乐园为首的主题公园也进入了繁盛期。

此后，下一个开发热潮的阶段就是在日本的泡沫经济时期。该时期，日本陆续颁布《综合保养地域整备法》②（1987 年）、故乡创生资金③（1988 年）等政策，日本全国各地大规模开发温泉度假区、滑雪场、高尔夫球场等。这些以振兴地方经济为初衷的开发，最终因无序开发，急于求成引起了一系列的自然破坏等环境问题。同时，住宿设施的过剩供给和设备投资，也为后续日本长期的经济低迷埋下了伏笔。地方自治体也由于过剩投资，出现了财政破产现象。至此，日本的度假观光以泡沫经济的解体失败告终。

---

① 日本列岛改造论是前日本内阁总理田中角荣在竞选自民党总裁时，作为候选人政治主张提出的改造日本列岛方案。具体办法主要包括：1.以高速交通网将日本列岛结成一个以东京为中心的整体，为此扩大、兴建高速公路和新干线；2.主张工厂远离大城市，鼓励、支持在地方兴办工业；3.整顿地方生活环境，培养"中坚城市"（人口在 25 万人左右的新型城市），以稳定地方人口。这是一个新的国土开发计划，旨在同时解决大城市人口过剩与地方乡村人口稀疏的所谓"过密""过疏"问题。

② 即《度假区法》，旨在鼓励地方政府兴建国民福祉的度假疗养设施。

③ 在 1988—1989 年期间，日本政府向所有的市町村发放 1 亿日元用于地方振兴的政策。

3. 1991—2019 年：替代性旅游发展阶段

大众旅游时代，密集的人流和过度的旅游开发对旅游目的地的生态环境和地域文化造成了严重的影响，在此背景下，"替代"传统大众旅游的旅游模式越来越收到关注。

进入 20 世纪 90 年代，日本的旅游模式从团体游向个人游、从观赏游览向体验游玩逐步变化，替代性旅游作为新型的旅游方式渐渐代替了传统的大众旅游模式。这种模式具有人流规模小、限定旅游活动范围、活动形式多样、灵活性强、强调与当地社区的沟通和交流以及可持续发展理念和社会环境的责任意识理念等特点，既保护了旅游目的地的社会、文化以及自然环境等，同时也有利于促进在地社区经济社会的良性发展。

原田（2011 年）认为日本的替代性旅游主要是城镇旅游、绿色旅游、环保旅游的统称，也可以被认为是可持续性旅游。替代性旅游主要是从游客角度出发，表现的是市场的需求，而可持续旅游则是从地域出发，体现的是地域振兴的方向性。

（1）旅游城镇的开发和城镇旅游

大众旅游的光芒退却之后，日本国内掀起了旅游城镇开发的热潮。而随着旅游城镇的开发，随之兴起的便是城镇旅游。城镇旅游，顾名思义就是在城镇开展的旅游形式，与"追求刺激、紧张"的城市旅游不同，城镇旅游主要是以地方上的小城镇为对象，追求体验、交流和慢节奏，并且有更多的回头客。日本著名的城市旅游主要有以"历史性"为主题的京都、奈良、镰仓等历史资源丰富的古都，还有如小樽、金泽、仓敷等保存良好的历史古街区，或者以先进性、时尚、刺激为主要吸引要素的东京、大阪、札幌、横滨等大城市。而城镇旅游的对象则更多是城下町（拥有城堡的城郭城市）、港口小镇或者近代产业的发源地等，如埼玉县川越、千叶县佐原、新潟县村上、群马县桐生等。城镇旅游的范围从行政区域单位来说，更接近社区的概念，因此，即使是在东京和京都这样的以城市旅游出名的大都市，也可以开展城镇旅游，如东京的"谷根千"，基于地域资源的活化利用，小镇道路、街容风貌等充满了怀旧的味道，属于小众旅游地，此外还有东京的秋叶原、新大久保等，尽管不是旅游目的地，但是由于产业的集聚和国际化所带来的外国居民的加持，无意间成为理想的城镇旅游目的地。

综合而言，城镇旅游的观光魅力并不在于拥有国宝级的文化遗产或者繁华的街道，而更多的是有町屋①、雁木②等历史建筑，或者地域生活气息浓厚的街道、车站等近代化遗产，并可以体验当地的乡土料理、祭祀活动等传统活动等。因此在替代性旅游时代，旅游城镇的开发主要呈现如下几个特点：

①旅游资源的选定更侧重于将地域的社会资源进行旅游资源转化，即整合一个城市的社会公共资源并把它转化为旅游观光产品。大众旅游全盛时期的旅游资源评价是基于金字塔型的特A级、A级、B级以及C级等形式进行划分，并且旅游路线的规划设计也主要围绕观光资源展开（见表2.2）。但是城镇旅游更多的将地方的风土人情、历史文化等地方社会资源转化为旅游资源。

表2.2　大众旅游时代观光资源等级划分③

等级划分	标准和内容	代表性资源名称
特A级	世界知名，可以代表国家形象的资源	富士山、法隆寺、祇园祭等
A级	全国知名，在全国重点旅游目的地起到重要作用的资源	清水寺、天桥立等
B级	有较高的地域知名度，可以代表地域形象的资源	筑波山、滨名湖、有田陶器等
C级	可满足省内以及周边住民的旅游需求的资源	身延山、石神井池、广岛城遗址等
D级及以下	主要是在地居民可利用的资源	

②观光城镇开发的规划设计实现了自下而上的转变。泡沫经济破灭以后，自上而下的统一化大众旅游规划所带来的对环境和社区的破坏越来越受到关注。可替代性旅游时代的旅游资源已经不再是由旅游专家进行简单的挖掘，而是需要依靠在地住民的参与，以地域的历史、文化等为对象进行深入的发掘，并融入在地住民的创意和想法，以新型旅游模式实现地域经济的可持续发展（见图2.1）。

---

① 日本传统的历史建筑。
② 日式传统街区的建筑特征之一，从房屋延展出去的遮雨棚。
③ 日本交通公社.観光読本（第2版）[M].東京：東洋経済新報社，2004.

旅游目的地开发
（旅游规划）

旅游目的地开发助推城镇开发
（住民参与、达成一致协议）

观光资源

逐步融合！　　＋

旅游城镇开发登场！

地域资源

城镇开发
（城市规划）

推城镇开发助推旅游规划的实施
（资源发掘、休闲空间的设计等）

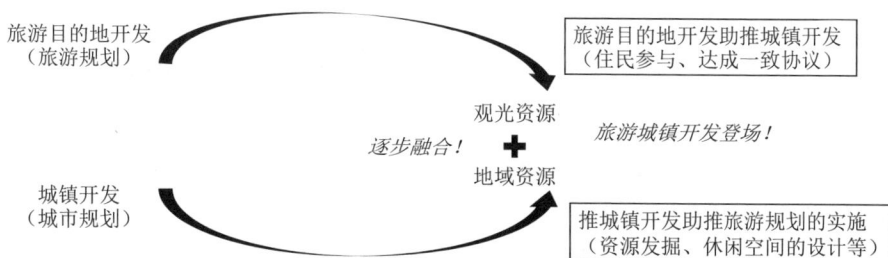

图 2.1　旅游地开发与城镇开发的融合 [①]

（2）农山村和绿色旅游

战后随着日本经济的快速发展，城市人口激增"过密"，导致道路拥挤，河川泛滥，大气污染等城市问题频繁发生。相反地，农村则因为人口剧减"过疏"，城乡收入差距变大，农产品价格下降，导致务农人口减少，加之盲目开发休闲设施等行为严重破坏了农村固有的自然、风景、文化等财产，引起了后期农村土地的荒芜、环境破坏等多种问题。为了有效解决农山村面临的危机，发展绿色旅游，促进城乡交流融合逐渐成为日本国内主要推进的替代旅游模式之一。

日本农林水产省定义绿色旅游为"基于农山村地域开展的自然、历史文化、农业体验，享受人与人之间的交流的休闲活动。1992 年，农林水产省在《新食品、农业和农村政策方向》中，首次作为农业政策提出"发展绿色旅游"的课题。这表示日本开始以行政手段推行绿色旅游，并将其作为农村振兴政策的新措施。1993 年，日本正式开始实施《在农山渔村休假》的政策，并于 1994 年，制定了《促进农山渔村滞留型余暇活动所需的基础设施建设的法律》，以促进改善农山渔村休闲度假余暇活动的基础设施，并于当年 4 月开始实施。1995 年，日本正式开始体验农林渔业的民宿从业者的登记制度，相关各省厅也相继制定并颁布与绿色旅游相关的政策和决定。如农林水产省的《中山间地域活性化推进事业》、林野厅的《山村休假特别对策事业》、国土厅的《山村都市交流环境综合建设模型事业》等。[②]

---

① 中尾智行.共生する文化と観光［EB/OL］.（2021-04-23）［2022-12-15］.https：//www.isan-no-sekai.jp/report/7749.

② 朴京玉，万礼.日本绿色旅游的运行模式及其机理［J］.农业经济，2011（8）：33-35.

日本发展绿色旅游的主要模式有：①农村景观和城市移民型，即通过保全农村传统的景观，制定城市移民计划，确立住宅政策等，吸引更多的城市住民移民到乡村；②生涯学习型，即开展农林水产业相关的研修课程、农村生活的体验、环境保护的学习等；③饮食文化推广型，即通过农村早市、直卖所、产地直销、土特产品加工/贩卖、农村餐馆、农产品品牌化等；④农林业公园型，即观光农业公园、林业体验、营地公园、农林主题公园等。

然而，以城乡交流为主要目的开展的绿色旅游在起步的前十年，日本的城市居民的参与度并没有取得预期的效果。根据日本农林省《平成19年（2008年）度粮食、农业、农村白皮书》的统计，日本5万人以上的城市居民参加过"在农山村享受农事体验和度假的旅游"的人数仅占到3%。从2007年到2009年的《粮食、农业、农村白皮书》均可以看出，当时日本的城市居民尽管对于"农"的意识比较高，愿意在超市或者道之驿等地通过购买农产品支援农村和农业，或者通过市民农园等形式参与农业体验，但是实际到访农村的意向仍然较低。

随着日本乡村振兴的理念转变与实践探索表明：城乡发展差距不能简单依靠乡村工业化或城镇化（如市町村合并）来解决，而是要立足乡村特色资源禀赋，探索符合本地实际的差异化发展路径，避免形成千篇一律的同质化发展格局。

（3）文化遗产的保护和历史文化旅游

联合国教科文组织在20世纪60年代为了获取遗址保护的资金，并将文化作为资源经济开发的手段，开始着眼文化旅游模式。到了20世纪80年代，人们更加意识到自然环境以及社会、文化环境对于文化遗产存续的重要影响，因此在可持续发展的主旋律下，在地住民也纷纷加入旅游助推文化遗产的保护运动中。2007年，日本政府在发布的《观光立国推进基本计划》的"基于旅游资源的活用，打造具有地域特色的有魅力的旅游目的地"条目中正式定义了文化旅游，"以获取了解日本的历史、传统等文化要素的知识为目的的旅游"，并在同年实施的《新旅游打造/流通推进事业》中将文化旅游与环保旅游、绿色旅游等并列列举。同时随着文化旅游的逐步发展，供给侧对于文化旅游的认识呈现出如下几个特点：

①雇用地方上的导游进行讲解、实施讲座等，协助游客更加了解所参观的文化遗址（如与历史共行——品鉴道南历史、奈良学舍等）；

②给游客提供与众不同的旅游资源，展现新魅力（如松江幽灵之旅等）；

③体验在地的生活文化（衣食住）（如三木的历史和手工体验旅游等）；

④利用相关人物的情节和文学作品将元素联系起来，赋予他们故事感（如洞爷湖的漫画之旅等）。

同时随着文化旅游的深入发展，"环保旅游＋康养旅游＋文化旅游""绿色旅游＋康养旅游＋文化旅游"等多种类型的组合式旅游路线也层出不穷。2020年，观光厅颁布了《文化观光推进法（推进以地域文化旅游设施为核心的文化旅游相关法律）》，并将博物馆、美术馆、寺庙神社等定义为文化旅游基地设施，通过与博物馆等文化财产保护和利用设施以及文化旅游促进合作，支持以文化设施为基础的文化、旅游和经济的良性循环（见图2.2）。截至2021年，观光厅已经认定了包括小樽艺术村、横滨开港资料馆、石川县立美术馆、彦根城博物馆等在内的40处文化旅游基地设施。

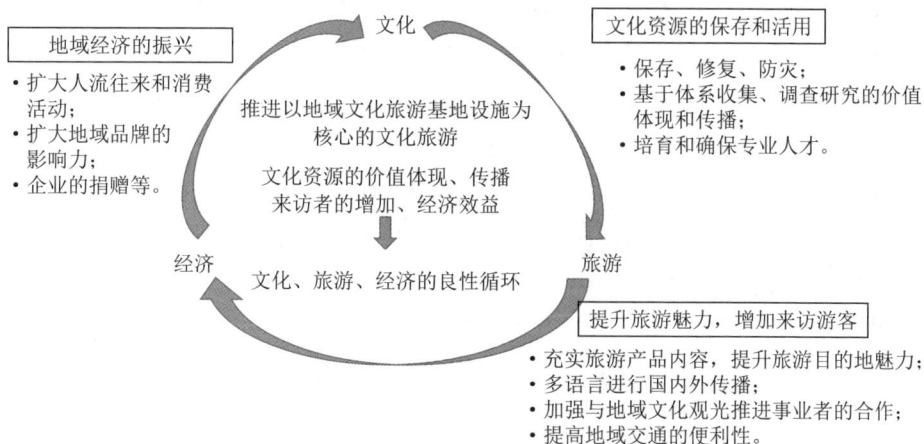

图 2.2　文化观光推进法中的文化、旅游和经济的良性循环

然而，尽管日本国内旅游一直注重文化遗产的保护和可持续发展理念，但是游客突然的增加还是会给文化旅游目的地的生活的环境带来一定影响，这种观光危害也被称为"过度旅游"。以白川乡①为例，在人口约2000人的白川乡，每年约有150万名游客参观。为满足日益增长的旅游需求，从农田改造而来的停车场和自动售货机迅速增加，以及外观华丽的纪念品商店和餐馆，还有交通拥堵问

---

① 位于日本中部的岐阜县白山山麓，在1995年12月德国柏林举行的联合国教科文组织第19届世界遗产委员会上决议，110多栋连成一片的日本白川乡与五箇山的合掌造（茅草的人字形木屋顶）式的民宅，入选为世界遗产。

题，导致合掌造建筑农田与农田融为一体的珍贵而独特的景观正在消失。再如，岛根县大田市的大森町，一个人口约 500 人的村庄，2007 年被列为世界遗产"石见银山遗址及其文化景观"的一部分，在 1995 年前游客还不足 25 万人，申遗成功以后，游客人数迅速增加到 66 万以上，从而导致了当地公交车严重拥堵，社区和游客的冲突不断升级。为了缓解"过度旅游"带来的影响，日本政府开始通过制定环境和景观法规、完善游客接待制度、引导当地居民参与环境改善和景观质量的提升，着力打造区域资源保护与利用相平衡的可持续旅游目的地。

（二）战后的入境旅游

1. 1964—1985 年：观光基本法的成立和高度经济成长期

战后日本的国际旅游推广始于对外汇的获取需求。由于日本国家实力的增强、海外办事处的宣传推广以及发达国家经济水平的提高，访日外国游客人数稳步增加，其中美国游客占据榜首。根据日本的《观光基本法》，第一个政策目标就是促进外国游客到访，目的是改善国际收支平衡，促进与外国的经济和文化交流。为此日本政府决定采取加强境外宣传活动、改善国际交通、完善出入境措施、改善招待措施、打造国际旅游目的地和国际旅游线路等必要措施。

1964 年是东京奥运会举办之年，也是日本国际旅游正式开始、全日本沉浸在对明天充满希望和兴奋中的里程碑之年。当时预计奥运会期间到访日本的外国游客人数将达到 10 万人。尽管最后访日游客的数量仅达到了预期的一半，但是为了推动这个战后最大规模的国际活动，东海道新干线和高速公路的建设，住宿设施和招待设施等基础设施的改善等得到了强有力的推动。

在海外推广方面，通过同年成立的日本国际观光振兴会的海外办事处，以欧美区域为主介绍了日本的风光、旅游旅行和费用等。1965 年，日本国际观光振兴会内部设立了专门招徕国际会议职能的"会议局"。另外，战后的日本虽然为了应对外汇短缺采取了一定的出境游限制措施，但随着日本重返国际社会，国际活动增多，出境游也逐渐恢复。鉴于此，日本在限额外币出境的前提下，1963 年首次放开海外商务旅行，1964 年彻底开放出境旅游。

之后随着海外业务的拓展、休闲时间的增加、大型喷气式飞机的推出、旅游套餐的普及等，带动了日本出境旅游的热潮。1964 年，日本的出境旅游人数为 22 万人，到了 1971 年出境游人数增至 96 万人。另外，访日外国游客的人数在 1970 年大阪世博会举办时为 85 万人，达到顶峰。但之后访日游客趋势有所停滞。1971 年，日本出境游人数逆转超过访日外国游客人数，此后两者之间的不平衡不断扩大，日元升值更是刺激了这一趋势。在这种情况下，当日本的国际收支在 1965 年中期出现顺差时，国际旅游作为获得外汇的重要使命变得不那么重要了，促进国际交流和商誉开始受到重视。

总体而言，这个时期日本政府以出境旅游为核心，积极融入国际市场，以应对国际贸易摩擦及消解贸易黑字问题，主动将旅游纳入其国家的发展战略之中，助推经济"再平衡"，满足国民需要的海外旅游投资跟进，高效利用国内剩余资本，借助出境旅游的发展满足国家文化自信与国际文化交流需要，改善日本国际形象，满足人民美好生活的需要。

2. 1986—2002 年：泡沫经济及其破灭时期

（1）在贸易摩擦背景下转向促进境外投资

尽管日本经历了两次石油危机，但是国际旅游发展趋势总体仍然呈现上涨，1985 年日本出境游客人数达到 495 万人，访日外国游客数达到 233 万人，均创下历史新高。在日本巨额贸易顺差引发的与欧美贸易摩擦的背景下，日本政府除了颁布吸引访日游客的常规政策外，还增加了促进出境旅游的新政策，如全面系统地推进海外旅游推广活动、改善海外日本游客接待环境等措施。1987 年，日本制订了"海外旅游倍增计划（千万计划）"，目标是到 1991 年，日本出境旅游人数达到 1000 万人。自 1985 年广场协议^①以来日元大幅升值，出境游客人数加速增长，出境游人数目标在 1990 年提前实现。另外，访日游客人数普遍受到日元升值的影响，数量下降，与出境游客人数的差距不断扩大。

（2）双向旅游的促进

随着出入境旅游差距的扩大，日本开展了吸引访日游客回归的政策行动。1991 年，日本政府颁布了《旅游交流扩大计划（Two Way Tourism 21）》，作为促进面向 21 世纪旅游的新行动计划，在促进入境旅游方面，政府提出充实"Welcome in"预订中心，向国外游客介绍价廉的住宿设施，发展国际交流村，完善国际公民交流基础设施，改善酒店和旅馆的外国游客接待服务，招徕国际

---

①　1985年9月，由美、德、法、英、日五国财政部长及中央银行行长在纽约广场饭店（Plaza Hotel）举行会议，所达成关于五国政府联合干预外汇市场，使美元对主要货币有秩序地下调，以解决美国巨额贸易赤字的协议。"广场协议"签订后的 10 年间，日元币值平均每年上升 5% 以上，日本经济迅速泡沫化，并在五年后崩溃，日本因此进入"失去的十年"。

会议的召开等举措。

（3）加强入境旅游的促进措施

然而，尽管双向旅游政策出台，但是日本出境旅游人数与访日外国游客人数之间的差距仍在继续拉大。1995 年日本海外游客人数达到 1530 万人，而访日游客人数仍停留在 335 万人。1996 年，为了进一步吸引海外访日游客，日本政府制定了"欢迎计划 21"，旨在到 2005 年实现访日游客人数翻一番，达到 700 万人。1997 年，日本政府继续颁布制定促进外国观光客来访地域的多样化发展相关的国际观光振兴法律，同年又推出了"新欢迎计划 21"，目标是到 2007 年实现访日游客人数增加到 800 万人。

在此期间，来自亚洲的访日游客占比超过访日游客总数的 60%，因此日本开启了以亚洲为重点的访日游客促进战略活动。2000 年 5 月，中日文化观光交流使节团交流大会在北京人民大会堂举行，并预定从 2000 年开始接收中国的团体游客。这次的交流使节团是日本的运输省为了促进面向 21 世纪的中日文化观光交流而策划的，使节团合计 5000 人，是中日两国的交流史上规模最大的一次交流活动。6 月 29 日，中日两国政府就开始实施中国公民团体赴日旅游达成协议，并举行了换文仪式。9 月 13 日，中国公民访日团体旅游第一团出发赴日。中国赴日团体游，使日本的外国游客结构发生了较大的变化。2002 年，日韩世界杯足球赛首次在日本举办（日韩共同主办），增加了访日外国游客人数。此后，由于直飞航班的增加，利用周末人少的"便宜、近、短"的旅行变得流行，亚洲游客的访日数量不断增加。

3. 2003—2019 年：观光立国政策的实现

20 世纪 90 年代，日本泡沫经济破灭，经济发展进入长期停滞，日本政府将实现经济的新发展作为最重要的政策课题。鉴此，日本政府从发展旅游经济入手，开始利用日本丰富的旅游资源，吸引外国游客，大力发展入境旅游业，以期扩大有效需求，促进产业结构调整，改变长期以来依靠出口导向的外向型经济模式，实现日本经济复苏[①]。

2002 年 2 月，小泉纯一郎在施政演说中表示将通过发展入境旅游振兴地

---

① 柴亚林，马歆星.近年来日本旅游产业政策与入境旅游市场分析［J］.日本学刊，2007（4）：73-83.

区经济，并提出了在 2010 年实现访日游客数量达到 1000 万人的目标。2002 年国土交通省与相关部委合作制定了《全球旅游战略》。该战略是日本第一次联合相关部委和机构在内的公共和私营部门全面汇编的措施，旨在促进入境旅游的发展。2003 年 1 月，召开了由小泉总理大臣主办的"观光立国圆桌会议"，并在 4 月完成报告书，这是日本为实现以旅游为导向的国家而全面努力的开始。

为了应对社会经济形势的变化，2006 年日本对《观光基本法》进行了全面修改，并更名为《观光立国推进基本法》，由此将观光明确定位为 21 世纪日本重要政策支柱。该法律作为与实现观光立国相关措施的基本理念，认识到尊重地区发挥创意所进行的积极活动，并通过持续发展令当地居民自豪且难以忘怀的、充满活力的地方社会，促进国内外的观光旅行是实现长期富民目标所不可或缺的重要事项，在此基础上，该法律规定了应采取的措施。政府为了综合且有计划地推进与观光立国相关的措施，还制定了《观光立国推进基本计划》。日本已决定以此《基本法》作为必要的实施措施，以建设国际竞争力强且富有魅力的旅游胜地、培养有助于强化旅游产业国际竞争力及振兴旅游的人才、完善有助于促进观光旅游的环境。《推进观光立国基本法》基本概要如图 2.3 所示。

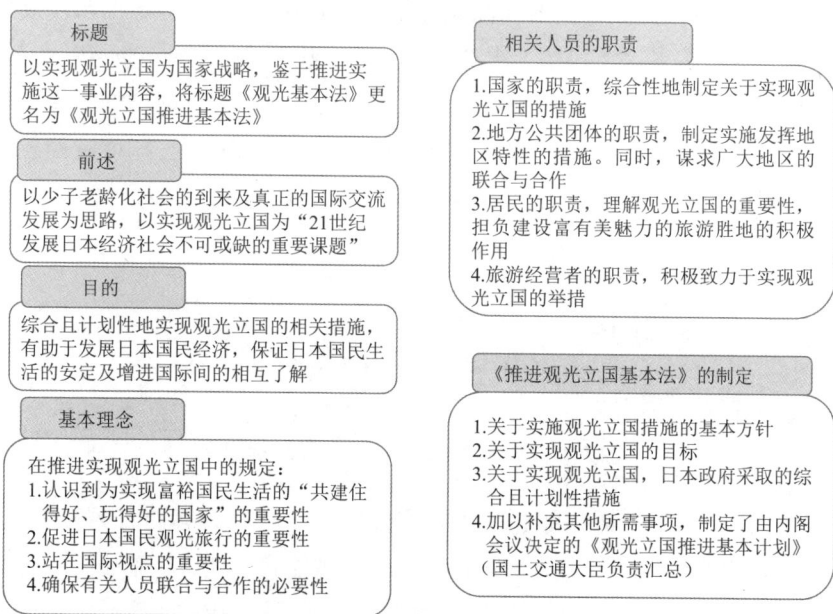

标题
以实现观光立国为国家战略，鉴于推进实施这一事业内容，将标题《观光基本法》更名为《观光立国推进基本法》

前述
以少子老龄化社会的到来及真正的国际交流发展为思路，以实现观光立国为"21世纪发展日本经济社会不可或缺的重要课题"

目的
综合且计划性地实现观光立国的相关措施，有助于发展日本国民经济，保证日本国民生活的安定及增进国际间的相互了解

基本理念
在推进实现观光立国中的规定： 1.认识到为实现富裕国民生活的"共建住得好、玩得好的国家"的重要性 2.促进日本国民观光旅行的重要性 3.站在国际视点的重要性 4.确保有关人员联合与合作的必要性

相关人员的职责
1.国家的职责，综合性地制定关于实现观光立国的措施 2.地方公共团体的职责，制定实施发挥地区特性的措施。同时，谋求广大地区的联合与合作 3.居民的职责，理解观光立国的重要性，担负建设富有美魅力的旅游胜地的积极作用 4.旅游经营者的职责，积极致力于实现观光立国的举措

《推进观光立国基本法》的制定
1.关于实施观光立国措施的基本方针 2.关于实现观光立国的目标 3.关于实现观光立国，日本政府采取的综合且计划性措施 4.加以补充其他所需事项，制定了由内阁会议决定的《观光立国推进基本计划》（国土交通大臣负责汇总）

图 2.3　《观光立国推进基本法》基本概要

此外，为了全面、系统地推进实现观光立国的措施，日本在 2008 年成立了观光厅，主要实施 "Visit Japan Campaign"，促进国际旅游合作与交流外，为了满足游客的需求，还积极完善更适于旅游的环境，如开发旅游景区胜地、提高旅游产业水平，充分培养和利用旅游人才，推进国民取得休假以及日本出国游客的安全措施等。

2003 年，日本国际观光振兴会更名为独立行政法人国际观光振兴机构（JNTO：日本政府观光局），主要负责通过海外事务所等途径传播日本的魅力，并开展海外营销活动。

2010 年，日本政府开展访日活动 2010（Visit Japan 2010，简称 "VJ"），被定位为鼓励外国游客访日的重要举措。VJ 是国家政府、地方自治体、民间企业共同推进的发展入境旅游的国家战略举措，重点支持针对海外游客的旅游产品的创作。同年，日本政府推出了 "Japan Endless Discovery"（"能遇见无尽感动的国度，日本）的标语和标识，寓意游客每次访日都有新发现，欢迎再次来访。宣传标识使用了日本国旗的红色和白色，并配有樱花图案（见图 2.4）。

VJ 的一大特点是聚焦主要客源地，充分了解各个国家 / 地区的市场规模和需求等特点，根据各个市场的诉求对象制定推广政策。VJ 主要市场开始于韩国、中国、中国台湾、美国和中国香港五个国家 / 地区，随后逐渐增加，现在是韩国、中国、中国香港、中国台湾、泰国、新加坡、马来西亚、印度尼西亚、菲律宾、印度、英国、德国、法国、俄罗斯、美国、加拿大、澳大利亚等 18 个国家 / 地区。

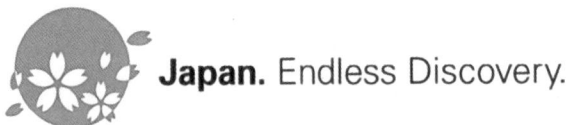

图 2.4　Japan Endless Discovery 标识

在 VJ 初期，小泉纯一郎和安倍晋三都参与了呼吁游客访日的宣传视频，并在国际旅游展等进行了播放。同时通过邀请境外旅行社、实施旅游联合广告等方式，持续支持入境旅游产品的开发和销售。此外，在主要客源国市场举办大型旅游参展，提升日本的吸引力，带动入境旅游产品的销售；通过对游客的问卷调查，定制打造入境旅游产品。日本从 2005 年起，每年保持与海外旅行社和媒体举行大型商务会议"YOKOSO! JAPAN Travel Mart"（"VISIT JAPAN Travel Mart"），提供交流意见的场所并进行商务谈判。面向海外消费者，则通过邀请海外广告和海外媒体制作介绍日本旅游资源的文章和节目来宣传日本的魅力，同时积极利用互联网和 SNS 发布信息。此外，针对国内入境旅游的利益相关方，日本通过召开研讨会，加深他们对入境重要性的理解，并在国内开展密集的活动，以营造欢迎外国游客到访日本的氛围。如从 2005 年到 2008 年举办的"YOKOSO!JAPAN WEEKS"活动是针对大中华区、韩国新年和农历新年的宣传活动。2011 年东日本大地震一年后，日本联合相关部门、地方政府、私营企业等合作，向世界表达日本的感激之情，并开展了"日本谢谢您"等活动。

为了实现观光立国的国策，日本中央政府也十分重视与地方政府的合作。在地方自治体之间联合开展大范围宣传。区域联盟项目的数量从 2003 年的100 件增加到 2012 年的 200 件。VJ 同时还通过任命国内外名人担任日本的亲善大使，利用各种机会，努力宣传日本的魅力。伴随着这样的全国性运动，地方政府和地方旅游相关组织在日本各地推动访日运动，积极助推入境旅游的发展，真正形成了全国性的"日本推进体制"。除了开展 VJ 活动，日本还致力于改善接待外国游客访日的环境，放宽签证，入境手续便利化等。

从 VJ 开始后访日外国游客人数的变化来看，2003 年受到伊拉克战争和"非典"的影响，虽然开局艰难，但日韩世界杯足球赛的顺利召开，游客人数与 2002 年水平相同。此后，尽管遭遇了 2005 年的反日情绪恶化，2008 年的全球金融危机引发的经济衰退，日元快速升值，但入境旅游每年还是都持续创下了历史新高，并稳步上升。2009 年，除了上一年持续的全球经济衰退和日元持续升值外，受新型流感蔓延的影响，导致入境旅游业绩在 VJ 政策开始后首次显著低于上年。2011 年受东日本大地震的影响，入境旅游情况再次明显低于上年。但近 5 年来，日本的旅游情况整体恢复到 2011 年地震前的水平，并呈现出稳步上升的趋势（见图 2.5）。

（万人）

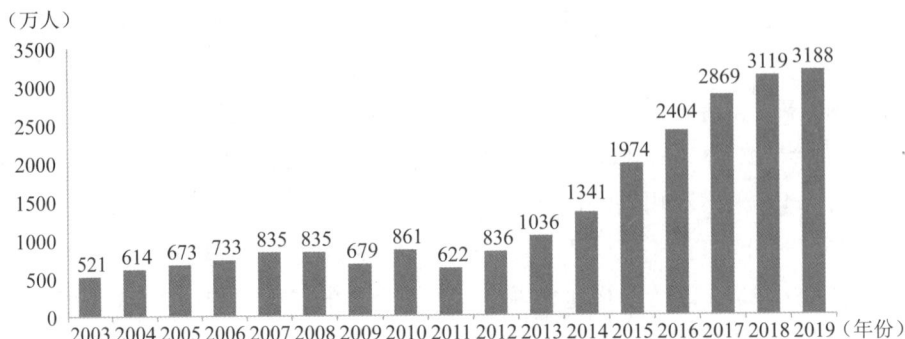

图 2.5　访日外国人数量推移

注1：数据来源于日本政府观光厅。
注2：访日外国人指的是入境的国籍为国外的游客，不包括日本国内常住外国人。

随着日本政府不断加大对外宣传力度，通过组织举办各种展览会、制作旅游宣传片等，向海外推介本国旅游业；观光厅专门将一些著名旅游城市作为"全球会议战略都市"（如东京、京都），并派遣专业人士到国外交流、推行城市间合作，争取更多国际会议的举办权。此外，日本政府加强了机场和航运交通设施的建设，以提高游客接待能力，针对外国游客实行宽松的签证政策。在一系列旅游发展促进政策的刺激下，日本旅游业持续快速发展，2015年访日外国游客数时隔45年再度超过出国旅游人数，并实现了国际旅游贸易顺差（见图2.6和图2.7）。

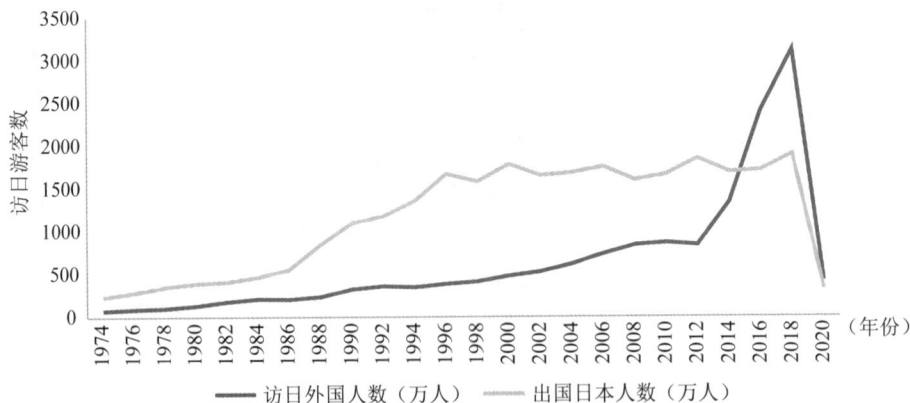

图 2.6　出境日本游客数与访日外国游客数变迁

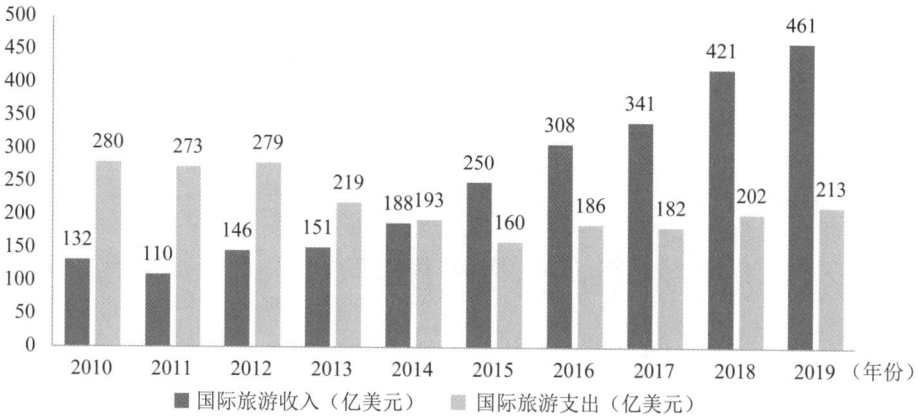

图 2.7 日本国际旅游收入支出对比

从访日外国人消费动向来看，得益于日本高品质的旅游商品和完善的住宿等基础设施，访日外国人消费占比最大的是购物和住宿费用，均占所有费用的 1/3 左右，其次是餐饮和交通费用（见图 2.8）。其中，从 2019 年中国游客人均消费额及占比情况来看，购物费占 51.1%，其次是住宿费和餐饮费（见图2.9）。

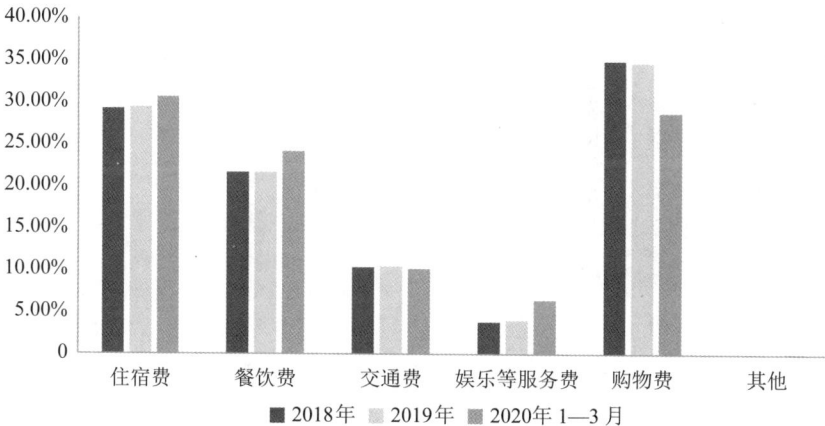

图 2.8 访日外国人消费动向

其他, 0

住宿费, 21.20%

购物费, 51.10%

餐饮费, 17.20%

交通费, 7.20%

娱乐服务费,
3.20%

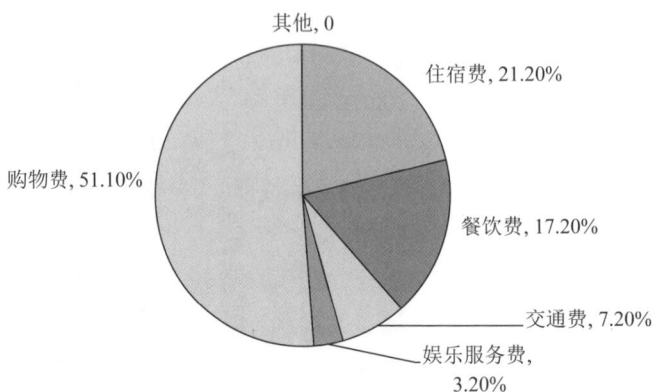

图 2.9　2019 年访日中国游客人均消费额及占比

从召开国际会议的情况来看，根据国际会议协会（ICCA）的统计，截至
2019 年的 10 年间，全球国际会议的召开数量明显增加，其中从亚洲环太平洋
地区来看，这 10 年间，中国、日本、韩国、新加坡以及澳大利亚的国际会议
召开数量持续上升，其中仅日本就占所有会议的 30.4%（见图 2.10）。

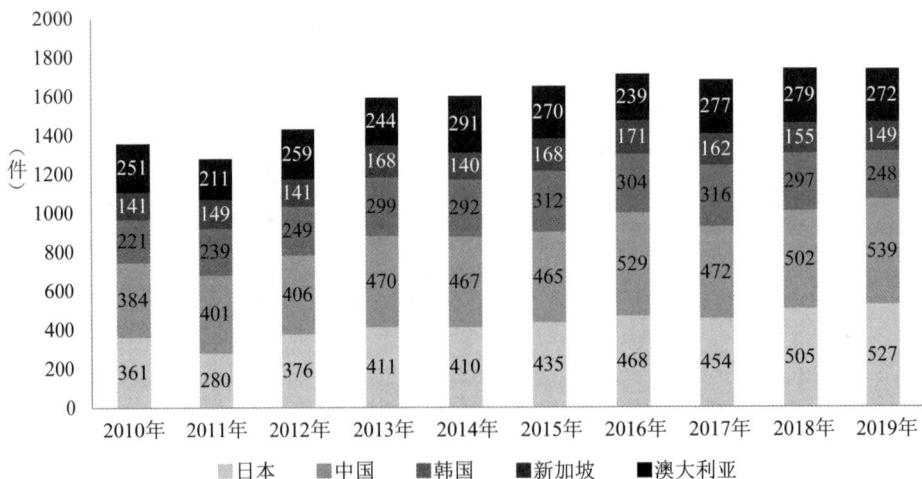

图 2.10　亚洲太平洋地域主要国家的国际会议召开件数趋势

注：图 2.6~ 图 2.10 资料来源于日本政府观光局（JNTO）。

总体而言，日本战后的入境旅游在 2003 年的《观光立国宣言》颁布之后飞速发展，表2.3是日本入境旅游相关大事记。

表2.3　日本入境旅游大事记

时期	时间	事件
战后复兴期	1949年	《翻译案内业法》（现在的《翻译案内士法》）、制定国际观光事业促进相关法律、《国际观光酒店整备法》等
	1952年	制定旅行业法
	1963年	《观光基本法》（现在的《观光立国推进基本法》）制定
出境旅游的繁盛期	1971年	访日外国人观光客超出日本出境旅游人数
	1987年	实施海外旅行倍增计划
	1991年	制定旅游交流扩大计划（Two Way Tourism 21）
	1996年	制定（欢迎计划21《访日观光交流倍增计划》）（访日观光客数量目标：到2005年达700万人）
出境旅游的繁盛期	1997年	制定促进外国观光客来访地域的多样化发展相关的国际观光振兴法律
	2000年	制定新（欢迎计划21）政策（访日观光客数量目标：到2007年达800万人）
观光立国宣言以后	2003年1月	小泉纯一郎总理大臣召开"观光立国圆桌会战"，发布《观光立国宣言》（访日观光客数量目标：到2010年达1000万人次）
	2003年4月	访问日本活动（Visit Japan Campaign，VJC）、访问日本项目（VJ）正式开始
	2006年12月	制定《观光立国基本法》
	2007年6月	《观光立国推进基本计划》通过内阁会决议
	2008年4月	《生态旅游推进法》施行
	2008年7月	《观光圈整备法》开始实施（通过设立观光圈促进观光客的来访和停留相关的法律）
	2008年10月	设置观光厅
	2008年11月	实施《历史城市建设法》
	2012年3月	观光立国推进基本法计划通过内阁会决议
	2013年6月	实施《实现观光立国行动计划：2013年》
	2014年6月	实施《实现观光立国行动计划：2014年》（访日观光客数量目标：到2020年达2000万人）
	2015年6月	实施《实现观光立国行动计划：2015年》
	2015年10月	实施《地域传统技艺活用法（修订）》

续表

时期	时间	事件
观光立国宣言以后	2016 年 3 月	策定《支撑明日日本观光愿景》 （访日观光客数量目标：到 2020 年达 4000 万人）
	2016 年 5 月	决定实施《支撑明日日本观光愿景 2016》
	2017 年 3 月	《观光立国推进基本法计划》通过内阁会决议 《IR 推进法》（推进特定综合观光设施区域的整备相关的法律）
	2017 年 5 月	决定实施《观光愿景实现计划 2017》
	2018 年 1 月	实施《旅游业法（修订）》《翻译案内士法（修订）》
	2018 年 4 月	修订"促进外国观光游客旅行便利化的国际观光振兴法案"，并将该法案更名为"外国观光游客来访的国际观光振兴法案" 实施《会议展览法（修订）》
	2018 年 6 月	实施《民宿新法》《旅馆业法（实施）》 决定实施《观光愿景实现计划 2018》
观光立国宣言以后	2018 年 7 月	公布《IR 实施法》（《特定综合观光设施区域整备法》）
	2018 年 10 月	实施《赌博依赖症对策的基本计划》等基本法
	2019 年 1 月	实施《国际观光游客税法》
	2019 年 4 月	实施《文化遗产保护法（修订）》
	2019 年 6 月	决定实施《观光愿景实现计划 2019》

三、疫情后的日本旅游业

2019 年年底，影响全球的新冠感染疫情对日本观光旅游业造成了巨大冲击，在限制航班、入境管制等防疫措施下，赴日外国人游客数量骤减，导致日本旅游业总体收入断崖式下跌。[①] 根据 2021 年日本观光厅的数据调查显示，2020 年访日外国游客数量总计约 412 万人，与 2019 年相比降幅高达 87.1%。2021 年，访日外国游客数量为 25 万人，比 2020 年降幅达 94%，比 2019 年降幅达 99.2%（见图 2.11）。从具体国别来看，来自亚洲的访日游客有 332 万人，占所有入境游客的 80.6%，其中东亚游客 260 万人，东南亚游客 69 万人，北美游客 27 万人，欧洲游客 24 万人，澳大利亚游客 14 万人以及南美游客 1.8

---

① 刘强强，田学军，刘恒霞等.日本旅游业发展的启示［J］.合作经济与科技，2023（07）：59–61.

万人，非洲游客 0.7 万人（见表 2.4）。到了 2021 年以后，由于日本的入境限制政策，来自世界各地的访日游客都急剧减少。

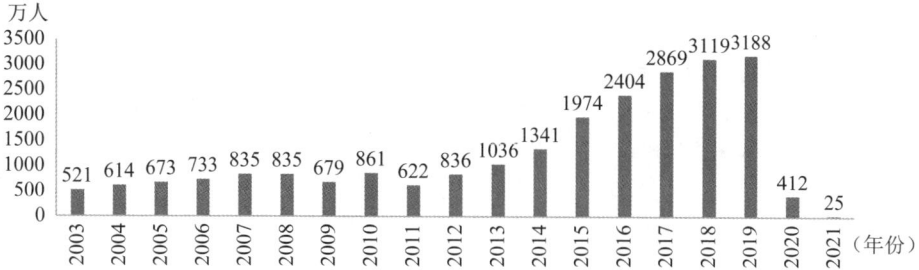

图 2.11　访日外国游客数量的推移

表 2.4　各区域访日游客人数和占比变迁[①]

国家/地域	2018 年		2019 年		2020 年		2021 年	
	访日人数（万人）	占比	访日人数（万人）	占比	访日人数（万人）	占比	访日人数（万人）	占比
亚洲	2637	84.5%	2637	82.7%	322	80.6%	11.8	48.4%
东亚	2288	73.4%	2236	70.1%	260	63.1%	6.7	27.4%
东南亚	333	10.7%	383	12.0%	69	16.8%	5.1	21%
欧美中东	363	11.7%	357	11.2%	59	14.3%	6.1	24.7%
其他	120	3.8%	194	6.1%	21	5.2%	6.7	26.9%

同时，2021 年访日外国游客的消费额度为 1208 亿日元，比 2020 年减少了 83.8%，比 2019 年减少了 97.5%（见表 2.5）。

表 2.5　访日外国人旅行消费额的变迁[②]

时间	访日外国人旅行消费额（兆日元）
2012 年	1.846
2013 年	1.4167

---

①　日本政府観光局（JNTO）. 訪日外客数の推移［DB/OL］.［2022-12-16］. https：//statistics.jnto. go.jp/graph/#graph—inbound—travelers—transition.

②　日本観光庁. 訪日外国人消費動向調査［EB/OL］.［2022-7-1］. https：//www.mlit.go.jp/kankocho/ siryou/toukei/syouhityousa.html.

续表

时间	访日外国人旅行消费额（兆日元）
2014 年	2.278
2015 年	3.4771
2016 年	4.7476
2017 年	4.4162
2018 年	4.5189
2019 年	4.8135
2020 年	0.7446
2021 年	0.1208

从国内旅游来看，2021 年日本国内过夜旅行人数为 1.4177 亿人，与 2020 年相比减少了 11.8%，与 2019 年减少了 54.5%（见图 2.12）。不难看出，日本国内游客的出游意愿受疫情影响严重，旅游消费行为也由于对安全和卫生的恐惧心理而受到抑制。根据观光厅的数据显示，因疫情导致的住宿业破产件数在 2020 年达到了 55 件，2021 年为 47 件（见图 2.13）。

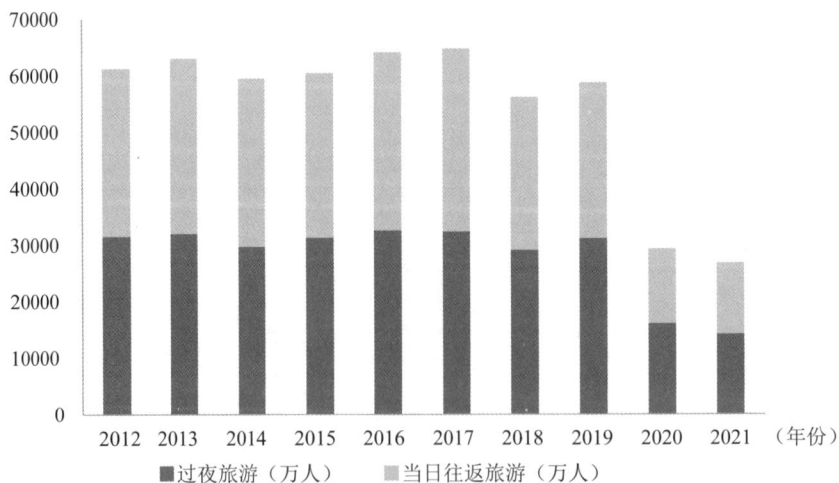

图 2.12　日本国内过夜旅行和当日旅行的变化

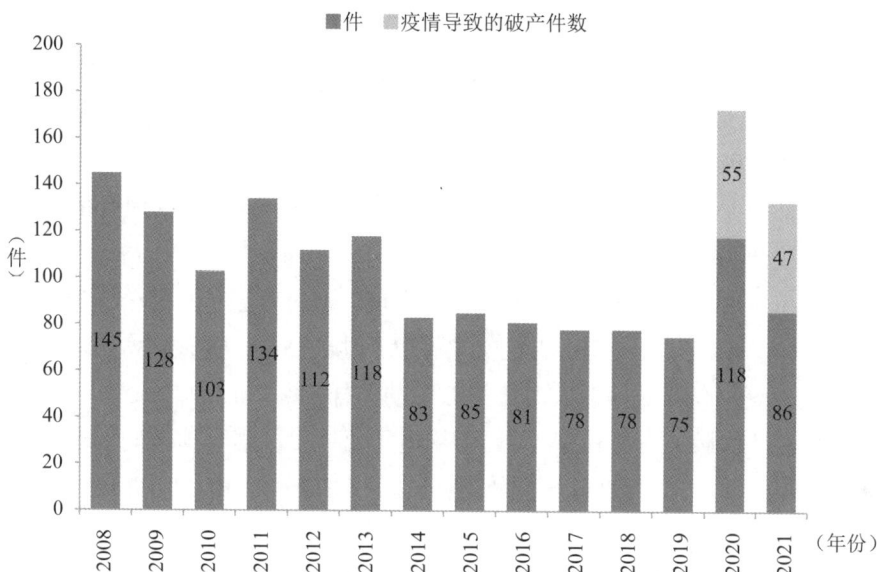

■件　■疫情导致的破产件数

图2.13　住宿业的倒闭件数

为应对新冠感染疫情带来的消极影响，日本政府及时出台新冠感染疫情应对政策和紧急经济对策，并针对受疫情影响严重的旅游相关行业出台多项扶持政策。通过对企业提供专项补贴，提高企业雇佣补助金标准，与主要客源国企业合作，增强各国游客访日意愿，中央政府、民间企业、地方自治体携手合作，推进实施官民一体型消费促进活动。具体对策主要分为以下4个部分。

第一部分是复苏国内旅游，开拓新市场。为刺激国内旅游的需求，日本政府开始实施"新出行旅游事业"，探讨解决周末拥堵的措施，联合旅游和交通企业，推进工作日旅游计划，同时改善无障碍旅游环境，推动全民旅游。

第二部分是推进旅游产业的变革。该部分主要是为了解决疫情后旅游业长期存在的生产力低下、数字化发展缓慢等旅游业滞后的结构性问题，加强住宿业和旅行社等行业的管理能力，并采取包括法律制定在内的必要制度措施等以提供系统和强有力的支持。

第三部分是通过扩大交流、振兴地域旅游产业。通过支援地方修缮住宿设施、旅游设施、公共服务设施等，以提升地域一体化旅游目的地的高附加值；利用 XR、5G 等高科技手段融合地域旅游资源，创新旅游产品；利用数字化手段，实现电子支付、在线预约、游线查询等功能；强化目的地营销组织（DMO）的体制管理，通过住宿数据分析系统和客户关系管理（CRM）应用程序等支援地方提高营销能力，通过实施"日本可持续旅游指南（JSTS-D 2）"实现旅游的可持续发展。

第四部分是恢复国际交流。为了确保游客的安全，基于国内外的疫情情况，逐步放开入境旅游限制，并通过日本政府观光局及时发布入境以及紧急情况对应的相关信息；提升国立公园的滞留环境，通过修正《自然公园法》等促进自然体验，改善景观环境；支援文化旅游基地的整备，振兴艺术市场、体育旅游、民宿等，以便更好地应对入境旅游的多样化需求；面向 2025 年的日本国际博览会（大阪／关西万博会），活用电子营销手段强化地域间的合作，重点关注中东、墨西哥等市场；支援航空公司等设备投入，扩大首都圈机场的容量等。

而针对后疫情时代的观光立国政策实现，日本政府逐步开展了疫情后的旅游产业补助政策。首先是事业补助金和租赁补贴。为了支持在新冠感染疫情中受创的中小型企业，日本针对同比营业额减少 50% 的中小企业、个体营业者等分别给予中小企业法人上限 200 万日元、个体经营户等上限 100 万日元的补助金。2020 年 5 月，日本宣布延长疫情防控紧急形势，并给予法人上限 600 万日元、个体经营户等上限 300 万日元的一次性现金补助，用于缓解所有受损中小型观光企业的租金压力。截至 2021 年 3 月，日本共支援了 104 万家企业，合计金额 9000 亿日元。

其次是就业补助金。日本政府在第二次补充预算中，采取了对未进行裁员的所有中小企业主进行补贴，将每日补助限额提高到 15000 日元等特别措施。此外原计划实施到 2020 年 9 月底的特别措施，将延长至同年 12 月底。同时针对属于紧急状态区而被要求缩短营业时间的餐馆、生产指标被迫大幅下降的大型企业的补贴率提高到 100%。在疫情重灾区实施的每日补助限额提高到 15000 日元的措施延长到 2021 年 6 月。为了让企业主更好地了解补助金制度以及申请方式，观光厅特别制作了解说视频并在网上公开指导。

最后是实施无息和无担保贷款。为了维持当地经济和就业，政府于 2020 年 3 月开始在政府系金融机构实施为期 5 年的无息和无担保贷款，并于同年 5 月在民营金融机构也开始提供无息和无担保贷款。同年 6 月至 7 月，由于政府再次延长紧急防疫状态，2021 年 1 月至 2 月政府和民营金融机构再次提高了受疫情影响的贷款额度。民营金融机构从 3000 万 ~4000 万日元最高限额提高至 4000 万 ~6000 万日元，政府系金融机构针对中小企业的无息贷款限额从 1 亿 ~2 亿日元提高到 2 亿 ~3 亿日元。

同时为了打造访日游客无忧的旅游环境，从旅游目的地 / 旅游产业、旅游交通、文化遗产 / 国立公园以及民宿等方面制定了翔实的旅游政策。

1. 针对旅游目的地 / 旅游产业的政策（见表 2.6）

表 2.6 针对旅游目的地 / 旅游产业的政策

加强无现金环境的完善	A）设置可受理境外银行卡的 ATM。通过提供游客观光的相关数据，协助银行（包括地方银行）在海外游客较为集中、需求度较高的地域优先设置可接受海外银行卡的 ATM。同时根据可受理境外银行卡 ATM 安装进度，继续在日本观光局的网站和应用程序上提供有关 ATM 的最新安装位置等信息。
	B）推进无现金店铺的经营改革。按项目开展调查论证，量化评价无现金支付的优劣，验证结果与各参与方合作公示，创建开发最适合各经营者和店铺的无现金支付导入案例，同时调查获取的数据将用于改善和优化无现金支付环境。
	C）建立安全可靠的信用卡使用环境。2021 年 4 月，日本《部分改正分期付款买卖法（令和第 2 年第 64 号法）》生效，旨在改善安全可靠的信用卡使用环境，并根据"信用交易安全措施委员会"同年 3 月修订的"信用卡安全指南"，采取安全措施，推动相关业务。
显著改善通信环境和旅游环境	A）显著改善通信环境。通过改善 Wi Fi 环境，确保发生灾害时的信息传输手段的顺畅。同时针对访日游客，在游客服务中心、公共交通、游客集中的市中心、道之驿①等地提供 "Japan.Free Wi-Fi" 和预付费 SIM 卡等的销售。进一步加强在游客服务中心、住宿设施、火车站和巴士总站、车辆和游客众多的旅游目的地城市中心、道之驿等地免费 Wi-Fi 环境的设置和移动 Wi-Fi 路由器的使用，以进一步便利化访日游客在探索旅游目的地过程中信息的顺利收集。截至 2020 年，日本政府已经在机场的 21 个机场、1894 个点设置了预付费 SIM 卡的销售点，全力改善访日游客的通信环境。
	B）推进多语种翻译技术。着手开发用于处理商业和国际会议讨论的同声传译和扩大优先语言选项的人工智能等相关研究，以更好迎接 2025 年的日本国际博览会（大阪 / 关西万博会）。此外，除了游客咨询中心、住宿设施、公共交通，还在餐馆、零售商店等使用多语言语音翻译系统，以提高访日游客在旅游目的地的满意度。

---

① 道之驿是一种日本公路设施，由国土交通省（制度开始时仍称为"建设省"）负责登记认可，主要设置在一般公路旁、具有休憩与振兴地方等综合功能的道路设施，其作用非常类似设置在高速公路的服务区与休息区等公路设施。

显著改善通信环境和旅游环境	C）致力于"城镇慢游"的满意度提升。在访日游客较多的观光地，积极推进多语言环境改善、免费 Wi-Fi 区域提升、区域内零售店和餐厅等无现金支付普及、景点环境、智能垃圾处理、拥堵缓解等支援措施，加强在旅游景点灾害等紧急情况下的信息传播能力，以提升访日游客对日本"城镇慢游"满意度。
	D）充实旅游咨询点。不断提高已获得日本观光厅认证的国外游客咨询中心的服务质量，进一步支持人工智能聊天机器人和多语言语音指南等高级功能的开发以及在线内容的创建，以加强游客咨询中心的信息传播功能。同时鉴于 2018 年北海道东部地震的经验，在各咨询中心引入应急电源。将获得日本观光局认证的外国游客服务中心作为道之驿的第三阶段，打造成"全球品牌"进行海外推广。
	E）维护和改进公厕的功能。进一步整顿和维护旅游景点及其周边公共厕所，保持清洁，以便访日游客的便利使用。
	F）打造适宜穆斯林教徒的旅游环境。通过说明会等形式，动员社会共同完善穆斯林教徒的友好旅游环境，鼓励餐饮店用多语言、在线化形式展现店内环境以及菜单，增加清真菜单。通过邀请东南亚市场当地媒体和旅行社、参加中东市场当地旅游展会和活动等方式，加强对日本的宣传。
	G）完善访日素食者旅游环境。敦促餐饮业和地方公共团体落实 2019 年制定的"针对饮食业的素食者和纯素食者应对指南"和 2020 年创建的外国素食旅行者门户网站，打造素食和纯素食旅行者安心用餐的环境。
	H）引入共享单车。为便利访日游客在周边进行游览，计划导入共享单车，营造舒适、无压力的旅行环境。
	I）整顿道之驿的通信环境。设置电动汽车（EV）充电设施和免费 Wi-Fi，并在灾害发生时，提供有关灾害情况和支援活动的信息。
	J）开展旅游环境改善后的调查。针对访日游客对旅游环境的不满和要求、疫情后游客偏好变化等改进调查项目和方法，并考虑具体的解决方案。
	K）推进智慧城市的发展。与相关部委和机构一起，利用城市 OS（数据链接平台）推进智慧城市的发展，收集和分析游客观光动态及购物等相关数据信息，采取相应措施，开发新的旅游资源，扩大访日游客到访量和消费额。
以道之驿为核心的地域振兴	A）与周边农林牧渔等合作，利用当地特产进行综合开发和销售，持续推进农林牧渔的六次产业化发展。
	B）与私营公司、打造观光地区的法人（DMO）、景区景点街道等旅游相关机构合作，推动道之驿第三阶段作为"地方振兴、加速地域观光发展的基地"的功能。
	C）通过多语言支持、无现金支付环境和建立外国游客咨询中心点等加强区域道之驿入境接待功能，以适应访日游客自由行的普及和租车使用率提高的现状。

续表

营造治安良好的旅游环境	A）加强外国游客预防犯罪和防灾信息的应对。警方积极利用具有多语言翻译功能的设备和材料，以进一步方便与访日游客的交流；开展警察人员外语以及应对外国游客的教养培训等。
	B）在紧急活动期间推广使用多语种语音翻译应用程序。开发并普及"Emergency VoiceTra"等多语种语音翻译应用程序，使应急人员与应急现场的外籍伤病人员能够顺畅沟通。同时各都道府县和消防部门积极宣传《外国人访日救护车使用指南（多国语言版）》，并继续会同有关部委机关，切实做好宣传贯彻工作；在私营企业的网站和应用程序上推广使用以 14 种语言创建的防灾和天气信息的多语言词典和应用程序；鼓励住宿相关机构与地方公共团体签订避难者接收协议，以便在发生灾害时可迅速将住宿设施用作避难所，积极营造访日外国人可以安心观光的环境。
	C）加强访日外国游客国内消费活动咨询制度。利用"地方消费行政强化补助金"，确保在日外国人消费安全的同时，通过日本国家消费者事务中心的"访日游客旅游消费热线"提供访日外国游客的消费问题咨询。此外，在观光厅、日本政府观光局的助力下开设专门用于咨询的网站和多语言应答，为访日本游客提供信息。
保护 / 活用优质景观资源	A）积极推进景区改善推进事业。策划市町村主要景区景点的旅游规划、历史风土的维持提升等，如在历史古城、古镇周边实施无电线杆化行动，提升整个历史街区的品质。
	B）活用自然景观资源。活用森林景观资源，打造"休闲森林"吸引国外游客；利用偏远岛屿和半岛的资源，开发新的旅游产品，特别是在偏远岛屿上，构建与新生活方式相对应的半岛地区振兴模式；积极推动奄美群岛和小笠原群岛的旅游业发展，充分利用奄美及冲绳被登录为世界自然遗产的机会，进行旅游宣传和推广；在小笠原群岛，则通过港口开发、自然公园的设施维护和改造、自然导游的培训等各种措施吸引更多访日游客。
根据行业需求培养旅游管理人才	A）培养高层管理人才，在一桥大学和京都大学开设旅游 MBA 课程，在专业大学和短期大学则开放旅游领域专业；加强区域内实用人力资源的开发，积极推进外国人才的采用和活用等，在冲绳等客源激增的区域，则通过观光职业院校与产业的合作，开展观光人才的定向培养。
	B）利用国家战略特区制度促进优秀的外国人才的就业。如根据相关地方政府的建议，在满足一定条件的情况下，招聘服务"酷日本"战略的外国人才；充实和强化口译制度。在全国范围内利用持证翻译人员为当地旅游人员提供常态化语言能力、外国人接待等培训。
提供多样化需求的住宿设施	A）积极推广无障碍住宿，促进提供满足多样化需求的住宿设施的发展，以提高访日外国游客（包括老年人和残疾人）的舒适度。
	B）促进现有旅游设施的再生和高附加值的业务。通过拆除废弃房屋、在以观光为目的的公营设施中引入民营资本、支援住宿设施的疫情防控措施等，振兴旅游设施，提高区域整体的吸引力和盈利能力。

提供多样化需求的住宿设施	C）吸引高端访日游客的到访。通过高品质住宿设施的开发，以及全球化、懂外语、熟悉日本文化的复合型旅游业服务人才，吸引高端访日游客的到访。
推进面向东京奥运会的通用化设计行动计划	打造通用化设计的街区，修订无障碍法，开展通用设计城市规划，推进无障碍旅游以及旅游设施的无障碍认证体系，积极普及《旅游区无障碍信息提供手册》，改善道路、铁路等轮椅使用环境，改进城市道路标识的通用设计等。

2. 针对交通设施

（1）完成"区域振兴走廊"项目。利用新干线和高速公路等高速交通网络，改善"日本铁路通票"的购买环境，提高日本铁路通票的知名度。基于疫情防控，避免人群过度拥挤的新需求，鼓励周边游和增加旅游消费，持续推进公共交通的数字化、无现金化等。同时与当地公共组织、旅游协会、相关铁路运营商等合作，强化新干线各站作为观光据点的功能，推进新宿高速巴士总站、品川站、神户三宫等高速巴士总站项目的全国扩张，同时开发限定区域和时期内的高速公路周边游巴士观光；积极引导游客向偏僻农山村地区的出行等。在自由行普及的前提下，推进租车服务的多语言环境，同时针对外国人免费开展对日本交通规则、安全驾驶等的宣传和培训，防止事故的发生。

（2）推进公共交通环境的革新。加强境外人员网络订票、无票乘车等的服务；通报"共享公交系统编号指南"，推广公共交通的编号，开发便于游客易于理解的公交系统；推动日本出租车调度应用程序的多语言开发、在机场和主要车站设置外国人专用出租车通道，推广无障碍出租车的使用等，营造世界一流的出租车环境；提供新干线等铁路车辆的免费 Wi-Fi 服务，通过隧道设施中的无线电波屏蔽措施，改善游客的手机使用环境等，实现世界一流的交通服务。

（3）非常时期对访日游客的信息提供。在非常时期，通过多语言（英语、汉语和韩语）的车站／车内广播、多语言的二维码等手段，为使用新干线的访日游客提供必要信息。同时在机场实施"A2-BCP"（非常时期机场功能的维持和快速恢复的目标时间及任务分工的计划），以便游客可以及时收集信息，安全撤离，即使发生灾难等紧急情况，也可以安心地留在机场。

（4）推进客运设施和车辆的无障碍化。特别是对机场接驳巴士（带电梯的巴士等）和 UD（通用型）出租车提供必要的支持。在航空客运站设施方面，则根据《关于促进老年人、残疾人等移动顺利化的法律》有关要求执行。

除了对旅游目的地/旅游产业、旅游交通的支援，针对文化遗产/国立公园，重点推出了多语种解说。

3. 文化遗产/国立公园

（1）充实文化遗产的多语种解说

针对文化资源的提炼、提升多语言解说、Wi-Fi普及和无现金环境打造等便利性等方面予以援助，并支援文化遗产专业人才的培育等。如在东京国立博物馆，对于不熟悉日本文化的参观者，鼓励使用高清复制品、数字技术、图像等方式开设可体验的展览，并基于外国人视角，提供多语言支持，努力改善外国访客的旅游环境。

（2）充实国立公园等的多语种解说

加强环境省与日本观光厅的合作，共同开发了34个国立公园，并加强国立公园的多语言解说，使用ICT等先进技术，实现展板和招牌的多语言化，并创建支持多语言的展览视频等媒体，以提高访日外国游客的满意度。

4. 民宿

以农林渔村的振兴增收为目标，在当地实施体系建设、旅游产品的质量提升、就业支持、住宿环境改善等方面的综合援助，同时与日本政府观光局合作，加强在国内外的宣传推广，并派遣专家，以协助解决民泊地区面临的多样化问题等。

总体而言，后疫情时代的日本，尽管旅游业的发展仍然持续受到影响，且在短时期内难以恢复，但日本政府的应对之策仍然有值得借鉴之处：首先是及时有效的支援政策。日本政府通过提供专项资金补助、允许延后支付企业所得税和社会保险费、提高对企业的雇佣补助金标准等手段，积极扶持中小企业渡过难关。其次，高度重视疫情防控工作，通过在官网及时公布旅游目的地的安全卫生信息，努力重塑日本安全旅游目的地的形象。最后，日本政府通过与重要客源国的企业开展合作、投放旅游广告等，积极恢复入境旅游的发展。

第三章

日本旅游业的发展业态

　　日本由本州岛、北海道、九州和四国四个大岛组成，周边有许多离岛和列岛，海岸线漫长曲折，境内山地崎岖、河谷交错，由于位于地震带上，造就了日本地热丰富、温泉众多的自然资源优势。加之狭长的地形和四季分明的气候，使得日本从南到北，风貌各异。除了优美的自然环境，日本可供旅游者参观的文化资源也十分丰富。在发展旅游业的过程中，日本十分注重自然与人文的共生协调和彼此兼容，因此诞生了类型丰富多样的旅游发展业态。本章内容，笔者基于日本独特的自然旅游资源、文化旅游资源、复合旅游资源（见第六章"旅游资源的分类"），将日本的旅游发展业态又大体细分为自然生态型、文化依托型、都市资源型、乡村体验型、主题游乐型以及游学一体型 6 种业态。

一、自然生态型

　　日本作为一个四面环海的岛国，纵跨亚寒带与亚热带，春夏秋冬四季极为鲜明。崇尚自然的心理使日本人格外关注大自然的变化，日本的自然生态型旅游模式也具有鲜明的季节性和地域性，主要包括樱花旅游、红叶旅游、森林旅游、滑雪旅游、温泉旅游、世界自然遗产旅游 6 种类型。

（一）樱花旅游

日本是樱花之国，赏樱自古以来就是日本的国民活动，距现在已经有1000多年的历史，它是日本国家与民族的象征，花名享誉海外。樱花旅游在日本国内具有相当的分量，不仅是国内旅游的一种主要方式，也是吸引外国访客的重要旅游资源。根据日本关西大学名誉教授宫本胜浩在2023年3月最新做出的赏樱经济效益测算结果显示，从3月到5月上旬，日本赏樱经济收益已经达到了6158.1211亿日元，其中来自日本在住人员的经济效益约为2196.5亿日元，来自访日游客的经济效益约为654.482亿日元，直接效益总额是2850.982亿日元，同时基于日本总务省内阁府指定的《全国产业关联表》的核算，预计赏樱的直接经济效果和二次带动效果，总额实现了6158.1211亿日元的收益，约为2022年的3倍[①]。

1.樱花旅游的发展历程

日本的樱花种类繁多，赏樱历史有千年之久，《古事记》和《日本书纪》中记载了被天孙降临的天照大御神的孙子迩迩芸命求婚的美丽的木花之咲耶姫（花神）就指的是樱花。早在远古，日本人便将樱花看作花的神灵，而古日本语中的"樱时"便指的是"春天的时节"。日本正式开启赏花的习俗应追溯到奈良时代（710—794年），当时日本与我国的唐朝关系甚好，频繁派遣唐使来到中国交流，并且把我国大唐时期的赏花宴会带回日本，一时间在中国被喜爱的花香色艳的梅花在日本贵族之间变得受欢迎。这一现象也表现在了《万叶集》中咏花的和歌数量上，当时咏梅的和歌有110首，咏樱的和歌有44首。

到了遣唐使被废除、国风文化盛行的平安时代（794—1192年），贵族阶层追捧的梅花和樱花的立场也发生了逆转。自从迁都平安京的桓武天皇在紫宸殿种植的梅花被仁明天皇的樱花所取代以后，贵族之间又开始了樱花崇尚。日语中的"花见"（赏樱）这个词就是在这个时期诞生的。日本的赏樱鼻祖是嵯峨天皇在神泉苑举行的"赏樱之宴"就是从那以后宫中的惯例活动，其情形在《源氏物语》的"花宴"中被描写出来。平安时代的日本人对樱花的爱也传递在了众多的和歌之中。"世の中にたえて桜のなかりせば春の心はのどけ

---

① 関西大学.宫本勝浩名誉教授が試算 –2023 年のお花見の経済効果［EB/OL］.（2023–03–10）［2023–03–20］.https：//www.kansai-u.ac.jp/ja/about/pr/news/2023/03/post_70238.html.

からまし（世间若无樱，春心共谁发）"。这是平安时代初期成立的《伊势物语》的主人公在原业平咏叹樱花扰乱人心的和歌。"ひさかたのひかりのどけき春の日にしづ心なく花の散るらむ（闲坐暮春庭前，不觉樱花飞落）"。这是《小仓百人一首》中纪友则怜惜樱花花期短暂的和歌。在这个时代，樱花作为"百花之王"在社会中有着压倒性的存在。

镰仓时代（1185—1333 年）也继承了对樱花的喜爱，吉田兼好的随笔《徒然草》中写道贵族优雅赏樱，而刚进京的乡下人则连歌饮酒闹事。到了镰仓·室町时代，赏花的风俗在武士阶级中也蔓延开来。最豪华最有名的赏花时代就是在统一日本天下的丰臣秀吉时代（1537—1598 年）。其中，丰臣秀吉主办的"醍醐赏花"是以嫡子秀赖为首，北政所、淀殿以及诸大名的女佣等1300 人共同举办了茶会和歌会。据记载，当时为了观赏樱花，丰臣秀吉种植了 700 棵樱花，甚至还进行了殿舍和庭园的大规模改建和营造。该庭园作为世界文化遗产，一到春天，染井吉野、八重樱、枝垂樱、山樱等都会盛开。同时为了纪念当时空前绝后的赏樱盛宴，京都醍醐寺每年都会在 4 月的第二个周日举行"丰太阁花见行列"。而文禄三年（1594 年）的吉野赏花规模更是达到了5000 人，成为史上最大的赏樱活动。到现在，吉野山依然保留 200 多种、共 3万多株樱花，包含吉野山在内的"纪伊山地的灵场和参拜道"也已经被联合国教科文组织列入世界文化遗产。

进入江户时代后，由第三代将军德川家光所创建的宽永寺大量移植了吉野山樱，这也是江户的第一棵樱树。此后，八代将军吉宗将樱花的名胜推广至各地供平民游玩赏花，江户时代赏花作为一般春天的仪式正式扎根，樱花也成为日本人心灵的象征。

江户末期到明治时期，第一款改良品种的染井吉野樱诞生了。与以往的花和叶子同时盛开的白色山樱花不同，染井吉野樱是红色的花朵一齐开放，一齐凋零，异常华丽。随后由于染井吉野在全国的推广种植，樱花的美丽及赏樱的习俗在全国蔓延开来。

2. 樱花旅游的开发模式

日本的樱花兼具悠久文化艺术之美，姿、色、香、韵的景观美，饮食文化之美等特点，文化底蕴深厚，是日本国内重要的旅游资源。

4 月进入赏樱盛期，星级酒店、咖啡店、甜点店、便利店都会推出樱花主题的特色美食。樱花料理较注重感观，吉祥的樱花祭菜式，在选材和器皿的配搭均十分讲究，以期达到赏心悦目的效果。除了料理，樱花还被开发成樱花茶、樱花和式点心，各大护肤和彩妆品牌也推出樱花季限定产品，以及樱花样式的装饰品等数不胜数。

日本的樱花节也是世界五大旅游节之一，日本政府通过设置樱花"黄金周"假期、预报"樱前线"等积极支持樱花节的开展，使这个节日成为日本人生活的重点项目，保护了"赏樱"这一传统文化的同时也吸引了大量的国外游客。目前日本赏樱名所众多，樱花季来临前，各大旅行社都会在线上以及线下做足宣传工作，如赏樱三大名所（见表3.1）、一本樱①名所（见表3.2）、夜樱名所等按主题进行推广，让游客按照自己的需求进行选择。

表 3.1　赏樱三大名所

序号	名称	描述
1	青森县 弘前公园	位于青森县弘前市，园内栽种了50余种樱花，共2600多株，其中还有日本最古老、最有名的染井吉野，树干有5米之高。花见期间的"弘前樱花祭"，不但会集了东北的小吃屋台，还有津轻民谣热唱及侫武多祭的游行，年吸引游客200万人次以上，是东北的一大盛事。
2	长野县 高远城址公园	位于长野县高远城，是典型的日本园林，园内从四月上旬开始举办"高远樱花节"，园内樱树是在明治八年（1875年）时期开始栽种，共有1500株"彼岸樱"，号称"天下第一樱"，每年赏樱的时节未临之后大概会有20万的群众进入高远城址公园之中进行赏樱。
3	奈良县 吉野山	位于奈良县的吉野山整个山脊都被联合国教科文组织列入了世界遗产，从山下的北部开始依次有下千本、中千本、上千本、奥千本等各区域的樱花都是看点。山内以白山樱为首的200种樱花有3万株，层林尽粉。樱花盛开的季节，每天到吉野山上赏樱的人数甚至达2万人次以上，祭祀的日子里吉野山一天之内会达到40万人次的流量。

---

① 单一种植的樱花。自明治时代以后，随着染井吉野樱的扩散，赏樱逐渐演变成平民的娱乐。在此之前，尽管也有赏樱的习惯，但由于在一处种植多种樱花来欣赏的行为需要富庶的财力，因此当时日本的城镇和村庄以及寺院神社内的庭院里都只种植一棵樱花。且由于当时樱花的管理技术尚不发达，仅凭借自然的环境和樱花自身的生命力而绽放一本樱，在各地都受到神圣的注视，并被永久传承了下来。

表3.2　树龄超过100年的一本樱古树名所

序号	名称	描述
1	岩手县盛冈市——石割樱	树龄超过350年，属于江户彼岸樱，位于盛冈市中心部裁判所的中庭，成长于巨大的岩石缝，是国家天然纪念物。
2	福岛县会津若松市——石部樱	树龄超过650年，属于埃德彼岸樱，由于日本广播学会（NHK）大河电视剧——八重之樱的标题背景用了该樱花，一时间成为超受欢迎的旅游地。
3	福岛县白河市——开会山秒关寺乙姬樱	树龄超过400年，属于红垂樱，是白河市三大垂枝樱之一。
4	福岛县三春町——三春滝樱	树龄超过1000年，属于红垂樱，树高13.5米，根围11.3米，是日本三大樱花之一。
5	茨城县龙崎市——般若院	树龄超过400年，属于垂枝樱，位于般若院正殿后面。从根附近分开的枝条充满威严，是茨城县的天然纪念物。
6	静冈县富士宫市——狩宿下马樱	树龄超过800年，属于和山樱，是日本最古老的樱花，被指定为国家特别天然纪念物，是日本五大樱花之一。
7	埼玉县北本市——石户蒲樱	树龄超过800年，是世界上唯一一种由江户彼岸樱和山樱的自然杂交品种，位于东光寺院内，是日本五大樱花之一。
8	兵库县养父市——樽见大樱	树龄超过1000年，属于八重樱花，是国家天然纪念物，被称为仙人樱花，简称仙樱。
9	岐阜县本巢市——淡墨樱	树龄超过1500年，属于江户彼岸樱，树高16.3米，树干围9.9米，是日本三大樱花之一。
10	山梨县北杜市——实相寺山高神代樱	树龄超过2000年，属于埃德彼岸樱，树高10.3米，树根周围有11.8米，是日本最古老、最巨大的樱花树，曾于大正时代（1912—1926年）被列为"国家指定天然纪念物第1号"。

近年来，随着多样化的赏花风格和外国游客的大量增加，为了服务想避免赏花准备的烦琐或恶劣天气而想"轻松"赏樱的游客，日本在赏樱模式上也不断推陈出新，首先，推出了"ecbo cloak"App，利用樱花公园周边店铺的空余空间，为赏樱客提供有偿的行李存放服务。使用者可以通过该App事先检索和预约，然后在赏樱当天即可存放好大件行李"空手赏樱"。其次，为了避开樱花期的雨季、花粉症、占地困难等烦恼，又推出了室内赏樱，如利用电子照片或投影仪播放樱花的照片，并配上以樱花为主题的食物和酒，营造浓浓的赏

花氛围的"Air Hanami"，目前可提供"Air Hanami"服务的租赁空间业者也不断增加。

日本政府在推广樱花旅游的过程中也发挥了重要的作用。在 2020 年东京奥运会举办之际，为了打造出国际著名的樱花旅游目的地形象，日本推出了一系列惠民措施，大力发展入境旅游，如日本铁路通票，该通票是日本政府观光局为了方便专程"访樱"的外国游客可以从南到北踏寻不同风情的樱花名胜而播出的，不仅制作了各种风格唯美的旅游手册，更是联合 JR 集团等 6 家公司共同推出了"日本铁路通票（Japan Rail Pass）"，该通票可以自由搭乘 JR 各公司的铁路与公交车，但仅限从国外来观光的游客。日本铁路通票分为绿色车厢（类似商务车厢）和普通车厢两种，日期分别有 7 天、14 天和 21 天，该通票作为适合在全国各地进行铁路周游的经济便利车票深受好评。另外，完善各类"和式"住宿设施。为了吸引更多的访日游客，为游客提供价格合适且服务周到的日式民宿，日本政府通过各类补助措施，协助完善民宿等住宿设施，优化外国访日游客的住宿环境。此外，开展积极的"樱花外交"也是日本向世界传达"赏樱"文化的外交手段之一。日本通过向美国、瑞典、丹麦、芬兰等国赠送樱花开展文化交流，"樱花"不断成为日本与世界的共通语言。

总体而言，日本樱花旅游的开发模式并非走马观"花"的简单观光，而是以樱花花开花落的自然景观为基础产品，并对樱花资源地的山岳、温泉、河湖、乡村民俗、农业生产等相关资源进行地域整合，集观光、体验、休闲、度假、教育等功能，拓宽樱花旅游的载体空间，弥补和丰富旅游资源内涵，向休闲度假深层次方向拓展深化，提高樱花旅游产品的整体吸引力。[①]

（二）红叶旅游

与春天的赏樱一样，秋天的"红叶狩（赏红叶）"也是日本代表性自然旅游业态之一。红叶在日语中叫"もみじ"，"もみじ"这个词是上代语（6 世纪末的大和王权到奈良时代以前的古代语）中"红叶·黄叶する"这个意思的动词"もみつ""もみち"演化而来。

1. 红叶旅游的发展历程

日本人对于红叶的热爱洋溢在日常生活的方方面面，从文学作品到能乐歌

---

① 陈玲玲. 日本樱花旅游开发研究［J］. 中国花文化国际学术研讨会论文集，2007（9）：11-14.

舞，从手信到衣着，到处都会找到红叶的身影。《万叶集》歌唱黄叶（与红叶同义）的诗歌超过100首以上。奈良时代模仿中国六朝诗风，传达了日本古汉诗精髓的《怀风藻》① 中，文武双全的大津皇子（663—686 年）在《述志》一诗中写道："山机霜杼织叶锦"，他觉得红叶美似锦缎 ②。

到了平安时代，《古今和歌集》的第五卷《秋歌下》主要记载了红叶相关的和歌，红叶逐渐成为秋季的中心。《源氏物语》第七回《红叶贺》，描写了赏红叶的情景，风流倜傥的光源氏，头上插着鲜艳的红叶和金黄菊花，翩翩起舞，跳雅乐《青海波》，形象华丽潇洒。平安时代的红叶狩，仅是宫廷与贵族们的优雅游憩。京都的四季风物中，"秋之红叶"和"春之樱"深受贵族们喜爱。

进入江户时代以后，赏红叶习俗在日本庶民中间也逐渐兴起。文政十年（1827 年）刊发的《江户名所花历》是江户时期的休闲导则，书中共记载 43 项日本四季的花鸟风月，并解说了每一个名所、由来以及出行指南。其中在秋天的章节中就介绍了当时较受欢迎的红叶场所。比较典型的有滝野川，位于东京都南部；熊本县阿苏郡的阿蘇神社，祭祀"健岩龍命"，即御肇国天皇 / 开国天皇之孙；香川县的仲多度郡金刀比羅宫，祭祀"大物主命"和第 75 代天皇崇德天皇。这两座神社在秋天来临之际都会将红叶供奉于神前，隆重举办红叶祭。

进入明治时代，以赏红叶为由的旅游人数快速增加，现代日本的红叶旅游形式则延续了明治时代的风格。目前，日本赏红叶的名胜从北海道到九州，从 9 月至 12 月，一路高歌，由北向南，风格各异。9 月中旬的北海道及东北部的红叶融合了东北的雪景和温泉，充满了自然的风味；进入 11 月中旬的关东，赏红叶则从纯粹的自然景观慢慢融入了古典人文气息，神宫外苑、滨离宫、新宿御苑等赏秋名胜古韵盎然；11 月下旬的岚山和京都最古老的禅寺，红叶与古刹相映生辉；12 月的九州，融合了火山和温泉的岁暮。

2. 红叶旅游的开发模式

日本红叶旅游的开发模式主要有两大特点。一是与人文景观的完美结合。

---

① 日本最早的汉诗集，天平胜宝三年（751 年）成书，收录 64 名诗人的 120 首作品。
② 刘立善. 日本人的"红叶情节"[J]. 东瀛文化，2012（10）：33–35.

日本将红叶之美与寺院、神社等古典的人文景观相结合，通过艺术再创造出新的主旨和审美情趣。如长野县的妻笼，作为江户时代德川幕府在旧中山道设置驿站而发展起来的宿场，完整地保留了约 200 年前江户时期繁荣的"容貌"，在漫山红叶的陪衬下，妻笼越发显示出历史文化的古韵①，红叶和人文景观相映成趣；此外，还有各地的红叶祭和红叶节，如和歌山县的熊野那智大社的红叶节，源自平安时代在那智瀑布附近进行"千日行"的花山法皇，将红叶之美写成和歌的故事，当地民众会在长纸条上写下描绘秋景的短诗，把它们系在树枝上，然后让它们顺着那智瀑布而下，寓意感谢大自然的恩赐。日本"大化革新"的起源地谈山神社的红叶祭，种着 3000 棵枫树，秋天来临之际，红黄相间的枫树与十三重塔组合在一起的景色最为艳丽，被称为"关西的日光"。日本观光厅海外宣传红叶季旅游时的海报之一，便是以谈山神社最为著名的橙色亭阁与火红枫叶相映成趣为背景。

二是因地制宜，综合开发。温泉和红叶都是日本的标志性意象，入秋以后为了应景迎客，日本很多旅行社都纷纷推出红叶温泉套餐，一边泡在良泉里，一边享受山间赏红叶的乐趣。根据日本 JTB 访日旅游重点入境国的调查报告显示，中国以及东南亚游客对享受日本美食、感受日本"新绿、红叶、雪"等大自然风光以及温泉的期待最高，而欧美人则对于体验日本传统文化的期待值最高。日本政府基于观光立国之策，因地制宜，将红叶元素与温泉相结合，配以传统的日式料理和住宿设施，充分开发红叶资源，为日本入境游和国内游都带来了极大的经济效益。

（三）森林旅游

森林旅游在日本也被称为"森林浴"，主要是指以增进健康和快乐为目的的方式体验大自然的过程。

1. 森林旅游的发展历程

日本的森林旅游正式始于林野厅在 1982 年提出的"森林浴构想"，构想指出"森林中存在着具有杀菌力的独特芳香，久浴森林中可以塑造健康体。作为森林国的日本林木资源丰富，应该充分利用这个条件"并在长野县赤泽的自然休养林召开了第一次全国大会。随后，1990 年人类学家宫崎良文在屋久岛

---

① 毅杰荐. 日本：秋风飒爽 红叶起舞［J］. 安全与健康，2008（22）：17-18.

正式开始了关于森林浴的科学实验，并于 2003 年倡导使用"森林理疗"的概念。2004 年以后，基于森林浴对预防疾病的作用，日本林野厅联合厚生劳动省以及各研究机构、大学以及企业等组成了"森林治疗研究会"大范围开展森林浴研究，并不定期开展研究会。2005 年林野厅正式发表了成立"森林理疗基地"的构想，并将"森林理疗""森林理疗师""治疗载荷度"进行了商标登记。2006 年林野厅在日本各地选定了 10 处森林作为"森林理疗基地"。2007 年，日本卫生学会成立森林医学研究会，林野厅同时追加了 14 处"森林理疗基地"。2010 年"森林浴"的日文罗马发音"Shinrin-yoku"被日本卫生学会正式用于发表在英文杂志期刊上。2017 年"Shinrin-yoku"在美国注册了商标，次年，在美国和欧洲掀起了"Shinrin-yoku"热潮。截至目前，日本一共确定了 65 余处"森林理疗基地"，对外开放的游憩林 1254 处。

目前森林旅游在日本蓬勃发展，每年约有 8 亿人次参与旅游，平均每人每年进行 7 次森林旅游[①]。日本发展森林旅游具有天然的优势。作为森林资源丰富、生态景观优美的国家，截至目前拥有森林面积 25.10 万平方公里，其中 50% 为天然林，40% 为人工林，10% 为杂木林，森林覆盖率 68.5%。根据联合国粮食农业组织 FAO 的数据，日本的森林覆盖率是继芬兰之后位居世界第二的森林大国。日本森林的所有制目前主要有国有林和民有林两种形式。目前日本已经将半数以上的国有林变成娱乐林，如国立公园以及都、道、府、县的自然公园等。另外在国有林内还设有自然疗养林、自然观察教育林、野外体育活动林、风景林等森林娱乐林，参加上述活动的人数已达 9.6 亿人。[②]

2. 森林旅游的开发模式

日本森林旅游的开发模式主要有四大特点。首先是以森林资源的保护型开发项目为主。主要基于森林的可持续发展观念，不大兴大建基础设施，而是主要采取步行浴、坐浴、睡浴和运动浴等天然的形式，铺设类型多样的步道以满足不同游客的需求。

其次是配套完善的政策法规。为了维持自然风景地的保护和自然风景资源利用的平衡发展，日本于 1957 年制定了《自然公园法》，用于加强对森林游

---

① 吴楚材，吴章文．发达国家的森林旅游［J］．森林与人类，2010（03）：12–13.

② 艾林．日本挖掘森林旅游资源［J］．山西林业，1996（01）：23.

憩林的管理。1990 年，林野厅再次颁布了《促进森林保健功能的特别措施法》，就森林资源开发的基准和保健设施等予以明确的规定，即必须在保护自然环境、景观、林木等前提下进行。除了制定必要的法律，日本林野厅每年都会及时公开地方森林开发的计划书，并积极开展森林环境教育、森林推进事业、植树造林等活动。

再次是全民参与的良性循环机制。在日本各行各业都为森林旅游服务。日本林野厅在 2004 年联合厚生劳动省以及各研究机构、大学以及企业等组成了"森林治疗研究会"大范围开展森林浴研究，并不定期开展研究会。此外还有日本森林学会等众多学术机构都在积极参与森林浴相关的研究。为了进一步推动森林旅游业的发展，日本媒体、杂志也积极参与了宣传工作，各自治团体、居民在地方成立"森林浴向导会""森林浴谈话会"等多种民间组织和活动，以森林的志愿者积极参与森林的保护和森林浴的有序发展。如佐贺市的"森林浴向导会"，作为佐贺市森林浴的向导，通过定期举办森林理疗活动、森林体验团、森林散步游等活动，为喜爱森林的人们提供各种接触大自然的机会，旨在普及森林浴的科学效果。

最后是森林浴产品的高科技融入。如东京赤板新大谷饭店的森林芳香客房，装有原始森林香气的天然精油产品等，通过人工方式"制造"出森林环境和森林产品，以满足无法亲身去森林感受森林浴的游客的需求。

日本是亚洲森林浴基地开发建设的先行者，总结日本森林浴基地的开发特色和成功经验，对我国利用丰富多样的森林资源和良好的森林生态环境，开发出多样化和个性化的森林保健旅游产品可以提供良好的借鉴。

（四）滑雪旅游

滑雪运动在日本已有 120 多年的历史，早在 20 世纪 50—70 年代，日本就兴建了一大批滑雪场，滑雪成为大众喜爱的运动[1]。随着日本入境旅游的快速发展，日本优良的雪质更是吸引了大量外国游客，"Japow"（Japan 和 Snow 的造词）一词也被快速传播。

---

[1]　付铁山，杨传鑫.日本乡村滑雪市场开发模式及其启示［J］.体育文化导刊，2014（03）：130–133.

1. 滑雪旅游的发展历程

日本的滑雪最早可以追溯到 1909 年（明治四十四年），挪威国王哈康七世在日本八甲田行军遇难事故后，向日本明治天皇赠送的两台滑雪板故事。1910 年奥地利一位少佐作为奥地利驻日本大使馆的武官来到日本，为日本正式引入了滑雪的技术。随着这位少佐在日本军队滑雪训练的推广，日本的滑雪体育率先逐步开启。1923 年（大正十二年），日本在北海道小樽举办了第一届全日本滑雪选手大赛，1925 年，日本成立了全日本滑雪联盟，并在 1926 年正式加入国际滑雪联盟。进入昭和时代以后，1928 年（昭和三年），日本首次参加了冬季奥林匹克大赛。

第二次世界大战以前，日本滑雪场开发的旅游中心地是温泉目的地，而伴随滑雪索道架设真正的开发是在 1950 年前后开始的。此后，众多的山村地区开始建设滑雪场，并且山村地区的空间形态开始发生非常大的变化。其中，变化最为显著就是民宿设施的普及。综合而言，日本的滑雪旅游可以分为五个阶段（见表 3.3）。

表 3.3　日本滑雪旅游的阶段

时间段	发展现状
第一阶段 20 世纪 50 年代滑雪场的创始开发期	该时期日本大量架设滑雪索道，特别是在"二战"前已经形成滑雪坡面的地区架设有大规模的滑雪索道的格局。该阶段温泉地的滑雪场开发只是将山体的斜面进行修整，并且与温泉相结合。
第二阶段 20 世纪 60 年代到 70 年代的第一次高速发展期	该时期是在"日本列岛改造论"指导下的开发繁荣期，日本的经济高度发展滑雪旅游逐步实现大众化，滑雪场的建设主要是以温泉地或铁路沿线为中心的，并且滑雪场的建设不断向积雪较深的山村空间地域扩展。滑雪场周边地区的农家将自己居住的房屋的一部分改造为客房，逐步发展为民宿。
第三阶段 20 世纪 80 年代到 90 年代的第二次高速发展期	该时期的前半期为滑雪场再开发的繁荣期，大量的滑雪场被新建，后半期与泡沫经济的发展期以及休闲地开发繁荣期相重合，滑雪场的开发与建设也随着交通条件的改善产生很大的变化。该时期的滑雪场开发形态呈现出滑雪索道的高速化和输送大量化、城市型的住宿和饮食服务设施的增加、以一日游游客为客源目标的滑雪场的产生等特征。
第四阶段 1992 年、1993 年开始的衰退期	该时期新滑雪场的开发数量减少、滑雪旅游者的动向产生变化、新服务的积极引入等赋予这一阶段新的特征。首先 1992 年以后新滑雪场的开发变得越来越少随着泡沫经济的崩坏，消极影响蔓延到民营企业。民营资本出现放弃进入滑雪场开发的市场。

续表

时间段	发展现状
第五阶段 2003 年观光立国后的复苏期	随着日本国内人口总数减少、经济缓慢恢复的社会背景，日本着重发展以滑雪为代表的体育观光旅游。首先从政策上支持滑雪产业。2017 年日本体育厅召开"体育观光官民协议会"，将雪上运动为首的户外体育作为支持的重点领域。其次是从经济上给予支援，每年对企划创建区域滑雪观光品牌的项目给予最高 500 万日元并对实施和提升区域滑雪品牌的主体平台给予事业经费4 成的经济资助，以推动区域滑雪品牌的做大做强，并提高滑雪胜地的国际竞争力；第三为区域观光的人才培养提供指导。2015 年，日本国土交通省观光厅发布《打造区域观光从培养人才开始》，以中长期的视角明确人才培养的 3 阶段，与教育、研究等专业组织共同举办研修会和讲座，重视工作坊和实践相结合的培养模式。该模式的确立为滑雪产业各领域的人才培养提供了标准和具体指导，有助于滑雪产业获得长期的人力支持。

日本滑雪场数量众多，拥有完备的滑雪设施，其特点是雪质优良、雪场往返周边大城市的交通非常便利。从区域来看，滑雪场主要分布在长野县、北海道和新潟县，这三个地区的滑雪场数量占到日本全国的 45.1%。根据 2022 年最新的《全球滑雪旅游市场报告》①指出，日本共拥有 497 座滑雪场。然而自从 20 世纪 90 年代日本泡沫经济破灭，大量的滑雪场度假区由于融资困难等原因出现了倒闭热潮，自此之后，日本的滑雪市场逐步萎缩随着疫情的暴发，滑雪市场下滑势头更加显著。根据日本观光厅 2017 年的《休闲白皮书》显示，日本的滑雪人数顶峰时期是在 1998 年，当时滑雪人数达到了 1800 万人次，之后逐年递减，并且消费群体以国内人群为主，占比 94.1%，2018 年，日本国内滑雪人口约为 1141 万，仅占总人口的 9%。在过去，日本也是拥有最多室内滑雪场的国家，但是近年来室内滑雪场逐渐倒闭，间接表明了人们对滑雪逐渐失去兴趣。

为了振兴滑雪市场，并吸引外国游客到访，日本积极采取打造日本版DMO（旅游目的地营销和管理机构）、培育地域旅游人才、优化外国游客旅游环境等措施，并在通过将滑雪与自然景观观赏、名胜古迹观赏、参与地方民俗风情活动及温泉洗浴、蒸汽浴、美容、按摩、美食、购物等活动相结合，不断加大滑雪旅游的联动效应，极大地满足了旅游者的各种需求。

---

① Laurent Vanat. 2022 international report on snow & mountain tourism［R］. https：//www.vanat.ch/RM-world-report-2022.pdf.

2. 滑雪旅游的发展模式

日本滑雪旅游的发展模式主要有 4 个特点。首先，与温泉等其他旅游资源相结合。日本的滑雪场酒店多以欧式建筑风格为主，且周边也遍布各式民宿和小型旅店。滑雪场内及周边的住宿场所内一般都会有天然温泉，许多滑雪区域原本就是温泉胜地，因此滑雪场附近的温泉设施都相对较为完善。滑雪与温泉放松结合在一起形成了日本式冬季旅游的特有方式。

其次，是通过区域联合增强竞争力。日本区域内的通用雪季门票可以极大地满足游客求新求异的心理，积极打造滑雪圈，以区域联动效益，加强对游客的吸引。而对滑雪场而言，运营主体的一体化不仅可以实现旅游资源的效用最大化，还能有效避免过度竞争的发生。滑雪区域品牌的建立让每个雪场不再是单兵作战，而是通过携手发展，实现经济效益和社会效益的共赢，从而增强市场竞争力。[①] 截至 2021 年，日本观光厅共选出了 18 个具有国际竞争力的滑雪圈（见表 3.4），并斥资 20 亿日元用于被选中的滑雪圈在缆车索道、高功能造雪机、服务语言的多样化、电子支付及充实滑雪配套项目、对外推广等方面的提升。

表 3.4　观光厅支援的 18 个具有国际竞争力的滑雪圈[②]

地名	规划名称	规划制定单位
札幌（北海道市札幌）	滑雪胜地城市 SAPPORO 计划（SNOW SAPPORO—Powder in the city）	滑雪胜地城市 SAPPORO 推进协议会
Kiroro（北海道赤井川村）	应对疫情时代的地域一体化的产品开发	一般社团法人赤井川村国际度假推进协会
大雪（北海道旭川市、鹰栖町、东神乐町、当麻町、比布町、爱别町、上川町、东川町）	The Heart of Hokkaido（Taisetsu）计划	一般社团法人大雪 DMO
RUSUTU（北海道留寿都村、喜茂别町）	羊蹄山 10 公里观光圈构想计划	留寿都村 DMO 检讨协议会
田泽湖（秋田县仙北市）	畅游秋田的四季、品味乡土料理（滞留型雪国度假胜地）	一般社团法人田泽湖角馆观光协会

①　王静，田慧.日本滑雪产业发展经验与启示［J］.体育文化导刊，2019（11）：104—109.
②　日本観光庁.「国際競争力の高いスノーリゾート形成促進事業」支援対象地域18件を選定［EB/OL］.（2021-06-04）［2022-09-12］.https://www.mlit.go.jp/kankocho/topics04_000152.html.

续表

地名	规划名称	规划制定单位
安比、八幡平（岩手县八幡平市）	Tohoku Mountain Frontier APPI Hachimantai	株式会社八幡平 DMO
夏油高原（岩手县北上市）	夏油高原滑雪度假胜地计划	夏油高原滑雪胜地协议会
藏王（山形县山形市、上山市）	"世界的藏王" Can you take me Skiing in Zao The Resort？	OMOTENASHI 山形株式会社
盐原（栃木县那须盐原市）	ONSEN-SNOW　RESORT Shiobara	一般社团法人那须盐原市观光局
秒高（新潟县汤泽町）	MYOKO 滑雪胜地——打造世界知名的观光胜地	一般社团法人秒高旅游管理
汤泽（新潟县汤泽町）	汤泽町滑雪胜地计划	一般社团法人汤泽町观光小镇打造机构
白马（长野县大町市、白马村、小谷村）	打造具有强劲国际竞争力的滑雪胜地计划（HAKUBAVALLEY）	一般社团法人 HAKUBAVALLEY TOURISM
志贺高原（长野县）	打造世界级志贺高原山地度假胜地	志贺高原观光协会
野泽温泉（长野县野泽温泉村）	野泽温泉滑雪胜地 提高国际竞争力	野泽温泉滑雪胜地打造推进协议会
斑尾高原（长野县信浓町、饭山市）	打造以北陆新干线饭山町为中心的班尾高原	斑尾高原滑雪胜地形成推进协议会
白桦高原（长野县芽野市、立科町、长和町）	打造亚洲滑雪度假胜地计划	Eight Peaks Resort
郡上（岐阜县郡上市）	EXPERIENCE POWDER SKIING IN JAPAN'S HEARTLAND "GUJO"	一般社团法人郡上观光联盟
米原（滋贺县米原市）	以新干线米原车站为中心 米原滑雪胜地计划	一般社团法人米原湖之源 DMO

再次，是着重培养国内稳定的滑雪客户群体。日本国土交通省基于对滑雪人群的消费能力和分布等进行了各种市场调研，将重点放在培养青少年和老年群体身上。为了激发青少年对滑雪的兴趣，日本自 2011 年开始实施"19 岁 SNOW

MAGIC"活动。[①]19 岁的滑雪人数就增长了 2 倍，人均滑雪次数也从 2.6 次增加到 3.3 次[②]。因此，从 2015 年后，日本又以 19 岁为契机，大面积推广免费畅滑，不仅让青少年提高了滑雪技能，更激发了他们对滑雪运动的热爱，并且青少年在成家立业后带着孩子重返雪场也是该活动长远的考虑。截至 2022 年年底，日本实施 19 岁畅滑的滑雪场数量也已经增加到 160 所，且还推出了针对 20 岁的半价获得索道门票的活动，持续加强对青少年的支援。另外，"针对有较多的闲暇时间和较强的消费能力的老年人群，"滑雪场纷纷开设老年滑雪俱乐部，向老年人免费提供滑雪课程；为避免和单板滑雪者发生冲突，设置了安全系数较高的双板滑雪专门雪道；每周定期有专科医生在雪场随时待命为老年人就诊等各项措施吸引老年人群。滑雪活动既满足了老年人对休闲和健康的需求，又增加了老年人之间的互相交流，每年高达 95% 的回头率就是老年人钟情滑雪的有力证明。[③]

最后，是积极吸引海外游客。随着日本观光立国政策的推进，外国游客数量激增，2018 年访日外国游客总数达到 3119 万人次。为了吸引更多的外国游客赴日滑雪，日本政府积极开展市场调研，针对中上级且停留时间较长的潜在观光客（澳大利亚、欧美等）以及初级观光客（亚洲圈）分别设置不同的课程，并积极整合滑雪场周边的旅游资源，让外国游客来滑雪的同时可以体验日本的寺庙、温泉文化等，并在暴风雨的时候开设其他娱乐替代产品，并延长娱乐场所营业时间等。通过雇用外国员工和外语水平较高的日本人、使用多语言翻译器等积极应对外国游客的多语言环境等。

（五）温泉旅游

温泉最早在日本是"汤治"的场所，汤治指的是通过泡温泉治疗疾病和保健的入浴行为。由于地处环太平洋火山地震带，在频繁遭受自然灾害的同时，日本也拥有极为丰富的温泉资源。根据日本自然环境局 2019 年 3 月的数据显

---

① "19 岁 SNOW MAGIC"活动是指让 19 岁的青少年可在当年雪季免费获得索道门票，畅滑全国 89 个滑雪场，且无时间和次数限制的活动。

② 日本観光庁. 各種調查結果、事例等［EB/OL］.（2015-06）［2022-08-01］. https：//www.mlit. go.jp/common/001257874.pdf.

③ 四季俱乐部. 老年人群滑雪旅游［EB/OL］.［2019-06-10］.https：//www.shikiclub.co.jp/bustour/ kikaku/nice.html.

示①，日本目前共有温泉源泉2.7万处，住宿设施、公共浴室等温泉设施总数超过了2万件，遍布日本47个省份。

1.温泉旅游的发展历程

日本早在1300年前就有了温泉的记录，当时温泉被称为"汤""温汤"等，之后在《风土记》中也出现了对温泉的记录。根据《伊予国风土记》的逸文，圣德太子在推古天皇（596年）到访了《伊豫温汤》，并立了碑牌。到了8世纪的奈良时代，记载了温泉贵族武士阶层的专享资源。720年的《日本书纪》记载了在7世纪前半期到中世纪，天皇以及皇族出行"伊豫温汤""级温汤"（现在的白滨温泉）。733年的《出云国风土记》中记载了"出汤"（现在的岛根县的玉造温泉）可以治疗疾病的功能，以及当地的百姓泡温泉的情形。这也是日本首次出现百姓享受温泉的记载。

平安时代的歌人清少纳言在《枕草子》中称赞了榊原温泉、有马温泉、玉造温泉三大温泉，并记载了当时僧侣、武家泡温泉以及到温泉周边探访名胜古迹、开展诗会等的情形，当时的温泉也可以说是文化的社交场所。《万叶集》中也记载了神奈川县的汤河原温泉、长野县的上山田温泉等。到了江户中期（约18世纪），日本全国已有100余处温泉地，当时农民等庶民阶层也开始使用温泉，尤其是到了江户时代后期，还出现了到伊势参拜的团体旅游现象。

1868年明治维新之后，在资本主义经济制度和现代工业技术双重刺激下，日本温泉业在"文明开化"的背景下获得了长足发展，不仅温泉地的数量增加，同时还积极引入西洋医学，招聘德国人Erwin von Bälz博士为东京帝国大学的教授，在日本推广德国的温泉医学，并以群马县的草津温泉、伊香保温泉，神奈川县的箱根温泉等为试点开展温泉医学的指导，Erwin von Bälz博士也被日本人称为"温泉医学之父"。

1886年，日本内务省卫生局展开全国温泉调研，开启了对温泉的行政管理，并发布了《日本温泉志》。温泉地也从保健的场所逐步向保养、旅游的方向转变。如静冈县的热海温泉、大分县的别府温泉等都大力推进温泉的开发，同时也带动了周边的温泉住宿设施。

---

① 日本環境省自然環境局．平成30年度温泉利用状況［EB/OL］．（2019-03）［2022-08-13］．https：//www.pref.yamanashi.jp/taiki-sui/documents/h31jissih30bun_onsenriyoujoukyo.pdf.

进入大正时期以后，在热海温泉、箱根温泉等地又兴起了别墅温泉度假胜地。进入昭和时期，随着日本国营铁路和私营铁路的铁路发展，从城市到温泉地的便利性增强，急剧促进了温泉旅游的发展。

"二战"之后，日本经历短暂休整即迎来了高速经济成长期，民众对温泉这一传统休闲项目的需求也随之增长。自 20 世纪 50 年代至今约 70 年间，日本的温泉地的数量从 1500 余处发展到约 3000 处，温泉旅馆数量从 7500 余家发展到 13000 余家，公共温泉浴场从 1500 余家发展到近 8000 家。温泉旅游的形态也从团体游向个人游转变，从休闲游向追求"和风、高级"的住宿环境转变，消费群体也逐步以女性职工以及女大学生为主。

泡沫经济破灭以后，尽管温泉旅馆的游客数量减少，但是从全国来看，温泉旅游项目仍然深受日本国内游客喜爱，也是外国游客到访日本最期待的体验项目之一。

2. 温泉旅游的发展模式

日本温泉旅游的发展经验，主要有四个方面。首先，国家制定法律法规，保护与开发有序推进。1948 年，日本既出台《温泉法》和《温泉法施行规则》，明确地规定了温泉挖掘保护方式、灾害防治措施、旅游地开发条件等，为温泉业长远发展奠定了法制基础；此后，日本环境省又推出国民康养温泉地评定制度，截至目前，日本已经评定了 77 处或自然环境优美，或风土人情独特，或医学价值丰富的温泉旅游地，为温泉推广、地区发展注入了动力。

其次，中央和地方政府的财政支持。1988 年，日本的竹下内阁先设立 1 亿日元"家乡创生基金"帮助地方自治体实现区域振兴，长野县上高井郡高山村、熊本县阿苏郡南阿苏村、大分县竹田市均利用此项资金勘探采掘出质量上乘的天然温泉，并建成相应旅游设施沿用至今；2008 年，内阁府发起"地方元气再生事业"，给予地方 25 亿日元财政支持，山形县上山市则利用此项目投入上山温泉约 2000 万日元。地方政府有如岛根县松江市为发展历史悠久的玉造温泉而投入 1 亿日元；北海道新雪谷镇为打造新雪谷温泉乡，财政拨款 800 万日元/年。

积极开展科学研究，发掘医学价值也是日本针对温泉旅游开发的重要经验。日本在 1939 年成立日本温泉科学，以研究温泉的医学疗效为开端，通过分析水质、地质、植被、气候等要素科学地认识并利用温泉。该学会每年主持召开全国性的温泉科学大会，并主办学术杂志《温泉科学》，已连载 72 期。

此外，日本温泉地常有驻地医生，并将温泉旅游纳入国民医疗保障的范畴。

（六）世界自然遗产旅游

"自然遗产"代表地球演化历史中重要阶段的突出例证，代表进行中的重要地质过程、生物演化过程以及人类与自然环境相互关系的突出例证，独特、稀有或绝妙的自然现象、地貌或具有罕见自然美地域。日本的世界自然遗产主要有4处，分别是1993年被登录的屋久岛和白神山地、2005年登录的北海道知床以及2011年登录的东京都小笠原诸岛。根据北海道大学地球科学研究院的调查结果显示，日本所有的观光客中，专门访问世界遗产的游客占据了13.4%，而其中的三分之一主要访问了自然遗产地，根据日本环境省屋久岛自然遗产中心数据显示，2015年屋久岛自然遗产所带来的旅游经济效益为224亿日元（约合人民币13亿元），知床自然遗产所带来的旅游经济效益也达到了134亿日元（约合人民币7亿元），不难看出日本人或访日观光客对遗产旅游的热衷。

日本4处自然遗产的登录基准和特点均不相同（见表3.5）。第一个是屋久岛，传说中宫崎骏《魔法公主》的舞台，于1993年与白神山地同时被认证为日本首批自然遗产，也是近年观光产业成长最快的区域。屋久岛位于九州最南端的大隅半岛的佐多岬的西南方向，是距佐多岬60公里的山岳岛。它以耸立在中央部的九州最高峰宫之浦岳为首，40多座1000米以上的山组成，被称为"海上阿尔卑斯"。屋久岛最重要的特征是岛上的气温和季节的变化是陆地上最大的。这个岛降水量很多，被称为"一个月下35天的雨"。因为日本第一的降水量，养育了屋久岛上的杉树原始森林，1954年被指定为特别天然纪念物。占岛面积90%的神秘森林养育了岛上特有的生态系统，岛内特有的植物近50种。屋久岛以北植物近150种，以南植物约20种。另外，岛上生活着特有的动物屋久猿猴、屋久鹿，岛北部的永田町是世界上稀有动物红海龟的产卵地，因此该岛被称为"东方的加拉帕戈斯"。目前为了方便游客前往欣赏，岛上也建设了许多不妨害自然环境的健行步道，其中"白谷云水峡登山步道"沿途的"青苔之森"里有三千年树龄的弥生杉和水泽青苔，宫崎骏导演的《魔法公主》中出现的森林就是取景于"青苔之森"。

第二个登录的是白神山地。白神山地是生长着大约8000年前形成的东亚最大的"山毛榉树原始森林"的山岳地带，是世界森林中独一无二的山毛榉树原始森林，从青森县西南部至秋田县西北部，面积为1300平方公里，1993年

12 月被联合国教科文组织列入世界遗产。白神山地的山毛榉树可见各种树龄的大树，尤其是没有受到人为因素影响的广大白神山地的原生林中，1997 年发现了世界上极为稀少的新型酵母菌"白神山酵母"，随着传播越来越广，在生物商业的领域中受到瞩目。十二湖是白神山地西北部山麓中被山毛榉树四周保卫的神秘湖泊。暗门瀑布是白神山地最美的景观，因徒步便可达到，成为人气最高的观光目的地。

第三个登录的是北海道的天然纪念物、"生命之源"知床，于 2005 年被列入联合国教科文组织的世界遗产。该遗产被列入部分包括鄂霍次克海对面的知床半岛的陆地部分和知床国立公园相邻接的面积为 72 平方公里的海域（从海岸线到海面之间 3 公里的地方）。知床的陆地部分包括知床最高峰罗臼岳和硫黄山等南北走向的千岛火山带，在这里有生命的和无生命的物质形成了海与山的营养循环，因此知床也是世界上珍奇野生动物的重要保护区域，这也是知床地区最大的魅力之一。冬天的知床可以体验潜冰，近距离赏鲸、海豚等各种水上活动，还有陆地火山地形旅程跟珍贵动物的相遇都是可遇不可求的一期一会。知床的重要景点梦幻之湖，每年 5 月到 7 月期间，山上的雪水溶解后便能欣赏到独有的梦幻景色，充满神秘与寂静。盛夏时期湖泊会变成草原，秋天则有火红枫叶装点，四季变化的景色没有一丝人工的痕迹，景色非常珍贵。

第四个是小笠原群岛位于东京都以南 1000 余公里，由太平洋上的 30 多个岛组成，整体属于小笠原国立公园，现在有人居住的只有父岛和母岛两处，行政区划属东京都小笠原村管辖，于 2011 年 6 月列入联合国教科文组织的世界遗产。小笠原群岛是大约 4800 万年以前，历经数百万年的时间，仅由海洋板块形成的海洋岛，从未与大陆相连过。因此岛上的生物随着环境完成了独自的进化，并形成罕见的生态系统。目前岛上有 160 种以上的特有植物，并生存着 100 种以上的特有生物。这与厄瓜多尔的多拉帕戈斯群岛上的野生生物相似。这种丰富的特有自然遗产让小笠原群岛被称为"东方的加拉帕戈斯"。南岛是父岛西南海面上的无人岛，岛上地形是被称为"喀斯特地形"的石灰岩特有的地形。岛上不仅有多种多样的动植物，同时也因为是海鸟、海龟的产卵地有名。小笠原诸岛的重点特色是小笠原蓝海，海水深蓝通透，被称为"Bonin Blue"（小笠原蓝），是小笠原诸岛独有的细腻美景。父岛跟母岛都设有瞭望台，从制高点往外看，一望无尽的景致，到了晚上则有满天星斗，可享受与世隔绝的美景。小笠原群岛被联合国教科文组织列为世界自然遗产后，游客与日增多，岛民们也开始担心越来越多的游客是否会破坏小岛的自然环境，作为自然保护活动的一个环节，只能在小岛最有人气的南岛上停留 2 小时，从父岛上开过来的船只 1 天只能承载 100 名游客。岛民必须留意不让观光者带来外界的种子或物种。观光者也不应该采集当地的动植物，或者给他们带来伤害。

表 3.5　日本的世界自然遗产

序号	遗产名称	遗产地点	登录基准 ①	登录时间
1	屋久岛	鹿儿岛	vii、ix	1993 年 12 月
2	白神山地	青森县、秋田县	ix	1993 年 12 月
3	知床	北海道	ix、x	2005 年 7 月
4	小笠原诸岛	东京都	ix	2011 年 6 月

为了避免对世界自然遗产的过度开发，日本从地域旅游资源的保护和地域经济发展的角度出发，主要采用生态旅游（Eco-Tourism）的形式开展世界自然遗产旅游。日本生态旅游的概念最早是在 1990 年左右提出，为了探索世界自然遗产旅游资源的利用方式，环境厅和自然保护学会等有关机构以"环境保护型自然体验活动推进方策检讨调查"为题，开始对知床、奥日光、八丈岛、屋久岛等 5 个地区展开为期三年的调研。2003 年，日本将生态旅游的推进定位为国家战略。小笠原、西表岛等率先尝试生态旅游的地区也以此为契机，开始在原有旅游地域及未开发的山林山地等地区开展生态旅游。2007 年 6 月，《生态旅游推进法》的通过，标志着日本生态旅游体制全面形成，逐渐走出一条独特的"日本型生态旅游之路"。世界自然遗产的生态旅游形式主要表现是环境教育，如野生动物观察、登山、森林漫步、自行车旅游、采摘山野菜、欣赏夜空等一系列在接触自然的过程中了解自然、学习生态知识的旅游体验活动。

---

① 《世界遗产名录基准》

（vii）包含出色的自然美景与美学重要性的自然现象或地区。

（viii）代表生命进化的记录、重要且持续的地质发展过程、具有意义的地形学或地文学特色等的地球历史主要发展阶段的显著例子。

（ix）在陆上、淡水、沿海及海洋生态系统及动植物群的演化与发展上，代表持续进行中的生态学及生物学过程的显著例子。

（x）拥有最重要及显著的多元性生物自然生态栖息地，包含从保育或科学的角度来看，符合普世价值的濒临绝种动物种。

总体而言，日本世界自然遗产旅游的发展经验首先在于其组合型多元化资源管理手段。在生态旅游和国立公园管理方面，迄今为止，已经有很多研究者通过实践证明了利益相关方互相合作在自然旅游资源管理方面的积极作用。日本4处自然遗产地具有一个共同的组合特征，即均由本国环境省、林野厅和文化厅等多个行政机构管辖下的多种保护地类型组合而成。尽管日本没有单独的世界遗产立法，但对遗产地内各保护地保护力度进行了平衡。2000年修订的《自然公园法施行规则》(环境省令)中提升了国定公园内世界遗产区域保护严格程度。目前尽管没有法律条文明确规定遗产地应该采取的管理体制，但设置联络委员会已经成为日本世界自然遗产地域管理的模式。①

为了实现多样化主体参与的计划策定和管理运营，日本形成了地方公共团体、地域住民、民间企业、NGO等共同承担国立公园管理运营的灵活的协调机制。如针对知床的保护，目前除了行政机关，还有NGO、渔业协同组合等参与世界遗产地域联络会议，共同制订相关行动计划。屋久岛综合基本计划中心提出了"屋久岛环境文化村构想"，该构想主要包括六个方面：一是发起环境保护知识的学习活动；二是开展环境保护支持事业；三是开展自然环境保护事业；四是开展文化事业；五是开展区域建设支援事业；六是实施屋久岛环境文化村核心设施管理运营事业。

其次是开展多样性环境教育。主要体现在开展自然环境研讨会、修学旅游、观察自然、创作等活动。以及面向当地居民、学生和游客，通过自然体验活动、参与环境保护和维护工作开展生物多样性的环境教育，保证资源状态合理化。如制定区域的环境保护条例或计划，开设针对学生的环境保护课程，重视地域文化传统的传承，推进在地旅游的可持续发展，同时通过低碳、降能、循环利用等手段，保护自然遗产地的环境。

最后当地培养生态旅游专门导游人才。导游在向游客传播生态知识、培养环保意识上发挥着重要作用，而高素质、专业化的导游队伍则是这一作用充分发挥的保障。因此日本十分注重加强当地生态旅游导游人才的培养，让游客通过生态导游的解说，更好地了解当地自然遗产的内涵。

---

① 彭琳，杨锐.日本世界自然遗产地的"组合"特征与管理特点[J].中国园林，2013，29(09)：41-46.

二、文化依托型

文化遗产是一个国家的文化命脉，代表着民族的特性，在国际旅游活动中通常是吸引旅游者的主要因素。而且世界文化遗产，尤其是有形的文化遗产，通常在内容和空间结构上都有足够的容量，每一项世界遗产都包含大量的单项的文化财，基本都能形成一个著名的旅游目的地。日本比较早地认识到了文化遗产的价值，在世界范围内首先提出了"文化财"的概念，制定了一系列文化遗产保护法律法规。2020 年 5 月，日本《文化观光推进法》（令和二年法律第十八号）生效，旨在将文化振兴与旅游振兴、区域振兴结合起来，将产生的经济效益再投资于文化产业，形成一个良性循环。由此，旅游事业与文化事业广泛深入结合。日本的文化依托型的旅游发展主要包含以下几种形式：

（一）文化遗产旅游

日本对世界遗产有着相当大的热情，日本自 1992 年 6 月 30 日加入《保护世界文化与自然遗产公约》的缔约国行列以来，几乎每年都有新诞生的项目。截至 2021 年，日本共拥有 20 项世界文化遗产（见表 3.6）。

表 3.6　日本世界文化遗产名单

序号	遗产名称	遗产地点	登录基准①	登录时间
1	法龙寺地域的佛教建造物	奈良县	i、ii、iv、vi	1993 年 12 月
2	姬路城	兵库县	i、iv	1993 年 12 月
3	古都京都的文化财（京都市、宇治市、大津市）	京都府	ii、iv	1994 年 12 月

① 《世界遗产名录基准》

（i）表现人类创造力的经典之作。

（ii）在某期间或某种文化圈里对建筑、技术、纪念性艺术、城镇规划、景观设计之发展有巨大影响，促进人类价值的交流。

（iii）呈现有关现存或者已经消失的文化传统、文明的独特或稀有之证据。

（iv）关于呈现人类历史重要阶段的建筑类型，或者建筑及技术的组合，或者景观上的卓越典范。

（v）代表某一个或数个文化的人类传统聚落或土地使用，提供出色的典范——特别是因为难以抗拒的历史潮流而处于消灭危机的场合。

（vi）具有显著普遍价值的事件、活的传统、理念、信仰、艺术及文学作品，有直接或实质的联结（世界遗产委员会认为该基准应最好与其他基准共同使用）。

续表

序号	登录文化遗产名称	遗产地点	登录基准	登录时间
4	白川乡五箇山的合掌村	岐阜县	iv、v	1995 年 12 月
5	原爆遗址	广岛县	vi	1996 年 12 月
6	严岛神社	广岛县	I、ii、iv、vi	1996 年 12 月
7	古都奈良的文化财	奈良县	ii、iii、iv、vi	1998 年 12 月
8	日光社寺	栃木县	I、iv、vi	1999 年 11 月
9	琉球王国的王城及关联遗产群	冲绳县	ii、iii、vi	2000 年 12 月
10	纪伊山地的灵场和参诣道	和歌山县、三重县、奈良县	ii、iii、iv、vi	2004 年 7 月
11	石见银山遗迹及其文化景观	岛根县	ii、iii、v	2007 年 6 月
12	平泉仏国土（净土）建筑、庭园及考古学的遗迹群	岩手县	ii、vi	2011 年 6 月
13	富士山信仰的对象与艺术的源泉	静冈县 山梨县	iii、vi	2013 年 6 月
14	富冈制丝产和丝绸产业遗产群	群马县	ii、iv	2014 年 6 月
15	明治日本的产业革命遗产 制铁、制钢、造船、石炭产业	山口县 福冈县 佐贺县 长崎县 熊本县 鹿儿岛县 岩手县 静冈县	ii、iv	2015 年 7 月
16	LeCorbusier 的建筑作品	东京都	i、ii、vi	2016 年 7 月
17	"神宿岛"宗像、冲之岛及关联遗产	福冈县	ii、iii	2017 年 7 月
18	长崎和天草地方的潜伏天主教相关遗产	长崎县 熊本县	iii	2018 年 6 月
19	百舌鸟、古市古坟群——古代日本的坟墓群	大阪府	iii、iv	2019 年 7 月
20	北海道、北东北的绳文遗址群	北海道、岩手县、青森县 秋田县	iii、v	2021 年 7 月

　　日本的世界文化遗产主要有两个特点：一是宗教色彩浓厚。古代的日本人认为天体、山川、植物、动物等都可以成为神灵，并设神社予以参拜，产

生了日本本土宗教——神道教。神道教是多神教，也是日本信仰者最多的宗教，其次是佛教，因此宗教在日本文化遗产中起着举足轻重的地位，且有代表性的遗产的精华部分大多属于宗教团体。二是具有生活性和延续性的特征。日本有关社会生活方面的文化遗产很多，如白川乡的合掌造村、东京都内的LeCorbusier 建筑艺术品等都是与日常的生产、生活结合在一起，成为日本人日常生活的一部分。

首先，日本开发文化遗产旅游时，政府的管制十分严格，且文化遗产旅游非常注重其教育作用，文化遗产旅游产品的开发从内容到形式都相对保守，主要通过拍摄影像资料进行深度介绍宣传，引入 VR/AR 等先进技术，为游客提供沉浸式体验，积极挖掘世界遗产背后深层文化内涵的同时，融合旅游产业的发展。

积极推进地方观光圈的建设，以世界文化遗产为中心，计划整合区域内的文化资源、自然资源，形成自然与城市风光俱佳的停留型观光圈。这一举措对于地方旅游资源的整合、地域文化特性的提炼和活用都有极强的促进作用。如以古都京都为中心，联合丹后打造"乡村性""新引力""地区魅力"的近畿观光圈。

在合作与交流方面，自 2014 年起，日本每年都会召开一次世界遗产峰会，就世界遗产地的保护和旅游发展交换意见，深化地区间合作，广泛传播世界遗产的魅力，同时积极推动文化遗产国际交流，由日本外务省大臣官方文化交流部和文化厅文化财部共同召开文化遗产国际合作等推进会议，并联合日本相关的大学、NPO 法人、研究机构、博物馆美术馆，组成文化遗产国际合作共同体，由共同体对外进行合作交流。

总体而言，日本的世界文化遗产旅游资源的开发和保护一直是同步进行的。日本有关文化遗产保护和利用的法律、法规、政令和条例等也较为完备，有一套完整的旨在保护文化遗产和促进对文化遗产的传承和利用的法制体系。该体系以《文化财保护法》为核心，围绕"坚持文化遗产乃是全体国民珍贵的文化财产"的基本理念，形成了文化遗产保护的"举国体制"。①

除了世界文化遗产以外，日本还有一种由文化厅认定，通过开发和利用各

---

① 周星，周超．日本文化遗产保护的举国体制［J］．文化遗产，2008（01）：133–143.

地区的有形和无形文化财产，向国内外传达日本的文化与传统，是日本的文化财产保护体系中重要的一环的日本遗产（Japan Heritage）。日本遗产事业发起于 2015 年，截至 2020 年，已有 104 个项目获得认定，如"日本瓷器之乡——肥前""支撑和服文化的足袋之城——行田""忍者故里——伊贺·甲贺"等。2016 年，日本遗产被《观光立国推进基本计划》列为重要的旅游资源，为实现遗产的商业价值，观光厅自 2017 年起每年会联合文化厅一同召开"日本遗产合作商讨会"①，会议召集相关地区政府和旅游企业，沟通彼此需求促进政企合作。日本遗产与旅游的结合也是日本用于保护传统文化，提升当地的知名度，同时提升居民对家乡的认同感，进而促进地域振兴的重要手段。

（二）文化设施旅游

日本有众多的寺庙和神社，如大阪城姬路城、金阁寺、东大寺等，极具特色内涵。为了维持 200 余座城堡和 77700 余座寺庙这些传统建筑物作为旅游资源的文化遗产价值，促进文化旅游，近年来日本多地相继推出"城泊②·寺泊③"业务，此举为游客提供了长期深度游的契机，增加了旅游收入。典型事例有：

（1）长崎县平户城，2017 年推出全国首例城泊服务，当时对外募集 1 组免费游客即获得了约 7500 组报名，其中半数为欧洲游客。该项目延续至今已发展成常设住宿单位，在此，游客不仅能亲密接触古时日本建筑，而且能品尝当地应季的和式料理，体验和服、茶道、武士道、骑马等，可从衣食住行各个方面深入体验日本文化，大大增加了平户市的涉外游客量。

（2）京都府京都市仁和寺④，2018 年改建寺内的松林庵，打造成 100 万日元 / 晚的住宿及文化体验项目，游客可以体验抄经、坐禅、茶礼、观宝等佛寺特有文化活动。开业以来年均接待 9 组客人，半数以上为欧美游客，对日本文化的传播与寺庙自身的存续发展发挥了巨大作用。而观光厅为支援"城泊·寺泊"项目，提升改善各业态的硬件软件设施，从 2020 年 5 月开始对这些城堡寺庙提供最高额 750 万日元/处的补助金⑤，还向各处派遣专家协助推进，2020

① 日本遺産マッチング・相談会。
② 城泊指的是"可住宿的城堡"，是利用城堡改建为住宿场所的一种模式，在本文中属于专有名词。
③ 寺泊指的是寺院住宿，也称"宿坊"，在本文中属于专有名词。
④ 1994 年，仁和寺联合清水寺、二条城等古建筑以"古都京都的文化财"之名，被评定为世界文化遗产。
⑤ 日本観光庁「観光振興事業費補助金（城泊・寺泊による歴史的資源の活用事業）」。

年有 7 处城堡 14 处寺庙获得了文旅专家的指导支援。

此外，日本还陆续开放非公共设施以促进旅游获客，如皇居、内阁总理大臣官邸、赤坂迎宾馆和京都迎宾馆、首都圈外围地下排水系统、日本银行总部等地。这些以往不对外开放而又充满传统文化内涵的非公共设施，对国内外的游客都具有极大吸引力。典型事例有：

（1）皇居，位于东京都千代田区，是自明治天皇以来历代日本天皇家族的住所，是日本皇族的象征建筑。1968 年皇居东御苑①作为一般公园免费开放给普通民众，据统计 2018 年 3 月以来已接待 3000 万人次以上，人气长盛不衰。如今，海内外游客也可以进入皇居内部游览，具体方式为：每日上午下午各开放一次免费参观，每次接待游客上限 500 人，可提前通过网络或信件进行预约，也可实地排队获得门票。参观路径固定，约 2.2 公里，时长约 1 小时，采用团体步行的方式，不可中途折返。游览途中，游客可使用日语、英语、汉语等 6 国语言的讲解软件了解皇居内各处历史。据内阁官房统计 2017 年皇居共接待游客 11 万人次。

（2）造币局本局，位于大阪市，承担日元硬币、勋章奖牌等金属工艺品的铸造，是日本国家级重要文化财产。因其拥有世界领先的造币防伪技术也曾承担制造新西兰等他国通货及纪念币。目前开放造币博物馆和货币工厂两处场馆，游客需通过预约后方可免费参观，据内阁官房统计 2017 年全年接待 12 万人次。

（3）首都圈外围地下排水系统，位于埼玉县春日部市，为了防范首都圈水害而建造，是目前世界规模最大的地下排水系统，因整体由 59 根高 18 米、重 500 吨的巨型石柱撑托而被称作"地下神殿"，极具观光与科普价值。自 2018 年 8 月开始接待游客，目前设有 4 种不同线路，参观时长为 55~110 分钟，费用 1000~4000 日元 / 人不等。截至 2019 年年末，仅约一年半的时间里即接待 55000 余位游客（含外国游客 3771 位），广受好评。

（三）风俗庆典依托型

传统祭祀庆典活动是地域传统文化的重要传承形式。日本是世界上有名的传统庆典祭祀大国，全年约有 30 万个节庆活动，四季皆有。祭祀活动历来带

---

① 皇居东侧的附属庭院。

有丰富的宗教色彩，但在 1980 年以后，为了增强城市社区间的连带感，让市民参与的娱乐型庆典活动逐渐增多，通过节庆活动，促进市民的认同意识和本土观念。特别是随着日本少子老龄化、都市圈商业、餐饮服务业的低迷，费用低廉、副作用小、比其他观光形态更具有可持续发展可能性的传统祭祀庆典活动作为振兴观光的载体越来越受到重视。

2017 年，日本修改《文化艺术振兴基本法》为《文化艺术基本法》，针对文化艺术不再仅聚焦振兴，而是与观光、地域振兴、国际交流、福祉、教育和产业等的连携，具有"解决社会课题能力"的传统祭祀庆典活动越来越受到重视（见图 3.1）。

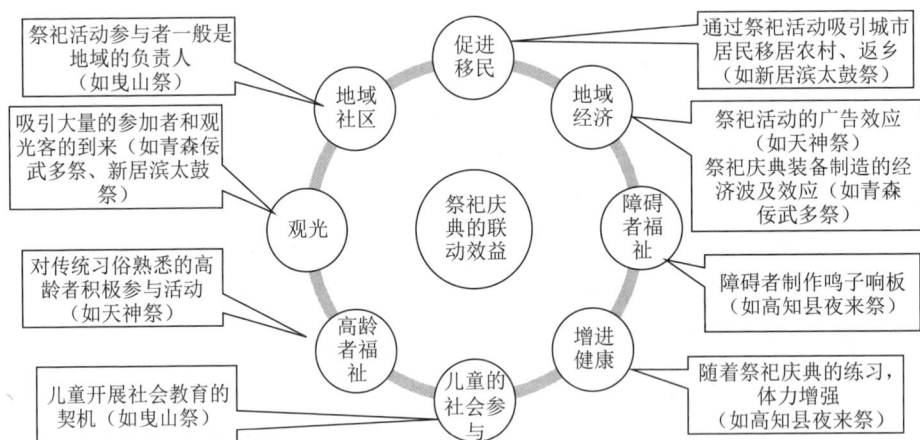

祭祀活动参与者一般是地域的负责人（如曳山祭）

通过祭祀活动吸引城市居民移居农村、返乡（如新居滨太鼓祭）

吸引大量的参加者和观光客的到来（如青森佞武多祭、新居滨太鼓祭）

祭祀活动的广告效应（如天神祭）
祭祀庆典装备制造的经济波及效应（如青森佞武多祭）

对传统习俗熟悉的高龄者积极参与活动（如天神祭）

障碍者制作鸣子响板（如高知县夜来祭）

儿童开展社会教育的契机（如曳山祭）

随着祭祀庆典的练习，体力增强（如高知县夜来祭）

地域社区　促进移民　地域经济　观光　祭祀庆典的联动效益　障碍者福祉　高龄者福祉　儿童的社会参与　增进健康

图 3.1　传统祭祀庆典活动的联动效益

然而，随着少子老龄化的趋势、政府援助金的减少、客流量不均衡、地域外知名度不高等原因，日本的很多风俗庆典活动也面临着衰退的挑战。如青森的佞武多祭，作为日本最有名的火之祭典，是国家重要的无形民俗文化财产，与京都祇园祭、北海道札幌雪祭并称"日本人最爱的三大庆典"。从 2016 年起收入一直处于赤字状态，经济带动效果减少了 238 亿日元，观光客数量在 20 年间减少了三成。为了振兴和有效传承这些风俗庆典活动，提高外国游客对日本文化的理解和旅行的满意度，日本各地市都将传统庆典祭祀活动列入地方观光振兴计划，官民一体积极推进"祭振兴"活动（见表 3.7）。

表 3.7　传统庆典祭祀活动的官民一体合作模式

主体	调查	宣传	实施和接待
观光厅	基础数据的整理和准备，包括国内以及国外祭祀庆典观光活动的调查	客源引流宣传，如选取面向外国游客的 88 个祭祀庆典活动；实施 Familiarization Trip[①]	给主办者的支持包括：1）确保有可以接待外国人的人才；2）制作人才培育相关的手册；3）选出外国人可以参加的祭祀庆典活动；4）与民宿和农泊[②]事业合作
民间	形成传统民宿、农泊事业的协作机制	祭祀庆典活动旅游产品的宣传	打造体验型旅游产品，如融入地方食物、住宿、物产等元素的庆典活动旅游产品
主办方市政府工商会议所观光协会青年会议所	助理基础数据的整理和准备	主办者主体的宣传，如多语言对应的 HP 和 SNS	实施和接待，包括制订参加计划；设定参加费用以及观光费用；企业运营计划
支援	面向主办者的运营支援：提升地域内的消费能力以及健全运营体制		

此外，民间还成立日本首个祭祀活动专门公司"MATURI Japan"，基于"用传统祭祀活动振兴日本"理念，通过支援祭祀活动的主办者振兴地方经济，并通过 ANA 等日本最大的航空公司，向国内外传播日本的祭祀传统文化。

传统祭祀活动的体验主要是游客除了能够身着当地传统的服装亲身体验花车拖曳或坐在高级看台上观赏的节目外，还能够深入参加点灯仪式、拆卸花车、带走装饰品等过往旅行无法体验的活动。在表演艺术方面，为了传播本国文化以飨游客，日本立足歌舞伎、能乐、文乐等极具民族特色的传统戏曲，推出面向外国人的入门级戏曲演出"Discover 公演"，演出时配有 5 种外文字幕，广受欢迎，仅 2020 年第四季度就在国立剧场上演了 19 场。

总体而言，针对文化依托型的旅游业态，日本文化厅也基于观光立国策略，提出"最大限度激活文化元素，实现观光立国战略"。具体政策主要体现在 5 个方面。首先是推进文化遗产的多语言解说，日本政府从 2017 年开始针对日光东照等主要的文化遗产开始完善多语言设施，如增设多语言解说牌，用

---

①　Familiarization Trip 是为了增加观光地的客源，让目标国家的旅游行业经营者、博主、媒体等视察当地的一种旅行团。

②　农泊指的是日本版的住宿型农家乐，是让游客居于山野渔村之中，体验日本农业或渔业的一种旅游形态，在本文中属于专有名词。

通俗易懂的语言阐释文化遗产的内涵等。同时由观光厅和文化厅共同组成"多语言解说整备推进委员会"，其中观光厅的预算用于文化旅游产品的打造，文化厅的预算则用于完善多语言功能设施等。截至 2020 年，日本已经完善了200 处核心文化遗产旅游景点。

其次是活用文化遗产，打造"Living history"（历史重现体验项目）。该项目主要是通过让游客还原历史事件和生活场景，提高文化遗产的附加值；同时形成通过文化遗产产生的收益再次投资于文化遗产保护的良性循环（见图 3.2）。

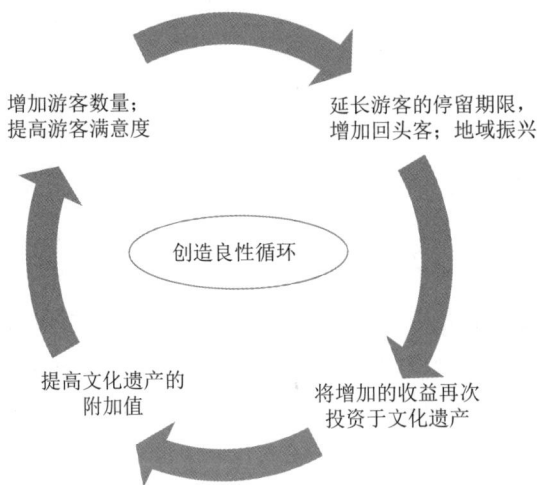

图 3.2　文化遗产保护的良性循环

再次是公共场所的多媒体艺术展以及都市的夜经济打造。为了让游客在到达日本时即刻感受到日本的文化，政府利用先进的多媒体艺术在机场等公共空间展示日本新型的文化艺术，融合日本的流行音乐、舞蹈等艺术形式，丰富游客在都市的夜间娱乐生活，积极打造从机场到都市的"新媒体艺术—夜间娱乐"游线。

复次就是在文化遗产所在地、美术馆、博物馆等场馆、机场、车站等地利用 VR、MR 等先进技术展现日本的历史、艺术、传统文化和风景等，并利用视频等线上途径，多语言在线展示推广文化遗产、漫画等媒体艺术相关的旅游产品。

最后是开展"日本文化礼宾"认定。为了培养既了解文化遗产的专门知识，又可以应对外国游客的多样化诉求、传播文化遗产的魅力等复合型的专业人才，日本文化厅从战略性人才培养角度出发，推出了在日本文化礼宾"人才的认定（见图 3.3），同时联合观光厅，开发专门为外国人解说日本传统文化的导游人才培训课程。

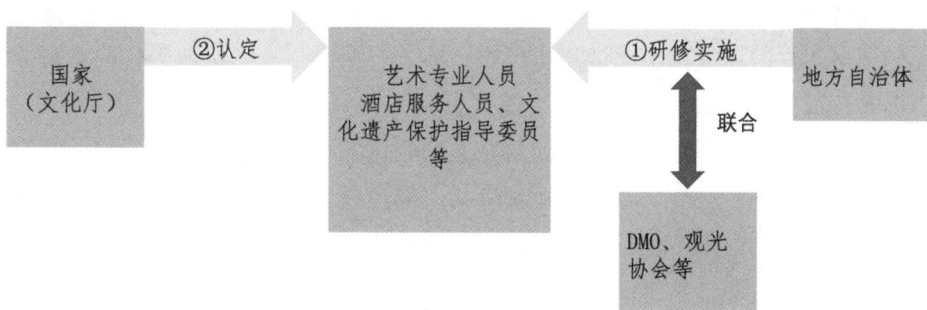

图 3.3 "日本文化礼宾"认定流程

三、都市资源型

大城市拥有发达便利的交通、美味卫生的餐饮、安全舒适的住宿、多样集中的观光景点及购物场所，这些都是旅游业形成发展的基础，因而城市往往承载了最大数量的游客来访。就日本来看，据观光厅在疫情前"访日外国人消费动向调查 2015~2019"中显示，外国游客对日本旅游最期待的项目前三位为品尝日本料理、购物、漫步繁华街道，这其中至少两项主要在城市地区实现。而事实上据日本政府观光局（JNTO）统计，东京、大阪等国际化大都市也是全世界外国游客到访日本的首要目的地，仅 2019 年就有 47.2% 的访日游客来到东京，38.6% 来到大阪。日本的都市资源型旅游业态主要有都市旅游和医疗旅游等。

（一）都市旅游

都市旅游一般主要是以城市为据点，感受城市的名胜古迹、文化艺术鉴赏、体玩娱乐设施、购物和美食等，体验城市的历史、文化和生活等多样化的魅力。日本的城市在进入 20 世纪 80 年代以后，随着经济的高度发展，其城市功能也从单纯的生产功能和流通功能逐步增加了娱乐、文化等旅游功能。目前日本的都市旅游主要以东京为核心的关东圈和以京都、大阪为核心的关西圈为主，此外还有北部的札幌、南部的广岛和冲绳等。

以东京为例，作为日本的首都，东京是一个传统与现代完美融合的城市，具备发展都市旅游的完美条件。这里有皇居、浅草寺、明治神宫等名胜古迹供人们领略江户时期流传下来的历史风貌；有上野公园、新宿御苑、代代木公园等景观设施供游人观赏樱花枫叶、日式庭院等自然美景；有国立近代美术馆、国立西洋美术馆、国立博物馆、江户东京博物馆等科学艺术场馆供游客学习鉴赏；有动漫圣地秋叶原、潮流发源地原宿等起源日本席卷世界的亚文化中心供年轻一族畅游；有末吉温泉、三之轮汤等温泉或公共浴室帮助游客洗祛旅途疲惫，体验温泉文化。游客还可以在两国国技馆观战相扑赛事，在歌舞伎座观看歌舞伎演出，在米其林餐厅或街头的居酒屋拉面店品尝可口的日本料理，在银座、涉谷、表参道等购物天堂买到各类任何想要的商品，如果时机凑巧还能观赏到壮观的花火大会和盆舞大会等传统节目。东京的魅力不一而足，已成为各国游客最向往的旅游目的地之一。

以将东京发展成世界第一的旅游城市为目标，东京都政府推行了一系列旅游促进举措。首先，宣传营销方面，设计城市图标和城市形象口号——东京·传统遇见现代，并制作发行相关宣传片投放海外；制作官方旅游导览网站"GO TOKYO"，提供多语种的旅游景点、观光路径、宾馆住宿、交通方式、饮食购物、会展时间等东京全方位旅游信息；制作旅游线路宣传片，形象具体地介绍旅游景点。

其次，文化场馆方面，日本将博物馆、美术馆作为展示城市独特历史文化、提升城市文化旅游吸引力的重要载体，在公园博物馆等旅游场所铺设免费高速无线网络；都内设置了 362 处东京旅游信息咨询处，并提供翻译人员、电脑出租、外币兑换、票务酒店预订、文化体验等各项服务；印制各类旅游导览手册和文化介绍手册，如温泉的使用方法、神社的参拜方法等，消除外国游客内心的障碍，增加对日本文化的亲近感。同时为了提升游客的观赏体验，日本各大美术馆和博物馆引入先进的数字技术，开发出了各种新型游览方式。如在国立自然科学博物馆"科博 HANDY GUIDE"系统允许游客使用自己的智能手机阅读多种语言（日、英、中、韩）展览说明。东京国立近代美术馆则推出了使用 Zoom 的 "在线对话观看" 模式，作为藏品介绍的替代，以应对新冠感染疫情。东京国立博物馆则利用 VR 技术和高精复制品为游客提供了与展品的亲密接触。据观光厅 "2019 年访日外国人消费动向调查" 显示，有 20.8% 的外国游客期待在访日旅行期间参观当地的美术馆、博物馆，反映出大家对日本文化艺术的兴趣颇高。

此外，东京还积极申办国际会议，基于其丰富的都市资源和国际影响力，积极发展会展旅游。通过会展旅游创造商业机会、拉动住宿餐饮交通旅游等地方经济、提升城市国家的国际竞争力。在 2013 年内阁决议通过的《日本复兴战略》[①] 中，就设定了 "到 2030 年牢筑亚洲第一国际会议承办国地位" 的目标。据测算，2019 年国际会展会议给日本带来的消费总量约为 9228.6 亿日元，其中外国参会者消费 1988.6 亿日元 [②]。据 ICCA（国际会议协会）统计，2019 年，日本的国际会议承办场次为 527 场，位列世界第 8[③]。为了促进国际会议的申办，日本主要有四大举措。

首先，设立专门推进部门。日本观光厅组建了 MICE[④] 国际竞争力强化委员会，负责加强日本国际会议展览相关基础设施规划与建设等工作。同时，定期召开 MICE 推进相关部委联络会议，为改善承办环境扩大国际吸引力研讨磋商。

其次，加强多方合作。在日本，申办国际会展会议已不是政府部门或是旅游行业单独的职责，如日本贸易振兴机构、日本学术会议、经团连、日本商工会议所等各产业团体、有识之士都参与其中。2016 年设置了 "MICE 推进相关府省联络会议"，以便促进各中央省厅协作。2020 年社会各界联合召开了第一届 "Meeting·Incentive 推进会议"，为促进 MICE 事业交换了意见。

再次，是培育重点承办城市。为了在日益激烈的国际竞争中增加承办胜率，从 2013 年开始，日本陆续选定东京、大阪、京都、札幌等 12 处 "环球

---

① 「日本再興戦略 –JAPAN is BACK-」。

② 日本観光庁. MICE に関する調査事業［EB/OL］.（2020–03）［2022–08–01］. https://www.mlit.go.jp/kankocho/page03_000050.html.

③ 同期中国承办数量为 539 场，世界第 7。

④ MICE：企业等的会议 Meeting、公司的团体旅游 Incentive Travel、国际组织·学会等召开的国际会议 Convention、展览集会活动 Exhibition/Event 的缩写。

MICE 城市"，作为国际会议重点承办城市进行培养支持。

最后是 MICE 大使计划。自 2013 年起，观光厅协同日本政府观光局，对产业界学术界在国内外拥有影响力的人士，委以"MICE 大使"头衔，期待他们在国际上宣传日本形象、为日本招揽国际会议。

（二）医疗旅游

随着现代人对健康需求的迅速增加，以先进医疗、保健、健康改善、美容等为主要目的的医疗旅游正在迅速发展。近年来，伴随着赴日观光旅游的中国游客暴发性的增长，越来越多的人也逐渐把目光从观光购物旅游转向医疗体检。日本素来也以高水平的医疗技术、先进诊断水平和健康长寿的印象闻名世界，加之其秀丽的自然风光和各地特色的传统文化活动等，为医疗旅游提供有力的观光条件和保障。

从日本的医疗旅游的发展历程来看，相比较印度、泰国和韩国等其他亚洲国家，日本的医疗旅游起步较晚，而其中主要的原因在于日本民族对于医疗服务的认识差异。在日本，公民有完善全民保险制度，医疗服务一般也以服务"本土"居民为主。而针对外国人的医疗服务，更多的也是聚焦于对发展中国家的医疗援助。

日本国内对医疗观光的态度变化最早可以追溯到 2009 年 12 月，鸠山政府在内阁议会决定的"新成长战略（基本方针）"，方针提及了日本今后发展的六大发展战略计划，"生命·改革之健康大国战略"作为其中一项战略，具体涉及推进医疗、看护、健康关联产业等打开海外市场的主旨。2010 年 6 月 28日，日本政府正式颁布的"新成长战略——活力日本复苏计划"。此项计划将医疗旅游（日本称之为"国际医疗交流"）定为国家支柱产业之一。

2011 年 1 月日本开放"医疗签证"，专门发放给来日进行医疗相关的活动（年检、健康诊断、牙科治疗、疗养、温泉康养等）的外国患者，取得此类签证者可以携带家属在日本停留，原则上一次入境最多停留半年。若单次停留时间不满 90 天，获得签证者可在 3 年有效期内多次往返。与之前来日本就医所办理的短期签证相比，此项改革为赴日就医的患者提供了很多方便。同年 4月，日本设立 MEJ（Medical Excellence Japan）制度，作为海外患者的咨询窗口。此外，在政府主导下，日本经济产业省还启动了日英、日汉、日俄等医疗翻译培训班，还制定了一系列促进措施，其中就包括厚生劳动省下"准许接受外国患者"的医院认证制度。

在政府的积极推动下，部分医疗机构开始逐步接收来日本就医的国外患者。此类医疗机构最主要的特点是，依靠 PET-CT 或 MRI 等精密医疗仪器，为外国患者提供细致、高水平的癌筛查诊断以及其他体检服务。日本国内的不少医疗机构拥有 PET-CT 和 MRI，其人均配置量在 OECD 加盟国中名列前茅。最近又有部分医疗机构购置了最新款的 PET-CT，以提供更高水平的癌筛查检查。尽管近年来日本缺少医师、护士的情况日趋凸显，但体检部门的医师和护士却比较充裕。更为重要的是，日本那些不擅长接收外国患者的医疗机构，可通过为外国患者提供体检服务来降低医疗风险。因此，不同地区的医疗机构，都将体检业务视为开展医疗旅游的主业。

2016 年，安倍内阁继续沿袭将"健康·医疗领域"作为复兴战略之一的宗旨，于 2016 年 6 月发表"日本再构战略 2016——面向第 4 次工业革命"报告，确定将健康·医疗领域作为"战略市场创造计划"的核心内容，通过入境·出境推进日本优异的医疗技术和服务走向国际。日本入境医疗旅游推进历程见表 3.8。

表 3.8　日本入境医疗旅游推进历程

年份	主要进程
2009	鸠山政府内阁会议决定"新成长战略（基本方针）——面向光辉日本"：明确指出各部门联合推动以亚洲富裕层为主要对象的健康诊断、治疗等医疗服务观光措施。
2010	菅政府内阁会议决定"新成长战略"，强调了六大战略领域中的"健康"战略，接受外国患者，探讨和实施相关限制的放宽，如颁发"医疗签证"、放宽外籍医师、护士就业限制；探讨外国患者接受机制的建立；培养翻译人才；探讨推广机制、设立认证机构的建立。
2011	1 月，正式开放医疗滞在签证，放宽外籍医师、护士的就业限制； 4 月，开设 MEJ（Medical Excellence Japan）① 作为海外患者咨询的窗口； 10 月，MEJ（Medical Excellence Japan）正式法人化——总体上形成了医疗机构的联盟/互联网化，建设外国患者接受机制（含宣传），建设针对可接收外国患者的医疗机构的认证机制。

① "Medical Excellence JAPAN"（MEJ，日本卓越医疗）机构旨在促进邀请外国患者赴日本医院就诊的事业，不仅从优质和安全方面评估医院的医疗服务，还从院方接收国际患者的体制和所做努力的观点进行评价后，推荐达标的医疗机构。

年份	主要进程
2012	可接收外国人患者的医疗机构认证制度（JMIP）①建立，正式接受外国患者，国际医疗交流开始。
2013	6月，安倍政府内阁会议决定"日本复兴战略"，将医疗的国际战略置于重要地位，并推进与海外医疗机构的合作； 8月，日本首相官邸正式设立"健康·医疗战略推进本部"。
2015	认证医疗出境支援企业（AMTAC）认证②开始。
2016	日本国际医院JIH系统③成立。
2020	奠定日本体检与医疗水平在全亚洲的领先地位。

目前，日本的医疗旅游基于"医疗"和"观光"的比重不同主要分为三类：第一类是以"治疗"为主要目的的医疗旅游，观光的比重很小甚至没有，如癌症的治疗、脏器移植等高难度的医疗主题；第二类是以"检查"为目的的医疗旅游，医疗和观光所占比重持平，如赴日体验最新设备的体检、PET检查等的同时，参观附近的风景名胜、品尝风土料理、购物等旅游行程；第三类是"美容和健康"为目的的医疗旅游，旅游的比重较高，如美容体验、美容SPA、森林疗法等。

近年来得益于中国经济的高度发展，中国中产阶层和富裕阶层的数量激增以及富裕阶层海外旅行的意向持续增加，医疗旅游作为新兴的旅游形式越来越受到关注。根据日本经济产业省在《2021年度健康产业国际展开推进事业》④

---

① 接诊外国患者医疗机构认证制度JMIP是日本政府推行完善外国患者接诊体制事业的一部分，在厚生劳动省于2011年施行的"为完善接诊外国患者医疗机构认证制度的支援事业"的基础上而制定，通过第三方主导的对日本国内各医疗机构的多语种诊疗指南、文化和宗教差异应对措施等有助于接待外国患者的体制进行评估，以期为构建所有需要就医的人都能得到放心、安全医疗服务的制度提供支持。

② 认证医疗出境支援企业（AMTAC）是指接收有意在日本接受健康检查、诊查、治疗等医疗服务的访日外国人，经认证为可提供满足一定标准和高质量支援服务的"医疗出境支援企业"的企业。

③ 日本国际医院JIH系统是一项旨在为国际患者提供在日接受医疗服务的日本各医院的有用信息，以及旅行支援信息的服务体系。通常国际患者很难根据他们的症状、病情和疾病种类找到提供适当医疗服务的日本医院信息。为解决这些问题，日本政府出台了为国际患者在日接受医疗服务创造良好环境的指针。该指针制定了医院积极接收国际患者需达到的要求，以及医疗旅行支援公司为国际患者提供优质及综合服务的认证要求。作为指针制定的认证机构，MEJ制定了医院评估标准，不仅从医疗服务的优质和安全方面评估，还从医院的国际患者接待体系和所做努力方面进行评价后，对达标的医院进行推荐。

④ 日本観光庁.令和3年度ヘルスケア産業国際展開推進事業［EB/OL］.（2022-03）［2022-08-02］.https://www.meti.go.jp/policy/mono_info_service/healthcare/iryou/downloadfiles/pdf/r3fy_hojyo_mej.pdf.

的统计，日本在疫情前的 2015 年、2017 年和 2019 年分别发行了 946 个、1383 个和 1653 个签证，其中中国人的签证数量占了 70% 左右，且呈现上升趋势，而医疗签证赴日的主要目的是体检、癌症等疑难杂症的治疗以及其他原因等。

总体而言，日本的医疗旅游在日本观光厅和经济产业省的积极推介下，发展的利好趋势越来越明显。究其原因，除了政府的大力支持以外，日本高度发达的医疗技术和得天独厚的观光资源为医疗旅游的发展奠定了坚实的基础。

首先从近 5 年的癌症相对存活率来看，日本的高存活率位居世界前列。根据国际研究机构的调查数据来看，日本是目前全世界消化系统癌症治愈率最高的国家之一，肺癌、肝癌、乳腺癌等的存活率也相当乐观。根据综合统计专门网站的统计结果显示，日本目前拥有的先进医疗设备数量位居世界前列，特别是三大医疗检查装置，即 PET 检查、MRI 装置、CT 扫描仪的数量在全世界仅次于美国，位居第二。同时，日本的医疗服务水平和完善的医疗环境在全世界也拥有着良好的口碑。医院环境整洁、卫生，所有病室里的卫生间，到处都是护士呼叫装置，在实施公共医疗的同时，也充分照顾到私人化、个性化的医疗。2021 年，世界卫生组织发布的全球医疗评估报告，从医疗先进水平、接受医疗服务的难易程度、医疗费负担的公平性等方面，对全世界 160 多个国家进行了综合评估排名，日本再一次蝉联世界第一。

其次，日本优越的旅游资源也极大推进了日本医疗旅游的发展。根据 2022 年世界经济论坛发表的《2022 全球旅游业竞争力报告》，日本高居榜首。该报告主要是基于"旅行、观光环境""旅行、观光相关政策和状况""基础设施""自然、文化资源" 4 个领域的 14 项项目的 90 项指标予以评判和排位。日本在文化资源、国际开放程度和交通基础设施等领域在国际上受到高度评价。得益于丰富的自然风光资源、世界文化遗产和四季更替的日本各地的特色传统节日等文化资源，与其他国家相比，日本旅游资源的优越性显而易见。特别是从 2003 年日本的"观光立国"策略宣布以来，日本的入境旅游逐年兴盛，日本作为旅游大国的潜力也逐渐被挖掘，这也为日本的医疗旅游创造了良好的条件。

四、乡村体验型

日本是世界乡村旅游强国，早在江户时代就出现了乡村旅游的雏形。当时高贵的武士会在闲暇时到江户城外的郊区（现东京都足立区）狩鹰或者到周边的农村或森林远足。进入明治时代以后，普通民众也开始走进农村的田园风光，纷纷前往山丘的西郊（练马、涩谷、目黑以西、武藏野等）、田地的北郊（千住、赤羽等）、河川的东郊（隅田川的东部）以及海的南郊（大森）等地，感受农村的氛围。

"二战"以后，随着日本经济的复苏以及国民收入的提高，日本的乡村旅游逐渐以观光农园、农家民宿以及在城市近郊的观光牧场等为主。观光农园主打苹果、桃子、草莓等水果的采摘，游客以近郊的城市居民为主。农家民宿真正兴起是在 20 世纪 50—60 年代，旅游大众化趋势对于住宿设施需求的增加，极大加速了日本民宿业的发展，也增加了日本农林渔业的替代性收入。这个时期除了观光农园和农家民宿以外，模仿欧洲农庄的观光牧场也随着大众旅游的发展逐渐流行。由于与日本传统的农村景观不同，观光农场凭借富有欧式风情的农场景观、各具特色的设施和完善周到的服务等吸引了大量的游客。

到了 20 世纪 80 年代，以市民农园、产地直销、农业研学等为代表的乡村旅游开始普及。其中市民农园是以城市居民为对象，活用城郊闲置的土地的乡村体验模式。发展初期，为了解决市民农园的税制抑制发展问题，日本政府于 1989 年颁布了《市民农园准备促进法》，允许农民整备附带设施开展市民农园。到了 20 世纪 90 年代后期，远离城市的远郊农村伴随着民宿等住宿设施的完善，也开始推进市民农园的普及。兴起于 20 世纪 80 年代的产地直销，与市民农园服务城市居民的属性不同，其主要目的就是提供物美价廉的农产品，且更关注偏远农村地域的振兴和发展。与教育相关的乡村旅游模式——农业研学主要是通过林间学校、远足、徒步等活动，让学生更好地了解农村周边的自然景观和农村文化，尽管农业研学的经济收益并不明显，但对于培养理解农村和自然环境保护的游客具有十分重要的意义。

到了 20 世纪 90 年代，真正意义上代表日本乡村旅游的绿色旅游正式登场。

绿色旅游的出现主要基于荒废耕地和林地的增加、村落的衰退、城乡差距的扩大等问题背景，通过推进城市和乡村的交流实现乡村振兴。发展初期的绿色旅游主要聚焦于农村休闲游以及农产品的加工和贩卖，而加深城市和农村居民沟通和交流的体验活动甚少。90 年代初，伴随着日本市场的开放、日元增值，日本农林水产品的进口增加，农山村的生存环境进一步恶化。于是，日本政府在第三次和第四次的全国综合开发计划中进一步明确了"促进都市和农山渔村及边远过疏地区的交流"的宗旨，全国各地积极加大对发展城乡融合的补助事业，全国的绿色旅游发展不断呈现多样化趋势。从泡沫经济中破灭的日本从大规模的度假村开发转向小规模的农山渔村开发。1992 年，日本政府颁布《全新的粮食、农业、农村政策方向》，将打造农山村的度假地作为新的国土政策，并在偏远农山村鼓励发展绿色旅游。1994 年，日本政府颁布了《农山渔村余暇法》，从法律上认证了绿色旅游这一形态，保证了旅行从业者和当地农民依法进行绿色旅游开发，也限制了不法之徒以发展绿色旅游之名进行圈地及违法活动。1995 年，处于管理便利化，日本开始要求对农山渔村的民宿进行登记，在此基础上，农林水产省设立了农山渔村振兴交付金，从硬件设施整备和软实力提升（人才培养、旅游项目设计、区域合作等）两大方面给予各绿色旅游地资金支持。其中，仅 2021 年用于推进农泊的农山渔村振兴交付金就达到了9805 万日元。

日本绿色旅游的典型主要是农泊。农泊指的是游客投宿在农村、渔村等非城市地区，通过住宿、饮食、体验活动等途径，享受乡村特色的自然环境、人文历史、生活方式的"农山渔村深度游"[①]。这种旅行方式区别于普通观光旅游走马观花式地打卡多个旅游景点，更重视旅游者与旅游地之间的互动，是在一地长期停留，真切深入地参与当地的生活的旅游活动。即非简单观赏，而是亲身体验。日本农林水产省农村振兴局在《农泊推进事业》中将农泊定位于：①促进入境旅游的发展，包括让外国人体验真实的日本，促进农村地区的多文化交流活动；②增加农民的收入，促进地域经济的发展；③吸引年轻人移居农村；④盘活农村休闲资源；⑤持续增加观光客。

在具体推进事业中，首先是农泊推进事业。计划在2021 年到2023 年期间，

---

① 農山漁村滞在型旅行。

通过每年 500 万日元的补助金等支援农泊形成完善的推进体制，开发观光资源、培养在地人才、完善适合入境接待的旅游环境，包括多语言的应对、农副产品的开发等。其次是设施整备事业。支援那些活用古民家、古建筑的设施、租赁的一户建以及用于农副产品贩卖的设施等，并予以上限分别为 2500 万日元、5000 万日元以及 1 亿日元的资金补助。针对地方上私营的民宿主则予以上限 1000 万日元的补助。

在具体推进方案上，首先，打造具有乡村特色的农家民宿，为旅游者提供理想的住宿环境。其次，丰富乡村特色旅游项目，增添旅游内容的趣味性。如活用废弃农田开发耕作项目，吸引青年学生前来体验；开放船屋住宿，吸引游客在渔村停留等。最后，举办各类评选活动与资格认定，激发从业者积极性，提升旅游产品质量。如"发现农山渔村的宝藏"评选、"山里大厨"评选、"SAVOR JAPAN"认定等。此外，注重旅游商品营销。具体有增加郊区乡村消费免税店数量、着力推广地区传统工艺品、拓宽乡村农林渔业产品的销售市场等措施。

据农林省统计，截至 2019 年年底，日本全国共有 554 家农泊地区获得认证，其各项指标为：①住宿方面，农家民宿 3715 家，较 2017 年增长约 120%；国家支援修缮的历史民居 100 处，较 2018 年增长约 20%；全年接待住宿游客 589 万人次[①]（含外国游客 37.6 万人次），较 2018 年增长约 20%。②游玩项目方面，乡村体验型项目 8208 个，是 2017 年的 1.8 倍；农家餐饮菜单 9419 份，是 2017 年的 1.7 倍。③便民设施方面，可提供 Wi-Fi、非现金结算的地区 346 个，是上年度的 4.2 倍；可提供外语服务的地区 177 个，是上年度的 1.6 倍。

农家乐旅游能够实现旅游者回归自然、体验原生态文化以及对历史溯源寻根的意愿。目前日本基于农家乐的乡村旅游形态主要包括：

（1）乡村自然风光体验游。农山渔村里有着区别于人工景致的原生态自然风光，游客从城市来到乡村可实现与大自然的亲密接触。典型事例如表 3.9 所示。

---

① 据观光厅《住宿旅行统计调查》显示，2019 年全年，日本国内住宿单位供接待住宿游客 5.4324 亿人次，其中日本游客 4.418 亿人次，外国游客 1.143 亿人次。

表 3.9　乡村自然风光体验游案例

序号	地点	案例详情
1	爱媛县内子町	内子町是一座保留着日本传统风貌的城镇，灰泥外墙的传统商铺鳞次栉比，古朴美观。游客在内子町可以投宿位于林间的民宿"古久里来"，吃地道的木桶乌龙面，还可登上岩石构造的石槌山寻访菩萨的化身，畅游小田深山溪谷里的绿意森林，观赏红叶映衬下的红叶瀑布，或者骑行在群山环绕的乡间小路上。
2	长野县信浓町	信浓町位于长野县的最北部地带，处在长野县和新潟县的分界处。以著名的野尻湖为中心，是被称为北信五岳的户隐山、饭绳山、黑姬山、妙高山、斑尾山包围着的高原盆地。虽然信浓町面积狭小，但山高湖深，当地人常说这里是"日本的缩图"，植被丰富，拥有比任何一个城市都宽广的空间。只要稍踏出室外就能感受到森林静谧的气息，听见灵动的水声，看到映衬着霞光的树木。夏天，人们可以躺在星空下感受凉风从屋檐吹过；秋日，走过薄雾弥漫的小径欣赏殷红的枫叶；冬季，群山间的皑皑白雪可以激起每个人未泯的童心。任何季节来信浓都能拥抱最美的大自然。

（2）乡村人文历史体验游。农山渔村的形成远早于城市，是人类活动的发源地，这里有最原始的建筑形态、手工技艺等人文历史遗存。典型事例如表3.10 所示。

表 3.10　乡村人文历史体验游案例

序号	地点	案例详情
1	新潟县南鱼沼市	南鱼沼市位于新潟县南部的鱼沼盆地，这里较为有名的人文民宿主要有古民居旅馆"龙言"和温泉旅馆"里山十帖"。"龙言"是位于有 200 年历史的古民居群落的著名民俗建筑。在这里，游客可以品尝应季的食材、观赏与自然和谐映衬的庭院、学习先民的筑屋智慧，甚至能够亲身参与当地乡土料理的制作，十分有趣；"里山十帖"是一座有着 150 余年历史的温泉旅馆，2012 年在被改造后从一个房屋老旧、冬季暴雪、周边没有知名景点的地方变身为全日本第一绝景温泉，极大带动了当地农业和旅游业发展，成为有史以来第一个入选"好设计百佳（Good Design Best 100）"的住宿设施。
2	三重县鸟羽市	鸟羽市位于日本三重县志摩半岛东北部，有丰富的沉水海岸景观，全市被划入伊势志摩国立公园内。也由于沉水海岸，养殖珍珠、牡蛎、日本龙虾、鲍鱼、紫菜都成为本地的特产。而丰富的贝类也让本地自古即有海人的职业专门潜入海中以人工方式取得各种鱼货，"鸟羽——志摩的海女渔技术"也已经被国家列入无形民俗文化财（国家级非物质文化遗产）。"海女"是一种日本独有的古老职业，过去近海一带的妇女们时常潜入海中捕捞渔获以贴补家用，进而衍生出海女独特的潜水技能，不需要携带氧气瓶等特殊装备，就能潜入 5 米深的海域，捕捞贝类或海藻等海产，而三重县的鸟羽市，正是日本海女文化最活跃的城市之一。在这里，可以探访日本海女文化，参拜海女信仰的起源青峰山正福寺，亲眼观摩海女高超的潜水技能，与海女面对面交流了解渔业历史。而且这里还是世界上第一个成功培育出养殖珍珠的地方，游客还能参观到珍珠博物馆，购买到顶级珍珠。

其他还有如长野县饭山市参观制作历史悠久的饭山佛县，在广岛县庄原市学习日本传统祭祀舞蹈"广岛神乐"，在岩手县一关市体验传统舞蹈"行山流鹿子舞"，在新潟县长冈市体验古老的浊酒酿造等。

（3）乡村特色活动体验游。农泊旅游与果园、农场体验项目相结合的乡村体验游。典型案例如表 3.11 所示。

表 3.11 乡村特色活动体验游案例

序号	地点	案例详情
1	北海道余市町的果蔬采摘	北海道余市町是日本苹果发源地，早在 150 年前就由美国引入苹果品种并广泛种植，在 Nitori 观光果树园只要花 1200 日元的入园费就能不限时间地畅吃苹果、桃子等水果。类似还有三重县白山町的蓝莓、和歌山县田边市的橘子、北海道森冈农场的南瓜和大葱等。
2	神奈川县的三浦半岛	三浦半岛位于神奈川县境内，东京湾南部，是日本最美丽的海岸线之一。这里有壮观的海景、历史悠久的城堡和寺庙、美味的海鲜和温泉等旅游资源。由于岛上四季分明，花卉众多，游客可在养蜂岛民家里体验采集蜂蜜，内容包括制作蜂箱、现场采蜜、品尝蜂蜜、制作蜂蜜美食等，票价一般为 19000 日元 / 人。

其他还有如高知县的椎名渔港的海事体验，游客可与当地专业的渔民一起参与捕鱼活动，票价为 4000 日元 / 人左右；岛根县的川上牧场的牧场养殖体验，游客可体验挤牛奶、牧场作业、听取知识讲座等项目；在广岛县的吉名町，可体验海水制盐，票价为 1000 日元 / 人；在鸟取县的八头町，可体验打年糕，票价为 40000 日元 / 次。

总体而言，日本在旅游资源的开发中，十分注重自然和文化的结合。一方面，日本政府高度重视，通过制定系列法律、法规等积极引导乡村旅游注重传统文化，聚焦"城乡交流融合"以及"本体化"，同时在财政和放宽土地管制等方面予以支援。另一方面，注重因地制宜，开发多类型的乡村旅游。日本的乡村旅游集观光、娱乐、教育于一体，既有针对城市儿童，丰富其农业知识、生态知识的形式，也有专门针对老年人的健康休闲旅游形式，可以满足不同消费群体的消费需求，多元化特征显著。同时十分注重品牌的树立，鼓励乡村与当地的自然环境、风俗文化相结合，积极推进"一村一品"的特色化发展。

五、主题游乐型

主题公园是以盈利为目的，围绕一个或多个特定的主题，以模拟景观和园林环境为载体，以满足旅游者多样化休闲娱乐需求与选择而建造的一种具有创意性游园线索和策划性活动方式的现代旅游目的地形态。[①]1955 年，美国迪士尼乐园的建成，宣布了世界主题公园的诞生。在日本，主题乐园的范围更广泛，主要以特定的主题（如国家文化、传说、电影、动漫）为基调来进行演出的观光设施，包括游乐园、动物园、水族馆、博物馆以及各类商业设施等。根据日本最大的信用调查公司"帝国数据库"在《游乐园、主题公园经营企业的实情调查（2019 年决算）》[②]的报告中显示，2019 年日本的 189 家游乐园相关运营企业的营收总额达到了约 9711.6 亿日元，比 2018 年增长 8.5%，其中 189家企业中，有 59 家企业实现增收，占比为 31.2%，而 2018 年和 2019 年连续2 年营业增收的企业为 68.4%，连续亏损的企业占比 13.2%。疫情暴发后，主题公园受入境限制等影响收益下降显著，然而根据日本经济产业省在 2023 年2 月公布的《特定服务产业动态统计调查》数据显示，尽管主题公园在 2020年和 2021 年收益下滑明显，但是进入 2022 年疫情状况缓解之后，日本休闲产业的经济效益已经回到了顶峰时期的 80%，恢复形势良好。

（一）主题乐园旅游

日本的主题公园中相对有名的主要是东方乐园运营的"东京迪士尼乐园"和"东京迪士尼海洋"、加入美国 Comcast 旗下的 USJ、HIS 旗下的豪斯登堡、集公园、酒店、运输一体化经营模式的富士急乐园、三丽鸥乐园等。

日本的主题公园的发展历程最早可以追溯到明治末期，主要分为游乐园初创期、游乐园发展期、主题乐园蓬勃发展期三个阶段（见表 3.12）。

[①] 黎宏宝，杨莹.主题公园盈利模式研究述评与展望［J］.中国市场，2019（34）：85-87.
[②] 帝国データバンク.遊園地・テーマパーク経営企業の実態調査（2019 年決算）［EB/OL］.（2020-07-22）［2021-10-12］.https://www.tdb.co.jp/report/watching/press/p200711.html.

表 3.12 游乐园的发展阶段

游乐园初创期	明治大正时代，游乐园的对象主要是针对日本的富裕阶层。1911 年，日本首个游乐园——宝冢新温泉（兵库县宝冢市）开业，是日本当时最大的温泉和娱乐设施兼顾的室内游乐园。 1913 年，为了给来客提供娱乐服务，宝冢新温泉还组建了宝冢唱歌队（现在的宝冢歌剧团）公演了日本首场少女歌剧。宝冢新温泉在"二战"中停业 2 年后，于 1946 年再度开业。 在宝冢新温泉之后，日本又陆陆续续建立了 HIRAKATA 公园、丰岛园等，然而由于当时游乐园的主要客源是富裕阶层，因此在经历了第一次世界大战和第二次世界大战的日本游乐园产业很快就进入了消沉。
游乐园发展期	经历了"二战"的动荡时期，西武园游园地和甲子园阪神公园于 1950 年开业。1955 年日本在《经济白皮书》中提出"再也不是战后时期"的标语，日本的游乐园建设正式进入白热化时期。从 1955 年东京都内的大型游乐园、后乐园游园的开业，到 20 世纪 60 年代、70 年代，以中小规模为主的游乐设施陆续出现。 典型的乐园主要有后乐园游园地（现在的东京巨蛋）、富士急乐园、福岛磐城市的 Spa Resort Hawaiians、东武动物公园等都在这个时期建立。
主题乐园蓬勃发展期	主题乐园的开园高潮出现在 20 世纪 80 年代的前期，1983 年东京迪士尼 TDS 和长崎荷兰村的开业成为了日本主题乐园的开元之年。随着东京迪士尼的火爆，各地逐渐兴起"主题公园热"，如太空世界、江户村复古等主题的游乐园，同时也吸引着大量海内外游客前来打卡体验。

总体而言，日本的主题公园以大型游乐设施为主，市场增长稳健，且外国游客占据了客流量的重要地位。日本发展主题公园的经验主要有两点：首先是服务人性化。日本的主题乐园传承了日本"服务天堂"的精髓，园区工作人员不仅态度和蔼，而且根据客户的年龄层提供多样化的服务。其次是与时俱进，不断创新。日本的迪士尼乐园之所以能够保持长盛不衰，是因为创意新颖，迪士尼有与时俱进的时代感，能不断地超越自我，同时它以世界最高水平的经营理念、管理方法为支撑，以高科技为载体，融知识性、趣味性、参与性于一体，做出了最好的品牌。

当然，从日本主题乐园的发展历程来看，不难发现泡沫经济破灭以后，日本许多地方把经济振兴的希望寄托于主题乐园，导致很多游乐设施大幅度兴起后又失败，这其中最根本的问题并不仅仅在于入场人数的减少，还在于区域内的收入、地方的经济活力等，因此迪士尼的成功经验不可随意复制，这一点对我国主题乐园的发展也起到了重要的警示作用。

（二）动漫旅游

日本的动漫旅游是动漫产业与旅游产业有机整合形成的一种新型交叉产

业，具有极高的趣味性、娱乐性、文化性、教育性及突出的广域性、弱季节性、定向吸引性等特征。根据日本经济产业省的统计显示，目前在全世界放映的动画片中有近六成是日本制造的，每年创下的综合价值高达数百亿美元，与动漫产业相关的出版、广播电视、音乐、卡通形象等相关产业也得到蓬勃发展。①

动漫产业是日本的支柱型产业，日本国民经济的 11% 以上是由动漫产业贡献，广义动漫产业收入甚至已占到国民经济的 18%，近 30 年来，动漫影视年收益额平均达 1210 亿日元，年均增长 25% 以上，动漫衍生的周边产品每年就为日本带来 50 亿日元的收益。近年来，动漫旅游已经成为外国游客访日的动机之一，动漫旅游为日本旅游业注入了新的活力，日本凭借强大的动漫产业及政府的大力支持，已经形成了具有特色的动漫旅游模式。

动漫和旅游这两个产业的融合具有天然的优势。动漫是日本全民性的爱好，任何年龄层的男女老少都有收藏动漫人物玩具、纪念品的爱好，拥有广泛受众群的动漫产业为动漫旅游的迅速发展奠定了良好的客源基础。目前日本动漫产业与旅游产业融合发展之后形成的动漫旅游主要有动漫主题公园型、动漫产业园、动漫节会、场馆展示型 3 种利用模式。

（1）动漫主题公园：将主题公园与动漫元素进行技术渗透与互补，创造性地将动漫元素运用到游乐园的建设，动漫为主题公园提供文化支撑，主题公园为动漫传播提供载体。这一模式的典型代表是迪士尼乐园。虽然迪士尼并不是源于日本，但是在日本的迪士尼却深受国内外游客喜爱。

（2）动漫产业园：作为原创型的动漫产业基地，动漫产业园集动漫产业的产、学、研为一体，为动漫爱好者提供观摩动漫作品的制作过程、学习动漫制作技巧、体验最新版的动漫游戏的机会。

（3）展馆展示模式：展馆展示的动漫旅游一般利用在博物馆、美术馆、图书馆等场所开展动漫活动，以及类似动漫大师宫崎骏的工作模拟室等场所，并提供动漫录音等体验活动，间接吸引游客购买相关动漫物品，成为综合性的动漫场所。

---

① 刘宏盈，万莉莉，张娟，韦复.日本动漫旅游发展模式及其对广西的启示［J］.江苏商论，2012（01）：122-125.

除了这些典型的动漫旅游模式，日本也会通过打造各式的动漫购物街来拉动旅游的综合效益。较为著名的动漫购物街主要有东京秋叶原、东京池袋乙女路、中野百老汇大街。

除此以外日本政府与角川集团、Newtype 合作，自 2016 年起每年推出新企划 "动漫圣地之旅 88" [①]，邀请全世界动漫迷选出自己最想去的圣地，经过票选结果与官方版权、地方政府和旅游协会多次协议后，选出每一年的 88 处圣地，以吸引更多的访日游客。

总体而言，日本发展动漫旅游的经验主要有三点。一是全方位、多渠道的传播机制。首先，日本一般会基于其高达全球 60% 左右的市场规模优势，通过低价发行的途径，向其他国家输出动漫产品，既是抢占市场的手段，又有效传播了日本的动漫文化。而针对欠发达地区和国家，日本政府更看重其潜在的入境游客潜力，通过低价甚至是免费的方式来提供动漫产品。比如，日本外务省于 2005 年用 "政府开发援助" 中的 24 亿日元 "文化无偿援助资金"，从动漫制作商手中购买动画片播放版权，无偿地提供给发展中国家。其次是政府通过各种东京国际动漫展等动漫会展、节展，推销日本动漫的最新作品与动漫形象，这也是日本动漫文化对外传播的有效手段 [②]。最后是通过日本博览会 [③] 宣传日本动漫。从 1999 年开始举办的日本博览会以流行文化为主，2017 年为了庆祝日本商业动画一百周年，日本博览会特地举办了 "Anime100" [④]，开展了大规模的日本动画作品展示，并设置了动漫旅游宣传项目，全方位推进动漫旅游的发展。

二是完善的动漫产业链。日本的动漫产业链十分完善，从影视传媒到玩具、游戏软件，从动漫服装到动漫主题乐园以及配套动漫餐厅等，整个产业链稳固且运行高效。

三是高质量的动漫产品支撑。日本的动漫作品题材广泛，多以歌领亲情与爱情、思考人生的意义和价值、感悟生活的美好为主题，且在内容和形式之间

---

① アニメ聖地：訪れてみたい日本のアニメ聖地 88。

② 刘斌.日本动漫海外传播的思考和启示［J］.对外传播，2018（11）：75-78.

③ 日本博览会是一个以日本流行文化为主题的大会，举办地点在法国巴黎。每年于 7 月初举办，为期四天（通常为星期四至星期天）。日本博览会是全欧洲中最大型的日本展览。

④ 京都国際マンガミュージアム。

均可找到平衡点，实现内容和形式的完美融合。

六、游学一体型

在日本，中小学校毕业之际有集体开展毕业旅行（修学旅行）的传统，最早可追溯至明治时期，东京师范大学在千叶开展的长途远足活动。1888 年，日本文部科学省制定了《寻常师范学校设备准则》，首次将"修学旅行"明确记录在法令中。此后，日本各地的学校开始大范围开展修学旅行活动，但是这个时期对于旅游目的地、旅行时长等并没有明确的规定。1901 年 3 月，日本文部科学省 3 号令中将军事训练纳入了体操科，至此修学旅行和军训分开，开始与当今的旅行相似，主要以参观访问历史遗迹和产业设施为主。战后时期，由于粮食不足和交通状况的恶化，各地的修学旅行数量减少，但是仍在进行中，到了 1953 年，日本全国 87% 的初中、65.7% 的高中都开始实施修学旅行。在生活水平较低，交通网络不发达的时代，修学旅行就成了青少年学生拓展见闻的主要方式，也是日本中小学教育的重要一环。目前，日本国内的游学一体型旅游模式主要包含国内修学旅行、海外修学旅行和访日教育旅行三种模式。

（一）国内修学旅行

从国内修学旅游的角度来看，现今，日本国内 47 个都道府县（省级行政单位）都有各自的国内修学旅行实施规范，详细规定了旅行的天数、费用、学年对象、行程范围、领队教师数量等。如东京都规定，普通高中修学旅行需控制在 4 天之内，人均费用 86000 日元以内，原则上全员参加。北海道规定，普通高中需控制在 6 天 5 晚之内，旅行费用控制在必要的最小限度内，20 名学生需有 3 位教师带领、40 名学生 4 位老师等。

从人气较高的旅游目的地来看，高中生更爱去冲绳，而初中生更多去关西地区。据日本全国修学旅行研究协会统计，2019 年，共有 4676 所公立高中，75.6 万名高中学生；9575 所公立初中，103 万名初中学生体验了修学旅行[①]。日本的修学旅行主要有国内修学旅行、海外修学旅行以及访日教育旅游三种

---

① 据日本文部科学省统计，2019 年，日本共有公立学校高中生约213.2万人，初中生约295万人。

模式。

（二）海外修学旅行

随着经济发展、国际化进程不断加剧，把修学旅行目的地放在海外的学校也日益增多。目前日本海外修学旅行主要在高中部开展，据全国修学旅行研究协会统计，举办海外修学旅行的高中学校数和参加人数已从 1999 年的 349 所、6.2 万人增长到 2019 年的 898 所、15.5 万人，主要访问对象为新加坡、中国台湾等周边的亚洲国家和地区。

关于公立高中海外修学准备细则、旅行天数、费用等方面的实施规范，各都道府县也有相应规定。观光厅将海外修学旅行的实施细则分为 12 个阶段进行指导，分别是：①新学期伊始的实施检讨，包括费用、时间、主题以及实施基准的确认；②收集信息和情报，包括安全确认、学校之间的交流以及旅行社、各国政府观光局、大使馆、外务省、教育委员会及相关团体等的信息；③基于计划书和预算等对各旅行社进行筛选；④学校内部进行汇报；⑤在第一学年的 5 月左右，由教育委员会或校长基于实施计划确定海外修学旅行的实施；⑥通过家长会等进行海外修学旅行的意义和实施纲要的说明；⑦开展事前学习、安全对策等事前的准备工作；⑧准备工作，包括目的地的安全保障、酒店以及交通状况等情况的确认、访问地的事先拜访等；⑨向教育委员会提交必要材料；⑩针对学生以及家长的最终说明会；⑪第 2 学年的秋天，开始实施修学旅行；⑫旅行结束后开展事后学习，并将经验形成报告书。

在旅行时长和费用等方面，如千叶县则规定旅行天数应在 5 天 4 晚之内，人均费用不超过 130000 日元，目的地为政局安定的周边国家，需要在实施前6 个月向县教委提出申请并获得批准。此外，在出发之前，学校还需要对学生进行详尽的健康检查、安全教育、目的地文化介绍等准备工作。

海外修学旅行的主题丰富多彩，如院校交流、文化沟通、课堂观摩和旁听、人文参观、运动交流、自然游览、职业体验、语言学习、社会调查等。日本学生通过海外修学旅行走出国门，不仅能够更直接地认识世界，提升自身素养，还能够把日本文化传播出去。

（三）访日教育旅行

除了常规的国内外修学旅行，为了向外国青年展示本国魅力，培养国家亲近感，激发外国青年再次来访的热情，同时让本国青年接触同龄人带来的外国文化，激发学习外语的热情，加深国际理解，日本还积极开展教育旅行。教育旅行一般是指由带队教师、学生构成的，以著名中学、大学为主要目的地的团队旅行，以学校为主要场地、以教育为主要目的。

随着日本入境旅游的不断发展，访日教育旅行也越来越受到他国学校瞩目。据文部科学省统计，2017 年日本共接待约 7 万名学生到访各中小学校，较 2008 年的 5.5 万名上涨近 30%。其中长野县的接待人数超过其他各县，仅次于东京位居第二。总结其成功经验，主要是 JNTO、地方旅游部门、教育部门、学校等相关组织机构通力协作；设置多语言翻译人员，保障在项目实施各阶段双方沟通顺畅；减轻受访院校的负担，旅游部门提供行程方案、指派责任人员等；开展符合来访校与受访校双方需求的交流活动；确保财政预算，原则上接待过程中产生的费用由各地方政府承担；配合安排寄宿家庭，为来访学生提供深入体验日本生活的机会。

总体而言，日本发展修学旅行的经验主要是通过官民学一体的模式积极推进。首先宏观层面，有日本教育母法之称的《教育基本法》明文规定日本修学旅行是"培育尊重生命、珍爱自然，保护环境的态度。培育尊重传统和文化、热爱祖国和乡土以及为国际社会的和平和发展作出贡献的态度"，这是日本修学旅行开展的最上位的法律依据。其下位法《学校教育法》对上述的培养目标进行任务分解和比较详尽的阐述。还有于 2017 年日本修订的《小学学习指导要领》和《初中学习指导要求》对修学旅行意义进行了新时代的拓展，并阐明修学旅行的主要形式是以远足和住宿体验学习为主。①

在财政资金方面，国家财政支持为日本的修学旅行提供了强大的经济推动力。一方面，减轻了参加修学旅行学生家庭的经济负担，让每位学生都可以享受到修学旅行带来的益处。同时国家面向贫困家庭和偏远家庭儿童的修学旅行补助力度很大，基本上涵盖了一名中小学学生修学旅行的全部费用。另一方面，这也是国家对教育事业的一项投入，通过促进修学旅行活动的进一步开展，提升了学生的综合素质，从而提升了国民的整体素质。此外，全国大规模的修学旅行的经济带动作用也促使政府财政收入的增加，使政府能为修学旅行提供更有力的财政支持，正是这种相互促进，才出现了日本修学旅行如此繁荣的局面。

---

① 韩榕，钱旭莺 . 日本修学旅行：国民教育的"必修课"［J］. 上海教育，2019（24）：29-32.

其次，日本铁路部门开通了修学旅行专用列车服务、专用电车、电船、新干线专列等，这是支撑日本近百年来修学旅行顺利开展的强大后盾，同时，日本各种社会教育机构、博物场馆、文化设施等，也为修学旅行提供低价或免费服务。可以说日本的修学旅行正是因为全社会的内外相互协调以及严谨规划下得以顺利开展，有序推进。

日本修学旅行的顺利开展除了有政府部门的政策法规保障外，还有像"公益财团法人全国修学旅行研究协会"（以下简称全修协）、"公益财团法人日本修学旅行协会"等这样专业的机构保驾护航。如设立于1955年的全修协一直致力于对日本全国中小学的修学旅行进行管理、监督和指导，同时也为修学旅行提供资金及人力资源支持等。

除政府和民间组织以外，经过有关机构认证、口碑好、业务专业的旅行社也是确保研学旅行的安全、有效、有序开展的重要机构。日本上下多方整合资源，已建立不同体验满足学生修学旅行的多个基地，供各地中小学选择，为增加学生体验不同区域的文化，日本国内的修学旅行在线路选择上呈现出"东西南北交互穿梭"的特点，充分聚焦不同的地域文化，如学生们在京都、奈良和东京等地主要通过要参观历史遗迹，学习历史文化知识，在阪神大地震受灾地的神户，则主要了解防灾知识等。正如日本修学旅行协会理事长岩濑正司所说，修学旅行能让学生体会和平的尊严，感知劳动的喜悦，感受大自然的威胁与温暖，这些都是修学旅行的终极目标。

最后还有新闻媒体的全力配合，日本新闻媒体积极配合学校、政府等组织方进行宣传。比如，AKT秋田电视从1969年开始在其所覆盖的学区内在傍晚时段播报修学旅行孩子的平安状况，至今仍然坚持以25~30分钟的时间播报学生修学旅行状况。新闻媒体的及时播报，一方面，是民众获取信息的有效方式，具有极强的公信力和影响力，实时信息传递使家长确切了解孩子情况，能够获得家长对修学旅行项目的信任和支持；另一方面，也使民众反向监督修学旅行项目的规范性和安全性，使民众能及时发现弊端，进而使相关组织方能规范修学项目的时间、地点选择、费用、频次等实施基准，促使修学旅行项目有序进行。

七、旅游业态发展的综合经验

如上文所述，总体而言，日本旅游业的发展业态因地制宜、丰富多样，综合其发展经验来看，主要体现在以下四个方面：

（一）群策群力，积极推行"官民学一体"的体制机制

日本旅游业的发展体制可以概括为官民上下并举、社会各界团结协作，即"官民学一体"的模式（见图3.4）。

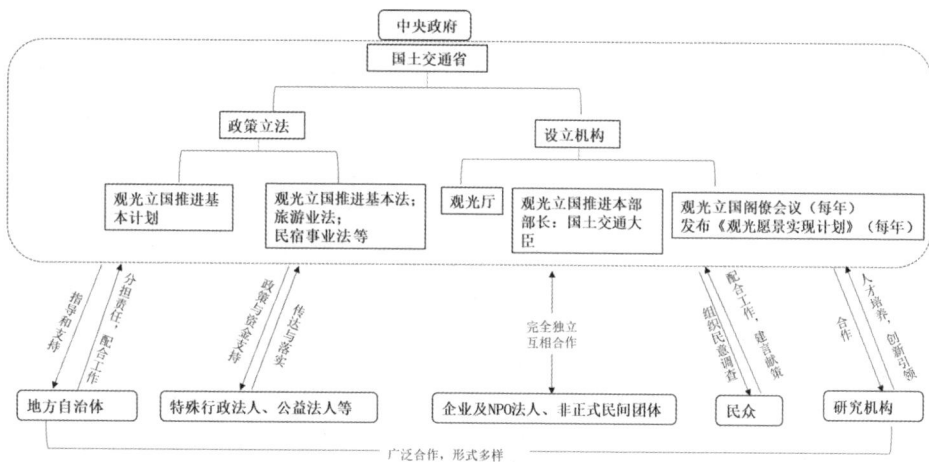

图3.4 "官民学一体"的体制机制

（1）中央省厅制定政策法规、设立专门推进机构，对旅游业发展赋予制度保障（具体见第四章）。

（2）地方自治体积极开发地域特色旅游项目，同时重视加强区域合作。比较典型的有开展"旅游胜地创建"[①]活动、开发"广域观光周游线路"[②]以及举办各种评选活动，推行资格认定等。

---

① 観光地域づくり。
② 広域観光周遊ルート。

1）旅游胜地创建活动

该活动的宗旨在于通过中央政府与地方自治体、民间企业等的合作，在全国各地创建让游客能安心舒适地出行、停留、观光的旅游环境，从而提升游客满意度，增加回头客的数量。自观光立国战略确认以来，这项活动在日本四处开花，各地区结合本地的历史文化、自然景观等特色积极开发旅游项目，经典事例不胜枚举。近年来具有代表性的案例如表 3.13 所示。

表 3.13　旅游胜地创建活动案例

旅游胜地名称	主要特色	具体内容
爱媛县松山市的温泉城市创建	温泉和艺术	作为日本最古老的温泉，该地的道后温泉常年被评为最受日本女性欢迎的温泉第一名。它在 2014 年时迎来了 120 周年纪念日，以此为契机，当地政府把温泉和艺术两大旅游元素结合，推出了为期 3 个月的"道后温泉 & 艺术盛典"，以此吸引游客长期驻留。据统计，该盛典推出后在 2015 年和 2016 年分别吸引了 3.8 万和 5 万的外国游客住宿，对打出松山温泉城市的品牌起到了极大宣传促进作用。
滋贺县长浜市的历史城市创建	历史街区	长浜市是丰臣秀吉建造的城下町，至今保留着当时的历史街区风貌，从 20 世纪 80 年代中期开始，当地政府就计划将城市整体规划成类博物馆的魅力街区。近年来随着传统工艺人气大涨，据估算，单是以当地黑壁玻璃馆为中心的区域，每年就能吸引超过 200 万人次的游客，带来 200 亿日元的经济效益。
大阪府大阪市的魅力水城创建	水之回廊	大阪市区 10% 的面积为河道，由多条河流形成了口字形的"水之回廊"，以这个回廊为中心，市政府修整了游步道、停船码头等基础设施，民间企业推出了游船等旅游项目，创建出了一个极具魅力的河滨空间。据统计，从 2012 年到 2016 年的 5 年间，乘船游览人数从 44 万人次增长到 86 万人次，增长近 1 倍。

2）"广域观光周游线路"开发

为了增强留客力，促进深度游，日本各地区通力合作，活用各地旅游资源，以示范线路为中心，打造有特色的主题线路，充实深度游产品内容，从而促进外国游客同期游览多个地区，增加滞留天数。目前，日本已有 11 条线路获得"广域观光游线"认定，具代表性的案例如表 3.14 所示：

表 3.14 广域观光周游线路案例

序号	广域观光周游线路	实施主体	示范线路
1	北海道——通往亚洲之路天然瑰宝	［黄金之路——道北］推进协议会	①探寻仙境之夏日之旅；②探寻仙境之冬日之旅。
2	升龙道	中央日本综合观光机构	①龙之线——通往传承空间的邀请；②怀旧线路——日本之心·故乡；③自然游线——大自然的奥妙山脉与古迹探访；④浮世绘游线——武士文化 传统技艺的真切体验。
3	美丽传说	关西广域联合；关西经济联合会；关西观光本部	①关西：世界遗产与绝景——传统与自然的竞演；②关西：日本精神文明的圣地——美的传承。
4	广域关东游线——东京圈大回廊	关东观光广域联合事业推进协议会	①自然大回廊（太平洋）游线；②自然大回廊（日本海）游线；③江户文化大回廊游线。

注：协议会是根据地方自治法的规定，由一般地方公共团体为了共同管理和执行事务的一部分，通过协商制定规章而设立的协商会，不具备法人资格。

3）评选/资格认定活动

长期以来，在包括旅游业在内的社会生活各个领域，日本无论是官方还是民间都热衷于举办各类评选大赛，实施资格认定。这样做，一方面，可以促使业内人员、企业进行自我完善，进而提升行业整体水平；另一方面，也能够规范行业标准，设置最低准入门槛，保障产品和服务的质量。同时还能为游客提供商家与产品的品质信息，促进消费。典型事例见表 3.15。

表 3.15 日本旅游业资格认定案例

序号	认定名称	实施主体	评定内容
1	旅游特产大奖赛①	观光厅/故乡节日东京执行委员会	自 2005 年起，日本观光厅为了通过旅游特产向海外传播日本魅力、促进访日旅游，每年都会举办"有魅力的日本特产大赛"。从 2014 年开始，该赛事更名为"旅游特产大奖赛"。评选分为食品·饮料部门和纪念品·新奇小物两大类，金奖、银奖、各国审查员奖、创意奖、设计奖、性价比奖等十余个小奖项。产品涵盖从日本传统工艺到最新技术设计的各个领域，2020 年的获奖产品有：千福广岛橘子酒、熊野之香 4896 巧克力、麟 Lin 富士山酒杯、海老根和纸团扇等。

① 「おみやげグランプリ」。

续表

序号	认定名称	实施主体	评定内容
2	观光短视频大奖赛①	亚洲最大级别、日本国内唯一受美国奥斯卡金像奖认可的短篇电影节 SSFF & ASIA	自 2012 年起，SSFF & ASIA 开始为日本国内各地的旅游宣传短视频颁发"观光短视频大奖（观光厅长官奖）"，至今已连续举办 10 届。近年来每年都会有几百件参选作品，从中评出入围作品 10 件，最终角逐唯一获奖作品。 2020 年度的入围作品有：若狭湾地区选送的《想要宣传若狭的魅力却没有预算》4 分钟，佐贺县选送的《故乡的气息》8 分钟，长崎县选送的《突击！南岛原情报局》27 分钟等。
	翻译导游资格认定②	观光厅主办日本政府观光局承办	1949 年，日本公布实施了《翻译导游业法》，2006 年修改为《翻译导游法》，通过观光厅主办日本政府观光局承办的国家级考试，认定"翻译导游"资格。从 2018 年 1 月开始，该项资格更名为"全国翻译导游"。 翻译导游，不仅需要具备优秀的语言能力，同时需要拥有广泛的知识储备、学识教养，更是肩负着向外国人推荐介绍日本的重任。截至 2021 年 4 月，共有 26440 人获得（全国）翻译导游资格认定。此外，如冲绳县、东京都等各都道府县也设置了特别的"地区限定翻译导游"资格认定。
	外国人观光问讯处认定③	日本政府观光局	自 2012 年起实施，目标是给访日外国游客提供一个面对面的交流、获得帮助的场所，提升他们旅行的便利性和满意度。认定主要分四个等级，由低到高依次为：伙伴设施，非旅游业专门单位，但也能积极地为外国游客提供公平中立的本地旅游信息。一类设施，也许没有常驻人员但能想办法提供英语服务，提供本地旅游信息。二类设施，常驻少量的会英语的工作人员，可提供广域的旅游信息。三类设施，随时可提供英语服务，有些地方甚至常驻会 2 国以上语言的导游，可提供全国的旅游问讯服务，原则上全年无休，有 Wi-Fi。截至 2021 年 8 月末，全国已有超过 8000 个问讯处获得了该认证。
	接待规格认证④	日本经济产业省	2016 年 8 月起实施，目标是实现服务业的从业者们的服务品质的可视化。 认证主要分三个等级，从低到高依次为：一星金色认证，达成了规定项目的 15/30；二星藏青色认证，达成了规定项目的 21/30，并有相应的人才要求；三星紫色认证，采取推荐考核制。截至 2020 年 12 月末，全国已有约 149000 家单位获得了此项认证。

此外，还有农林水产省举办的"发现农山渔村的宝物"大赛，国土交通省主办的"日本风景街道"认证，服务产业生产性协会主办的"日本服务大奖

---

① 観光映像大賞。
② 通訳ガイド制度。
③ 外国人観光案内所の認定。
④ おもてなし規格認証。

赛"等丰富多彩的评选赛事和资格认定。

（3）行业协会及旅行社在旅游一线发挥积极的促进作用。日本的行业协会具有较强的相对独立性。日本政府在行业管理中不是简单地用行政命令、行政干预来促进各行业的发展，而是通过各种财政金融政策来加以引导和控制，使行业得以在经济活动中进行各种合理的沟通和联合，从而形成"政府管理行业协会，行业协会服务企业"的格局，把政府的政策指导与行业企业的自主经营结合起来，既搞活了经济，又搞活了行业管理。目前在旅游领域，日本有诸多的行业协会为旅游业的自我完善和发展做出了贡献：

1）日本国际观光振兴机构（Japan National Tourism Organization，JNTO）。通称日本政府观光局，是国土交通省观光厅管辖的独立行政法人，立会目标为在国际上推广促进访日旅游。其主要活动有：通过媒体宣传、举办展会等途径进行日本旅游的海外宣传；组织实施全国翻译导游考试，为外国游客提供专业的导游服务；辅助各地区申办国际会议，并保障会议顺利召开；进行国际旅游相关的调查研究及出版物发行。

2）日本观光振兴协会（Japan Tourism Association）。成立于20世纪60年代，现为公益社团法人，成员包括各都道府县的观光协会和地方上的交通部门、旅行社等公共团体。与日本政府观光局（JNTO）主要负责外国人入境旅游不同，其主要业务范围为振兴日本国内旅游。立会目标为通过推行安全便利的旅游建设来普及和发展全民旅行，近年来主要涉及的业务有辅助地方开展"旅游胜地创建"，协助培养旅游人才，进行市场调查和研究，为旅游振兴建言献策等。

3）日本旅行协会（Japan Association of Travel Agents，JATA）和全国旅行协会（All Nippon Travel Agents Association，ANTA）。两家协会性质相仿，会员皆为旅行社，主要业务范围为：基于旅行业法受理投诉；担保支付业务；对旅行社进行业务指导；对旅游从业人员进行培训；主持国内旅游业务经营管理者认证考试；旅游业务相关的调查研究、宣传活动；对话沟通政府部门；实施e-TBT（电子旅行交易信用标识）制度。

其他还有如日本观光翻译协会、日本酒店协会、日本民宿协会等，在各自细分领域为旅游业的行业规范、革新发展作出了重要贡献。

（4）科研机构学术单位积极发挥创新引领作用。日本旅游业的科研机构、学术单位大多历史悠久，长期以来在学术研究、创新引领等方面发挥了主要作用，近年来也积极参与行业培养人才、申办国际会议等事务，是旅游业长期稳定发展不可或缺的科学支持。目前主要活跃的学术单位有：

1）日本观光学会。1960 年成立，以推进和普及旅游级旅游事业相关的学术成果为立会宗旨，是目前日本最大的旅游研究学会。近年主要业务重点为开展旅游相关的学术交流，汇总发行年刊《日本观光学会志》，并就旅游发展向国家建言献策，曾向国土交通省提交《面向真正的观光立国——25 条提议》。

2）日本国际观光学会。1993 年成立，主要业务重点为出版学术书刊：参与编纂《国际观光用语集》《旅行业入门》《观光学大事典》等旅游类工具书，汇总发行会刊《日本国际观光学会论文集》；召开产学协同研讨峰会等其他国内外学术研讨会。

（5）企业与民众高度理解旅游业的重要性，积极参与旅游事业。日本的民间企业一般通过自发举办各类评选活动，促进旅游消费。如"The Wonder 500"活动，作为国家级"酷日本"项目的补充，各地区特色企业推举竞选出特色产品 514 样，获得品牌认证，共同投放国际市场，以此扩大销路。著名产品有：福井洋伞公司的野点洋伞、中金哨子综合公司的岩石玻璃葡萄杯、广岛笔产业公司的笔姬等。

民间团体与政府部门也会合作举办旅游活动。如借助 11 月 1 日的灯塔纪念日推出"大海与灯塔周"，全国约有 80 处灯塔对外开放招揽游客的同时，民间团体也组织了以灯塔为起点的慢跑活动，丰富了旅游内容。

民间金融机构通过提高旅游相关产业无息贷款额度，帮助旅游企业应对新冠感染疫情的冲击。从 2020 年 5 月开始，继政府系金融机关之后，民间金融机构也推出了面向旅游行业的无息无担保融资服务，并于 2021 年 1 月将免息贷款额度从最初的 3000 万日元提升到了 6000 万日元，为众多中小旅游业态度过难关提供了帮助。

普通民众也通过配合民意调查、直接建言献策等方式，积极参与旅游事业。早在 2003 年，国土交通省为了推进观光立国战略，面向全体国民开展了"一地域一观光"的旅游资源投稿征集活动，获得了广泛的响应，为初期的"旅游胜地创建"活动打下了基础。此外，政府或行业协会为了把握一手旅游动向，会组织开展各类民意调查，著名的有日本交通公社（JTBF）举办的国内旅游意向调查、境外旅游意向调查，观光厅举办的旅行观光消费动向调查、访日外国人消费动向调查等。

此外还有如民间互联网平台登载旅游宣传营销信息，向国内外游客展现地区文化魅力；城市公园内私人设施收益充当公园管理费；非专业人士担任国立公园使用企划官等民众参与旅游事业的事例。

总体而言，在"官民学一体"的体制下，中央政府负责制定观光立国的总体战略，代表国家促进国家间的旅游交流与合作。地方政府则在观光立国战略的理念指导下，适度分担中央政府的责任，而且作为地方主体，有责任和义务制定和实施能够发挥地方特点的政策，并促进地方之间的联系与合作。这种制度可以看作是中央政府指导之下的分工合作制度，中央政府制定整体的法律和政策并促进在全国范围内的实施，而地方政府既有落实中央政策的责任但又有一定的独立性。尤其是近年来，为了改变区域发展不平衡状况，日本从20世纪末开始，在地方自治制度的基础上大力推进地方分权改革，以此增强地方活力，并于1995年国会通过《地方分权改革推进法》，进一步强调地方分权、地方自主自立的重要性。因此对于日本旅游业的发展而言，日本不同层次的行政管理机构是按照法律所规定的事权各负其责。中央政府主要通过制定和修订法律、旅游发展战略来干预地方旅游发展。同时，利用政策和技术指导及资金资助进行必要的引导和促进。

（二）提供充足的旅游业发展资金，保障行业的发展

日本旅游业发展的资金来源途径多样，主要包括政府财政支出、补助金、政府及民间金融机构融资、各类基金会、企业捐款等。

1. 政府财政支出

在中央省厅本级，除了国土交通省观光厅之外，还有文化厅、出入国在留管理厅等部门，每年都有固定的观光振兴预算。值得一提的是，日本将国际游客带来的税收收入作为旅游支出的"观光财源"，政府有计划地将这些税收广泛用于旅游环境改善、基础设施整备、宣传营销等方面（见表3.16）。地方政府财政的旅游相关支出差异明显，东京都远超其他各省级区划（见表3.17）。

除去一般财政支出，政府还会为社会发展提供各类补助金，其中有很大部分可以用到旅游业发展中。如内阁府设立的地区创生推进补助金，内阁府消费者厅设立的地区消费者行政强化补助金，总务省设立的地域经济循环创造事业补助金，国土交通省设立的离岛活性化补助金、社会资本整备综合补助金，国土交通省观光厅设立的东北观光复习对策补助金等。

表 3.16　2019 年日本中央省厅一般公共预算支出

（亿日元）

部门	项目	预算	实际支出
出入国在留管理厅	观光振兴费	70.63	63.29
海　关	观光振兴费	30.11	24.89
文化厅	观光振兴费	100	72.63
环境省	观光振兴费	50.8	18.34
观光厅	观光厅通用费	20.35	20.13
	观光振兴费	332.56	211.03
	独立行政法人国际观光振兴机构运营费	197.82	197.82
	合　计	802.27	608.13

数据来源：日本财务省《令和元年度一般会计年度内收入决算》。

表 3.17　日本地方政府一般公共预算支出

（亿日元）

No.	都道府县	2017 年预算	2016 年预算
1	东京都	164.03	152.91
2	冲绳县	73.74	161.44
3	鹿儿岛县	45.15	38.90
4	高知县	36.97	17.60
……	……	……	……
46	埼玉县	2.41	1.50
47	岩手县	0.52	5.17
	合　计	726.74	680.87

数据来源：日本观光厅统计。

2. 金融机构的贷款融资

该融资一直是企业发展最直接的资金来源。2021 年，在全球新冠感染疫情背景下，日本政府和民间的金融机构为帮助旅游业渡过难关，分别将免息贷款额度从 1 亿日元提升到 3 亿日元、3000 万日元提升到 6000 万日元。

3. 一般基金会

典型的如由地域经济活性化支援机构（REVIC）和日本政策投资银行等组成了旅游关联基金会，支援各旅游地的复兴。此外还有观光遗产产业化基金、城市建设基金等国家级基金会和濑户内观光活性化基金等地区级基金会。

4. 企业或团体的捐款

主要用于地区的旅游事业。如濑户内海周边 7 县的数字化市场推广计划、北海道钏路市的探险旅游路线等，都有当地企业的资助。

（三）积极培养优秀人才，提升从业者专业度

一直以来，日本服务业从业人员秉持着日本特有的"待客精神"，以其专业周到的服务享誉世界，成为吸引外国游客的一大招牌。据厚生劳动省 2020 年的调查显示，日本住宿业从业者的平均从业年限为 10.2 年、餐饮业为 9.2 年，在服务行业来说这是较高的水平，也从侧面反映了从业者对业务的普遍熟练程度。但近几年随着少子老龄化的进展，旅游相关产业也面临着人才短缺的状况。为了培养旅游人才，推进旅游业的全方位发展，日本做出了以下举措：

（1）细化行业分工，分层次培养人才。2018 年 4 月，一桥大学和京都大学的"旅游 MBA"正式开学，旨在培养能够领导未来旅游业的高层次管理人才。此外，至 2020 年累计有 14 所大学面向社会人开设旅游事业相关课程，加上专科学校、短期大学等，各类高等院校都在教育培养旅游业的中坚力量。同时，各地区、各行业协会也基于实际需求，着重培养专业技能合格的一线从业者。

（2）加强旅游教育，培养青年人才。日本在高中必修科目地理中增加旅游相关知识，提升下一代对旅游的理解和重视。为青少年和学生提供以旅游为主题的教育机会，如北海道小樽市推行"小樽导游少年培养计划"，至今已有 907 名合格者。另外，还以减免旅游费用的方式，鼓励青少年出境切身体验旅游。

（3）多种身份头衔，激发人才热情。例如，"VISIT JAPAN 大使"评选，由国土交通省发起主办，目的在于通过各领域、各地区的一线专业人士向外国人传播日本的魅力，从而吸引外国游客到访日本。目前共有 52 位（含 3 位中国人，12 位其他国家人员）大使在任。另外，观光厅还主办了"观光魅力百人"评选，从各地区选出振兴旅游业的核心人才进行深造培养，以期其对当地旅游业做出更大贡献；培养"中小学生志愿者导游"，以期让青少年了解旅游业，将来成长为旅游从业者。

（4）扩大引进外国专业人才。2019年，日本在签证发放对象中新设了"特定技能"一项，以招揽外国的专业性技能型人才进入日本就业。2020年，内阁决议通过《住宿业特定技能在留资格相关制度运用方针》，计划在5年内引进最多2.2万名的住宿业技术人才。目前已有奈良县、爱媛县、新潟县等地陆续引进专业人才，他们活跃于旅馆翻译、旅游外语教育、顾客沟通等工作领域。

（四）重视营销推广，全面提升国际知名度

为打开海外市场，吸引外国游客，日本十分重视本国旅游的宣传推广。具体实施办法有：

（1）设置专门的负责机构——日本政府观光局（JNTO）。作为日本旅游海外推广的主要负责方，JNTO为入境游增长做出了巨大贡献。它不仅协同政府制定旅游相关政策方针，更是活跃在旅游推广的第一线。在世界各地的访日旅行主要客源地设置海外事务所，通过广告宣传、市场分析、召开旅游展会、开展文化体验活动、提供多语种旅游咨询服务等方式，向世界宣传了日本，极大地激发了外国游客前来日本的兴趣。

（2）制定详细方针政策。观光厅联合日本政府观光局（JNTO）制定了《2018—2020年度访日宣传方针》等年度宣传方针，归纳出区分访日旅行认知度高的亚洲市场和相对较低的欧美市场；最大限度地活用数字营销手段，通过分析大数据把握市场动向；更加重视高收入人群和长期逗留的游客等总体指导思想以及针对各个市场的具体方针。

（3）多部门联合，提升访日宣传的战略高度。由经济产业省、观光厅、日本贸易振兴机构（JETRO）和日本政府观光局联合，共享资源，共同推出了宣传动画、手册、广告等宣传产品。

（4）充分利用传统媒体和互联网平台。如在客机、电车等交通工具内播放旅游宣传片；建立旅游宣传网站提供全面的旅游资讯；通过外务省等官方账号，在Twitter、Weibo等网络社交平台上发布旅游广告，更新旅游消息。截至2020年3月末，已在约120个国家和地区，1600个电视节目之后播放了日本的旅游宣传广告。

（5）活用地区资源，开展地区特色宣传。日本各地方政府基于日本政府观光局（JNTO）的经验分享和市场调查等信息基础，联合旅行社、交通部门等各社会团体开展实施了 87 大项、426 小项的"活用地区观光资源宣传活动"。如北海道观光局设定阿寒摩周国立公园、国指定重要文化财"福山（松前）城"等当地著名景点为宣传对象，采纳运输局提供的交通数据，请 JNTO 作出市场分析，进而制作宣传方案呈报观光厅裁定，具体宣传方式和途径包括旅游博览会、记者招待会、他国旅行社、广告、社交网络、影像资料等，最终通过在线交流、远程通话的方式将当地旅游信息传达给了新加坡普通民众的中国旅行社。

第四章

日本旅游业的政策体系

一、旅游行政管理体制

旅游行政是基于旅游政策的理念使政策得以实现的行为，即国家或地方共同团体（包括地方政府）为了促进旅游的发展，对旅游行为进行奖励或限制，以及对旅游事业加以指导、监督和取缔等活动[①]。而旅游行政管理主要是指中央或自治体（地方政府）通过其授权的旅游管理职能机构，依据国家有关政策法规，发挥计划、组织监督、协调、服务等职能，对日本的旅游业进行管理和宏观调控的过程[②]。日本完善且行之有效的旅游行政管理体制，不仅使得日本的旅游政策可以全面贯彻实施，也成为日本可以在短时间内成为名列世界前茅旅游大国的重要原因之一。

日本旅游行政的确立始于日本明治政府的初期，当时日本正处于被迫施行对外开放政策的新旧交替时期。为了促进国际友好交流、获取外币改善国际收支平衡，日本开始开展旅游政策。1873 年，日本太政官[③]颁布《关于公园的设

[①]　小谷達男.観光事業論［M］.東京：学文社，1994：136-137.

[②]　陈友华.日本旅游政策研究［M］.南昌：江西人民出版社，2007.

[③]　太政官制是日本古代律令官制的核心。太政官负责领导八省以下的中央部门和各地方政府，主要由太政大臣、左大臣、右大臣、大纳言等构成。

置》标志着旅游行政正式成为日本政府的施政手段。1912 年日本旅客局正式成立，负责招揽外国游客、联络国际观光相关事宜等，并在欧美、亚洲等重要城市都设立了分局或者咨询所。

第二次世界大战以后，为了推进灾后复兴，日本又相继颁布了温泉法（1948 年）、《旅馆业法》（1948 年）、《翻译案内士法》（1949 年）、《国际观光酒店整备法》（1949 年）、《旅行业法》（1952 年）等旅游相关的法律，同时在民间也相继设立了全日本观光联盟（1946 年），该联盟是日本观光振兴协会的前身，彼时在日本掀起了"旅游诊断/旅游地诊断"的热潮。1946 年，出于获取外汇以恢复本国经济的需要，日本政府提出了《关于确立旅游国策的建议》和《关于招揽国际游客准备工作的建议》等。为此，在运输省铁道总局业务局中设立了"观光课（科）"，以"官民一体化"为前提，制订了《关于旅游事业综合性政策基本计划》，成为战后日本恢复旅游行政的标志。1947 年，日本召开战后第一次国会，在参众两院中分别设立了关于旅游事业问题的委员会，开始着手对文化遗产和旅游设施等问题进行调查。1948 年 7 月，日本政府感到有必要对各省厅的管辖事务进行综合调整，因而在内阁中设立了"旅游事业审议会"，以便就旅游行政方面的重要问题进行审议。1949 年 6 月，根据《国家行政组织法》设立了总理府。这是作为国家行政机构而建立起来的行政组织。此时，与旅游相关的行政组织有总理府、外务省、文部省、厚生省、运输省和建设省等多种省厅。1949 年，运输省与日本国有铁路（国铁）实行分离，观光课（科）由此一跃而成为"运输省大臣官房观光部"，1955 年改为"观光局"，1968 年又变成"大臣官房观光部"，到 1984 年，成为"国际运输观光局旅游部"，1991 年成为"运输政策局观光部"。

为了更好地推动旅游事业的发展和便于协调行动，日本于 2001 年进行机构改革，将与旅游发展密切相关地 4 个省厅（运输省、建设省、国土厅和北海道开发厅）合并成一个机构——国土交通省[①]。随后，为了在国际上推广日本旅游事业，并帮助官方（观光厅）执行商业性质的旅游事务，2003 年日本政府又成立"独立行政法人国际观光振兴机构"（JNTO），JNTO 是日本国土交通省辖下的独立行政法人。2004 年，大臣官房设置综合观光政策审议官（局长级），废

---

① 陈友华.日本旅游政策研究［M］.南昌：江西人民出版社，2007.

止综合政策局观光部，并在 2008 年，废止大臣官房综合观光政策审议官与综合政策局观光政策科、国际观光科、观光经济科、观光资源科、观光事业科、观光地域振兴科，成立观光厅，即日本国家旅游局。日本观光厅的设立是日本实现观光立国战略的重要措施，它不仅明确了日本对外的观光"窗口"，也强化了旅游相关省厅之间的协调与推进功能。2009 年，鸠山由纪夫政府取消了观光立国关系阁僚会议，撤销了观光立国担当大臣职位，只是在国土交通省内部设立了观光立国推进本部负责发展观光立国各项工作。2013 年，安倍晋三在内阁首次召开了观光立国推进阁僚会议，改革观光厅的组织机构，新设入境旅游政策推进事务局，之后每年召开 1~2 次观光立国推进阁僚会议（见表 4.1）。

表 4.1　日本主要旅游行政机构的演变

年份	历程
1893	日本成立首个吸引外国游客来日的斡旋机构"喜宾会"。
1912	成立"日本旅客局"。
1930	铁道省辖下设立"国际观光局"。
1931	成立"（财）国际观光协会"。
1942	废原铁道省的"国际观光局"，并将原"日本旅客局"改组为"东亚旅行社"。
1943	解散"（财）国际观光协会"，并将其职务与"东亚旅行社"统合为"（财）东亚交通公社"。
1945	原"（财）东亚交通公社"更改为"（财）日本交通公社"。
1946	设置"运输省铁道总局观光课"。
1949	运输省与日本国有铁路实行分离，旅游课（科）晋升为"运输省大臣官房观光部"。
1955	废止大臣官房观光部，晋升为"运输省观光局"，并分离"（财）日本交通公社"，单独成立"（财）国际观光协会"。
1959	"（财）国际观光协会"与"（社）全日本观光联盟"统合为"（特）日本观光协会"。
1964	成立"特殊法人国际观光振兴会"，同时，"（特）日本观光协会"则从"特殊法人国际观光振兴会"及"（社）日本观光协会"分离。
1968	废止观光局，大臣官房设置观光部。
1984	设置国际运输、观光局，观光部从大臣官房移交该局管辖。
1991	废止国际运输、观光局，该局管辖的观光部移交运输政策局管辖。
2001	成立国土交通省，运输省的运输政策局与建设省的建设经济局整合为综合政策局。观光部隶属综合政策局。

续表

年份	历程
2003	成立"独立行政法人国际观光振兴机构"。
2004	大臣官房设置综合观光政策审议官（局长级），废止综合政策局观光部。
2006	修改《观光立国推进基本法》。
2007	施行《观光立国推进基本法》。
2008	废止大臣官房综合观光政策审议官与综合政策局观光政策科、国际观光科、观光经济科、观光资源科、观光事业科、观光地域振兴科，成立观光厅。
2009	取消观光立国关系阁僚会议，撤销了观光立国担当大臣职位，只是在国土交通省内部设立了观光立国推进本部负责发展观光立国各项工作。
2013	首次召开了观光立国推进阁僚会议，改革观光厅的组织机构，新设入境旅游政策推进事务局。
2014—2023	每年召开 1~2 次观光立国推进阁僚会议。

　　日本旅游行政管理体制不仅包括中央行政管理部门，也包括政策咨询、政策协调以及地区旅游行政部门和各类旅游联盟和旅游协会以及各种团体等。旅游政策咨询机构是观光政策审议会，原由总理府领导，现由运输省领导，主要职能是审议旅游方针政策和法规。旅游政策协调机构是部际旅游联络会议，设在总理府（首相府），由内阁总理大臣官房内政审议室长（总务长官）主持，成员由 21 个与旅游业有关的省厅（部或部级机构）的代表组成。

　　日本地方旅游管理分为：包括国立公园、旅行社、导游等行业在内的中央政府管理的旅游事务委托 47 个地方自治政府代管。地方旅游管理机构大部分在商工部或劳动部下设观光振兴科或商业观光科。由于日本的旅游行政机关所属部门不同，因此尽管从行政级别和权限上区分了上下级关系，但是实际工作中，中央与地方的旅游行政管理部门仅为指导与被指导的关系，既对等又合作。

　　首先从中央旅游行政机关的行政内容来看，日本的旅游主管部门是国土交通省的外局——观光厅。针对观光厅的职能和体制，《国土交通省设置法》（见表 4.2）以及《国土交通省组织令》做出了详细的规定（见表 4.3）。

表 4.2 《国土交通省设置法》关于观光厅职能设置的内容

《国土交通省设置法》[①]
任务： 第四十三条 观光厅主要的任务是实现观光立国目标，打造有魅力的旅游地，振兴国家入境旅游以及与其他相关事项。
管辖事务： 为了实现前条的任务，观光厅要承担第四条第二十一号到第二十三号以及第一百二十五号到一百二十八号的事项。
第四条 （二十一）观光地及观光设施的改善以及其他观光振兴相关事项。 （二十二）旅行社、旅行社代理机构及相关旅游事业的发展、改善以及协调等相关事项。 （二十二之二）外语导游、区域限定外语导游、国际战略综合特区外语导游、区域振兴综合特区许可外语导游、福岛特别许可外语导游相关事项。 （二十三）旅馆、旅馆的登记事项。 （二十五）对特定区域维护发展的大型项目进行全面、系统的实施；协调有关行政机关事务。 （二十八）根据日本政策投资银行法（平成十九年法律第八十五号）附则第十五条第一项的规定管理株式会社日本政策投资银行从日本开发银行解散前继承的资产［北海道或东北地区（青森县、岩手县、宫城县、秋田县、山形县、福岛县和新潟县）仅限于内阁令所规定部分］。

表 4.3 《国土交通省组织令》[②] 所规定的观光厅各部门的职能

部门名称	所管辖的事务
总务科	第 224-4 条 总务科管理下列事项： （一）有关保密事项。 （二）观光厅职员的任免、薪金、纪律处分、服务及其他人事、教育培训等事项。 （三）专员公章、办公印章保管事项。 （四）与公文收发、编辑、保管有关的事项。 （五）有关法案等公文的审查及送达事项。 （六）与观光厅管辖事务有关的综合协调事项。 （七）观光厅相关行政审查事项。 （八）宣传推广相关事宜。 （九）观光厅持有的信息公开相关事项。 （十）观光厅持有的个人信息的保护事项。 （十一）观光厅的机构设置和人员配备事项。 （十二）表彰及仪式等相关事宜。 （十三）观光厅管辖范围内的官方公报上刊登的相关事项。 （十四）观光厅管辖的收支预算、结算、会计、审计监察等相关事项。 （十五）观光厅的行政财产及物品的管理事项。

---

① 「国土交通省設置法」.
② 「国土交通省組織令（平成十二年政令第二百五十五号）」.

续表

部门名称	所管辖的事务
总务科	（十六）观光厅职员之卫生、医疗及其他福利事项。 （十七）交通政策会议旅游小组委员会总务。 （十八）除前述所列事项外，观光厅管辖范围内的其他事项。
观光战略科	第 224-5 条 旅游战略科管理下列事务。 （一）有关统筹推进旅游业发展的基本政策的规划、拟订等事项。 （二）优化旅游业发展环境的有关事项以及与旅游业的普及和发展有关的其他事项。 （三）与旅游有关的调查研究事项。 （四）与旅游统计有关的事项。 （五）除前款所列事项外，与旅游振兴有关的事项（不包含观光地区振兴部、观光产业科以及国际旅游科管辖的事项。） （六）基于旅游立国基本法（2006 年第 117 号法）第 8 条的规定，开展的旅游现状及实施情况相关的年报事项。
观光产业科	第 224-6 条 观光产业科管理下列事项。 （一）通过旅游业经营者之间的合作促进旅游业发展的相关事宜（不包含旅游地域振兴部管辖事项）。 （二）旅行社、旅行社代理业务等国土交通省管辖的其他旅游产业的发展、改进和协调事项。 （三）旅馆、旅馆的登记事项。 （四）与食品资源再利用促进法（2000 年第 116 号法）第 3 条第 1 项所规定的基本方针相关事务有关的事项。
国际观光科	第 224-7 国际观光科管理下列事项。 （一）国际旅游振兴基本方针的企划、制定等相关事项（不包括旅游战略科的管辖内容）。 （二）通过促进外国游客来访、招引国际会议和促进其他国际交流来促进国际旅游振兴的有关事项（不包括旅游区域振兴部管辖的事项）。 （三）与国际组织、外国政府机构及其他人员就观光厅管辖范围内事项的联络以及国际合作等。 （四）独立行政机关评价委员会国际观光振兴机构分科委员会的总务相关事项。
观光地域振兴科	第 224-8 观光地域振兴科管理下列事项。 （一）有关旅游振兴部管辖事务的综合协调事项。 （二）与旅游景点和旅游设施建设有关的事项。 （三）旅游振兴区域发展的相关事宜。 （四）除前三项所列事项外，与旅游和区域发展部管辖的事务有关的不属于其他管辖范围的事项。
观光资源科	第 224-9 条 观光资源科管理下列事项。 （一）旅游资源的保护、培育、开发事项。 （二）旅游业振兴人才的培养事项。 （三）执业外语导游、区域执业外语导游、国际战略综合特区外语导游、地区振兴综合专项外语导游和福岛特别许可外语导游的相关事项。

为了实现观光立国的目标，观光厅努力完善各项措施，通过完善的政策和法律体系，优化更适于旅游的环境，开发日本国内富有魅力的旅游胜地、提高旅游产业的水平，以满足游客的需求，其组织架构也随着日本"观光政策"的持续推进，尤其是以入境旅游为核心的旅游发展战略的推进而不断进行调整，特别是针对国际观光科（入境旅游部门）的职责也不断细化[①]（见图4.1）。

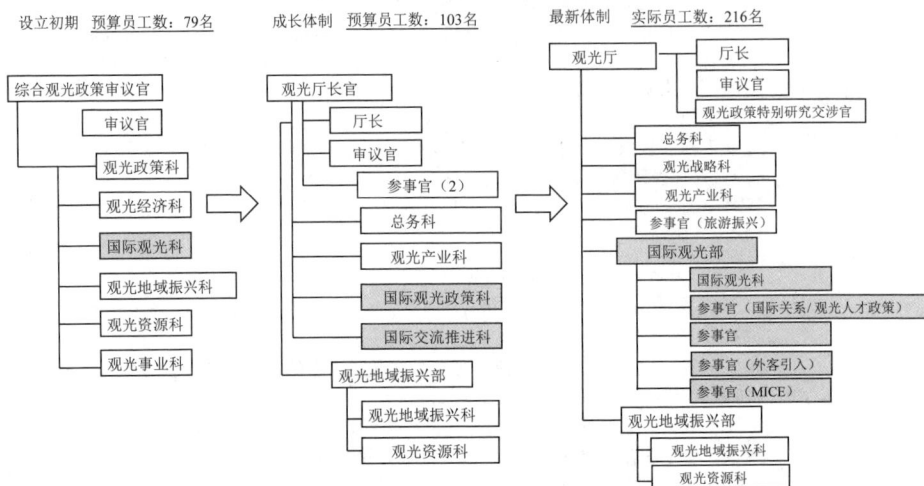

图 4.1　观光厅组织架构变化

除了观光厅以外，与旅游相关的行政机关还有内阁府（相当于国务院办公厅）、警察厅、宫内厅（协助皇室的机关）、外务省、总务省（主要管理范围包括了行政组织、公务员制度、地方财政、选举制度、情报通信、邮政事业、统计等）、文部科学省、文化厅、经济产业省、中小企业厅、国土交通省、厚生劳动省、环境省、农林水产省等部门，各行政机关均在自己的权力范围内开展旅游行政活动（见表4.4），如法务省负责对出入境游客的审查等工作；外务省负责对外旅游宣传工作。日本通过协调决策、部际合作的模式，协调了整个经济社会文化各部门的支持和配合。

　　① 日本観光庁.観光庁の設立と観光立国の推進について［EB/OL］.（2009-01-29）［2022-03-07］. https：//www.city.kyoto.lg.jp/sankan/cmsfiles/contents/0000068/68937/2-siryou3.pdf.

表 4.4 旅游行政主要相关省厅及其活动情况措施

省厅	旅游行政事务概要
内阁府	外交与安全保障部门负责的国宾馆是日本接待来自世界各地的国王、总统、总理等政要的宾客设施，在外交中发挥着重要作用，承办贵宾下榻、首脑会议、签字仪式、宴会等各种接待活动，并在不影响接待的范围内向公众开放，为实现旅游型国家做出贡献。
复兴厅	管理东日本大地震灾后复兴事业的内阁机构，加速日本东北旅游的振兴。
法务省	管理出入境审查等业务，发布出入境管理基本计划，确保外国旅客在日本逗留期间和日本游客在外国旅行期间的安全等，谋求国际旅游的顺利进行。
外务省	负责对外宣传和推广，以及旅游国际合作与支援，提供海外安全信息以及外国人访日的签证信息等。
文部科学省	负责访日留学生国际交流、国际教育合作等国际教育相关工作，资助文化财产公共设施的开发以及文物、传统建筑物等文化遗产的保存，发展文化旅游，推进日本在联合国教科文组织文化等领域的国际合作等。
厚生劳动省	负责改善工作时间的缩短和闲暇时间的充分利用，对饭店、旅馆等住宿设施的营业加以管理，强化入境旅游的检疫传染病等出入境审查体制等。
农林水产省	负责推进农家乐的普及，通过"儿童农山村交流项目"等活动的开展，促进城乡交流。
经济产业省	负责服务产业的提升，促进入境旅游的扩张，强化娱乐产业等基础设施，振兴地域经济等。
环境省	负责对自然公园、野生生物等自然环境的保护，对国立公园、国家指定公园，以及低廉舒适的住宿设施的建设，兴建亲近自然的场所（生态露营地等）。

　　在完善观光机构方面，除了有观光厅专门主要负责与外国政府交涉、与相关省厅协调、建立与民间团体及自治体等的合作体制、建设有吸引力的旅游区等事宜以外，日本政府为实现"观光立国"的目标，还设立了国际观光振兴机构（日本政府观光局），主要负责在海外设立观光宣传事务所，实施日本旅游宣传，向外国观光游客介绍观光旅游事宜等工作。

　　同时，日本各地方的运输局则根据观光立国推进计划设定的政策和目标在各个地域开展落实工作（见表4.5），且职能主要体现在旅游休闲设施和住宿设施的建设与管理，但很少直接参与设施建设，设施建设的预算也主要来自市镇村提供的建设补贴。在积极推进国际旅游发展方面，重点执行地方观光振兴政策，同时向外发布旅游信息和进行促销宣传。对于地方酒店、饭店的登记实施统一管理，监督和指导地方的旅行社等，制订本土的旅游发展计划，并进行旅游统计。总体而言，日本各层级的旅游行政管理部门，分工明确、各司其职、相互配合，为日本观光业的整体推进提供了良好的制度基础[①]（见图 4.2）。

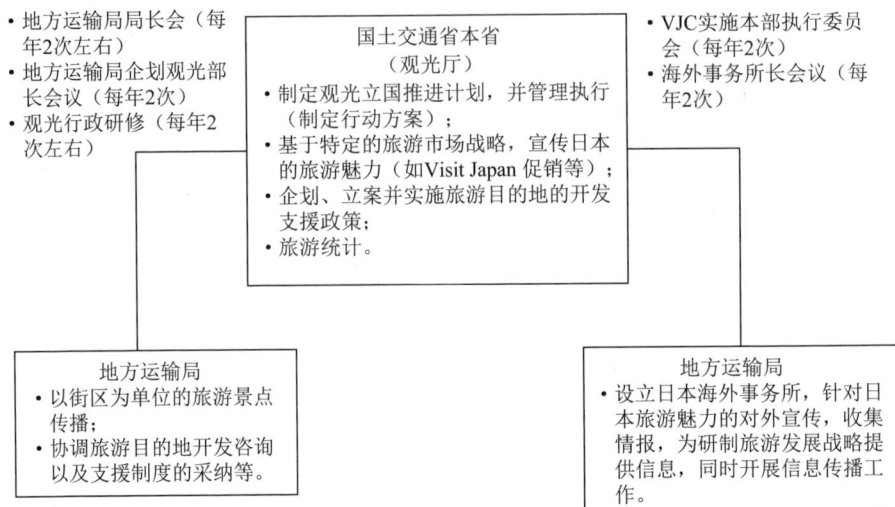

图 4.2　日本各层级旅游行政管理部门关联图

表 4.5　地方旅游行政机构

	地方运输局	管辖范围	观光负责部门	主要负责业务
1	北海道运输局	北海道	观光部观光规划科	关于旅行社的指导和监督等有关工作。
			观光部国际观光科	推进国际旅游的振兴政策（招引外国游客）等相关事务。
			观光部地域振兴科	推进基于地域振兴的观光产业发展政策的实施（优化旅游环境等）等事务。
			观光战略推进官	振兴地域旅游产业发展战略的相关事务。

---

①　日本国土交通省.「観光に関する懇談会」第一回資料［EB/OL］.（2008-04-10）［2022-03-04］. https://www.mlit.go.jp/common/000059778.pdf.

续表

	地方运输局	管辖范围	观光负责部门	主要负责业务
2	东北运输局	宫城、青森、岩手、秋田、山形、福岛	观光部观光规划科	观光振兴相关的综合协调，指导、监督旅游业从业者以及住宿从业者。
			观光部国际观光科	国际观光的振兴措施，推进入境游客的招引。
			观光部地域振兴科	促进有助于区域发展的旅游促进措施，培育和加强观光区开发法人（DMO）。
3	关东运输局	神奈川、东京、茨城、栃木、群马、埼玉、千叶、山梨	观光部观光规划科	（第一类）旅行社的登记和申请。国际观光酒店、饭店的登记和申请。
			观光部国际观光科	推进国际观光振兴政策的实施。
			观光部地域振兴科	推进旅游目的地改善，优化旅游政策实施环境等旅游振兴政策。
4	北陆信越运输局	新潟、富山、石川、长野	观光部观光规划科	推进政府观光宗旨所规定的旅游政策、指导和监督旅行社等。
			观光部国际观光科	推进国际观光的振兴政策（招引入境游客）。
			观光部地域振兴科	推进地域旅游振兴政策（打造旅游目的地等）的实施。
5	中部运输局	爱知、静冈、岐阜、三重、福井	观光部观光规划科	旅游振兴相关的综合协调，酒店和旅馆登记的相关事项。
			观光部国际观光科	国际旅游振兴相关事项。
			观光部地域振兴科	改善访日外国人的接待环境以及地方旅游振兴相关事项。
6	近畿运输局	大阪、京都、滋贺、奈良、和歌山、兵库	观光部观光规划科	推进旅游产业发展，旅行社注册登记等，以及促进国际旅游和地方旅游的振兴。
			观光部国际观光科	
			观光部地域振兴科	
7	神户运输监理部	兵库	总务企划部企划科	开展海事旅游项目、活用地方旅游资源，以旅游推进地方经济发展，实施地方旅游振兴现状的相关调研。

续表

	地方运输局	管辖范围	观光负责部门	主要负责业务
8	中国运输局	广岛、冈山、山口、鸟取、岛根	观光部观光规划科	综合协调旅游部的工作，指导和监督旅行社业务。
			观光部国际观光科	促进国际旅游的措施（吸引外国游客）。
			观光部地域振兴科	促进有助于地区发展的旅游振兴措施（改善接待游客的环境等）。
9	四国运输局	香川、爱媛、高知、德岛	观光部观光规划科	1.制定有助于地区发展的旅游措施，实施旅游区支持项目以促进全域旅游；2.与在地社区合作，开展访日旅游促销活动，并向海外宣传推广；3.改善访日外国游客的旅游环境；4.旅游统计。
			观光部国际观光科	
			观光部地域振兴科	
10	九州运输局	福冈、大分、佐贺、长崎、熊本、宫崎、鹿儿岛	观光部观光规划科	旅游政策实施相关的所有事项，酒店和饭店的登记以及旅行社的指导和监督等。
			观光部国际观光科	推进入境旅游的发展，管理外语导游。
			观光部地域振兴科	推进观光振兴政策的实施。
11	冲绳综合事务局	冲绳	运输部企划室	研究各项旅游推广措施和策划，指导和培训一般旅行社、政府注册的酒店和旅馆。

资料来源：笔者基于日本观光厅以及各地方运输局的信息整合而成。

　　除国家和地方的管理机构外，日本还有很多非官方的旅游组织和旅游行业的协会，如日本观光振兴协会（JTA，社团法人）、日本交通公社（JTB，社团法人）、日本饭店协会（JHA，社团法人）、日本旅行社协会（JATA，社团法人，国际旅行社协会）和日本旅行社协会（JATA，社团法人，国内旅行社协会）等（见表4.6）。这些团体对加强旅游促销宣传，协调各部门、各行业之间的关系，促进旅游业的发展，发挥着重要作用。

表 4.6　关联旅游团体

序号	团体名称	序号	团体名称
1	（公社）日本观光振兴协会	29	（一社）全国个人出租车协会
2	（一社）日本温泉协会	30	（一社）全国租赁车协会
3	（一社）日本观光翻译协会	31	（一社）日本游船协会
4	（一社）日本饭店协会	32	（一社）日本外航游船协会
5	（一社）日本旅馆协会	33	定期航空协会
6	（公社）国际观光设施协会	34	（一社）全国机场事业协会
7	（一社）国际观光日本饭店协会	35	（一社）度假村协会
8	（一社）日本旅行社协会	36	（一社）国民宿舍协会
9	（一社）全国旅行社协会	37	（一财）自然公园财团
10	（一社）全国农协观光协会	38	全国观光土特产品联盟 / 全国观光土特产品公平交易协议会
11	（一社）日本户外露营协会	39	全国旅馆生活卫生同业组合联合会
12	（一社）全日本酒店联盟	40	全国道之驿联络会
13	（一社）日本民宿协会	41	（一财）地域振兴中心
14	（一社）住宅住宿协会	42	（一社）日本广告业协会
15	（一社）日本 Farm stay 协会	43	（公财）日本骑行协会
16	（一社）日本导游服务协会	44	（公社）日本动物园水族馆协会
17	（一社）日本饭店会员协会	45	（公财）日本博物馆协会
18	（一社）日本国际旅行社协会	46	（一财）日本青年饭店协会
19	（公财）日本交通公社	47	（公财）日本国家娱乐协会
20	（公财）日本修学旅行协会	48	（一财）自治体国际化协会
21	（公财）日本观光资源保护团体	49	联合国世界旅游组织（UNWTO）
22	（一财）日本饭店教育中心	50	联合国世界旅游组织（UNWTO）驻日事务所
23	（一财）国际观光服务中心	51	日本亚洲中心（东南亚联合贸易投资旅游促进中心）
24	（一财）地域传统技能活化利用中心	52	ASEANTA（东盟旅游协会）
25	（一财）亚太观光交流中心	53	（一社）日本国会会议局
26	Japanese In Group	54	（一社）日本展会管理协会
27	（一社）日本民营铁路协会	55	跑步者信息研究所
28	（公社）日本巴士协会	56	（一社）全国出租车租赁联合会

总体而言，日本的官方、协会、民间团体"三位一体"的旅游管理体制是旅游业健康发展的保证，共同促进了日本旅游业的发展。在中央层面，部际密切配合，相互协调，同时由观光厅统一领导地方。但是，由于日本实行的是地方自治制度，因此从工作性质上讲，自治体（地方政府）拥有相对独立的行政权，因此从行政关系上说是从属关系，从业务上讲是协作关系。由此在旅游政策系统中又形成了具有日本特色的垂直分工体系：县和市镇村级单位设立旅游课（科），通过旅游协会开展旅游宣传，设立公司进行旅游设施开发与建设。这种纵向管理体制将业务相同的部门纳入同一个体系，从某种程度上说有利于上下级的沟通和发挥下级业务部门的积极性。但是，从纵向上说，由于条块分割，因而不利于不同部门之间的合作。它们因为不属于同一个行政系统，因而容易形成利益冲突，一旦涉及自身或本集团的利益，往往难以进行协调，即便是不妨碍双方利益的问题也很难相互配合。

二、旅游政策的变迁

（一）国内旅游政策的变迁

日本战前的旅游政策始于江户时代末期和明治时代初期，当时与旅游有关的政策措施主要包括出入境管理制度，对本国国民实行国内旅游自由化政策。在资源保护方面，鉴于明治政权建立以后所出现的大量毁坏寺院、兴建铁路设施等现象，明治政府于1871年和1874年先后颁布了《古器旧物保存办法》和《古坟发现之申报办法》等太政官通告，以期保护重要的历史文物、美术品和地下文物。在国际旅游方面，日本政府将其作为改善国际关系的"民间使者"和获取外汇、推动经济复兴的重要手段，积极推动旅游事业发展。并于1931年颁布了《国立公园法》，以期保护自然景观、促进国际旅游事业的发展，1934年3月，将濑户内海、云仙和雾岛指定为第一批国立公园，随后又将阿寒山、大雪山和阿苏山等指定为国立公园。在住宿设施方面，为兴建涉外饭店，日本政府向有关单位提供巨额资金，并实行长期、低息融资制度。总体而言，战前日本旅游政策主要针对入境旅游，目的在于获取外汇以改善国际贸易收支和促进地区经济发展。

日本战后的国际旅游和国内旅游发展的轨迹是"入境旅游→国内旅游→出境旅游→出境与入境并举→入境旅游"。在这个发展过程中，日本旅游政策的战略意图与政策目标随着国内外经济等形势的变化而发生了转变，即从招揽外国游客以获取外汇，推动国内经济的恢复和发展变为扩大国际交流，增进相互了解，再转向招揽外国游客，以推动国民经济的振兴与发展。从政策实施的效果来看，出境旅游一路顺畅，而入境旅游却难有进展，国内旅游则出现相对衰退的情形。在此情况下，日本政府不得不调整旅游政策的重点，从而使之处于不断变化的状态之中。

首先在战后不久的 1946 年和 1952 年，日本先是恢复了修学旅行。并在1952 年成立日本修学旅行协会。同时许多旨在吸引外国人以赚取外汇为目的的旅行政策也相继出台，如 1948 年制定的《旅馆营业法》和《温泉法》为现今的住宿设施奠定了基础。针对旅游资源开发政策，日本根据 1949 年修订的《国立公园法》制订了景观维护和旅游开发计划。这些政策均加速了日本民众对国内外旅行团的全面使用，极大促进了旅游文化的发展。到了 1987 年，《综合游乐区开发法》(《度假区法》)的颁布引发了日本的别墅热潮，但最终又以泡沫经济的破灭而告终。从战后到昭和末期是日本的高速增长期和稳定期，旅行成为民众休闲的主要方式之一，这也是日本政府战略性制定法律和政策的重要背景。

进入 2000 年，政府对不合时宜的《度假区法》进行了政策评估，判定其因倡导巨额投资而造成管理问题。因此在 2004 年日本政府对该法进行了全面的修改，目前有些都道府县现已将该法废止。2000 年初，为了引导公民充分利用闲暇时间，促进旅游活动，日本政府陆续采取了三项措施：一是在 1999年 7 月，基于《经济社会的理想形态和经济重生的政策方针》中"缩短工作时间"和"推进休闲度假"的原则，系统性地提供带薪休假；二是推出学校周五日制 ①，旨在通过增加儿童体验自然和社会的机会，培养儿童丰富的人性和社会性；三是推动黄金周和夏季连休的普及，努力传播和引导民众通过休假促进旅游活动。

---

① 指每周五天工作、学习的制度。1992 年日本文部科学省开始在中小学实行一个月一次"周五日制"，1995 年 4 月开始扩大到了一个月两次，并最终于 2002 年完全实施了周五日制，是培养学生丰富的内心世界、使其具有适应社会变化能力的举措之一。

进入 2010 年，旅游业整体经济规模平稳增长。特别是由于观光旅行团的价格下降以及机票折扣的影响，旅游收入迅速增加，日本普通民众的家庭出游需求量急剧增大。其中，"城市探索""传统文化体验""主题公园"等体验型娱乐活动最受欢迎。除此之外，民众对生态旅游的兴趣也日益浓厚，希望通过与自然和野生动物的接触，加深对自然保护的理解和认识。

对于生态旅游，日本于 2004 年成立了"生态旅游促进委员会"，旨在通过生态旅游促进自然环境保护和自然体验相互协调，发挥地区独特魅力，以及促进区域的可持续性发展。具体措施主要基于两个视角：一是从地域社会的角度而言，基于地区的生态旅游，通过游客、导游、当地居民、旅游经营者和志愿者等群体的参与和互动，有利于形成综合性社区。二是从国内角度来看，通过可持续地方社区的传导作用，可以在全国范围内相互带动，从而实现可持续发展的社会。

此外，随着旅行社与当地旅游协会、农林渔业公司、农业合作社等机构的合作，在农山渔村地区，以与在地居民互动交流为目的的绿色旅游逐渐盛行。绿色旅游作为新兴旅游之一，是一种在自然丰富的农山村地区，注重与在地居民的沟通和交流，同时享受乡村生活、传统文化体验的慢生活体验旅行。绿色旅游有利于保护地区自然和文化，促进乡村振兴和城市居民对农业、林业和渔业以及农村地区的了解，也是外国游客接触日本特有的自然和文化的重要旅游形式之一。

2005 年，日本重新修订了农山渔村休闲法，并采用登记制度进一步推进绿色旅游的发展。新法规定除了农林渔业公司或他们组织的以外，农林渔业体验和民宿也列入登记对象。这一时期，温泉、户外活动等体验式项目也不断增加。一日游的旅游主要以垂钓、根据季节变化的水果采摘等体验项目为主，过夜游的情况则多使用农家民宿，让游客体验走亲戚的感觉。

随着日本观光立国政策的推进和入境旅游的快速发展，日本从 2008 年观光厅制定的预算编制可以明显看出，针对国内旅游的政策逐年减少，而入境旅游的政策则不断完善。其中，针对日本国内旅游，主要聚焦个人旅游，并且出现了将旅行体验转化为个人学习旅行的趋势，很多建立假期制度、建立 DMO 来促进个人旅游等口号也始终停留在一个抽象的表述，但并没有作为一项政策来制定。

（二）入境旅游政策的变迁

日本的入境旅游自 2003 年发布观光立国政策后飞速发展，时任日本首相小泉纯一郎提出要在 2010 年实现访日外国游客达到 1000 万人次的目标，并选定了美国、英国、印度尼西亚、澳大利亚、加拿大、韩国、中国等 14 个国家和地区的重点市场，开展市场调研，强化宣传推广等，以期吸引更多的访日游客。2007 年，日本出台了《观光基本法》，规定了观光立国相关的基本理念、国家和地方公共团体的责任、政策实施的基本事项等。2008 年，日本观光厅的成立标志着日本举全国之力，官民一体推进观光立国政策实现的决心。据日本观光厅的统计，从 2003 年到 2008 年，日本的入境游客数从 500 万人次顺利增长到 835 万人次。然后由于 2008 年的全球金融危机和 2011 年的东日本大地震，2010 年的 1000 万人次游客目标延迟了 3 年实现。

2015 年，日本在首次的"支持明日日本的观光愿景旨构想会议"上再次提出实现入境旅游的 2000 万人次目标，此后又基于"极致旅游资源魅力、振兴地域""革新旅游产业，提高国际竞争力、将旅游产业打造成国家的支柱产业""打造让所有游客安心旅游的环境"的目标，提出在 2020 年实现 4000 万人次、2023 年实现 6000 万人次的入境游客数计划。为了加快实现这些目标，迎接东京奥运会，日本观光厅制定了《2018—2020 访日推广三年计划》①，计划主要包含 6 项核心内容：

（1）基于活跃度较高的亚洲市场和较低的欧美市场的差异，设置 22 个重点市场，根据各个市场的特点，定制个性化的宣传政策。如针对亚洲市场，则根据不同层级的消费者，制订促进"回头客"访日计划、满足多样化的个人旅游需求、强化首次访日新游客的发掘等政策；针对欧美市场，则以开发新用户为主，活用外部咨询公司开展欧美市场的调查，根据用户诉求，特别是对没有访日经历的欧美游客，通过数字化营销和推广手段，强化新客户开发政策的实施。

（2）基于大数据分析把握市场动向，加强宣传水平，最大化利用数字化营销手段。

（3）提高访日游客的消费额，强化对高收入游客和长期滞留型游客的宣传。

---

① 2018—2020 年度訪日プロモーション方針.

（4）加强引进航空、游船等新的游线。

（5）强化与自治体的合作，协助推进地域游客的引流。

（6）针对旅游淡季，探索游客的访日需求。

在政府和各行业的努力下，根据日本政府观光局发布的数据，2019 年日本迎来了访日外国游客数的巅峰，达到了 3188.21 万人次，比 2018 年增长 2.2%，连续 7 年刷新历史最高纪录。2020 年，由于全球暴发新冠感染疫情，日本的入境游客数也由于入境限制等原因急剧下滑，入境游客数仅有 412 万人次，同比下降了 87.1%。疫情后，为了尽快推动入境旅游从疫情的影响中复苏，日本政府针对旅游产业出台了一系列的补助政策，包括事业补助金、优化访日游客的旅游环境等，并从 2021 年起每年制定《面向入境旅游的快速恢复——All Japan 对外推广计划》。纵观日本近年来所有的入境旅游政策（见表 4.7），不难发现其目标主要有四个方面：一是形成具有国际竞争力和吸引力的旅游目的地；二是增强旅游业的国际竞争力，培养有助于促进旅游业发展的人才；三是促进访日游客来访；四是营造促进国内外观光旅游的环境。

表 4.7　入境旅游政策内容的变迁

年度	主要事项	具体推进事项
2008	·打造国际强竞争力的魅力观光地； ·强化观光产业的国际竞争力，培育观光振兴人才； ·基于访问日本事业（VJ）的国际观光的振兴； ·整备环境促进旅行观光	·创设观光整备促进事业； ·推进观光地域振兴的人才培养； ·提高访日游客满意度，提升回头客率； ·促进用于旅行的假期取得
2009	·打造国际强竞争力的魅力观光地； ·强化观光产业的国际竞争力，培育观光振兴人才； ·基于访问日本事业（VJ）的国际观光的振兴； ·整备环境促进旅行观光	·扩大国内游客的过夜旅游次数和滞留天数； ·提高酒店客房的入住率； ·入境游客 1000 万人次的接待强化； ·新旅游业态的旅行产品化
2010	·访日外国人达到 3000 万人次项目（第一期）； ·以观光为核心的地域振兴； ·针对实现工作生活平衡的环境整备； ·完善旅游统计	·针对在 2013 年实现 1500 万人次入境游客的目标，开展海外营销； ·支援观光圈的整备； ·促进柔性假期制度的实施； ·进一步推进招徕访日游客的政策

年度	主要事项	具体推进事项
2011	·访日外国人达到 3000 万人次项目（第一期）； ·以观光为核心的地域振兴； ·观光人才的培育； ·实现工作生活平衡的环境整备； ·完善旅游统计	·确立东亚国家为重点市场； ·促进医疗观光； ·打造观光地域振兴的平台； ·充实大学的观光教育； ·传播定期休假的意义和利好； ·完善旅游统计
2012	·访日外国人达到 3000 万人次项目（第一期）； ·以观光为核心的地域振兴； ·观光人才的培育； ·实现工作生活平衡的环境整备； ·完善旅游统计	·应对地震后旅游声誉损害的对策，如积极招徕 MICE，向海外推广等； ·支援旅游地域平台建设； ·地域旅游人才的培育； ·营造"家庭时间"（鼓励外出和旅行）； ·正式开展观光地域经济调查
2013	·访日外国人达到 3000 万人项目（第一期）； ·以旅游为核心的地域振兴； ·观光产业的振兴； ·实现工作生活平衡的环境整备； ·完善旅游统计	·促进访日个人旅行、招徕 MICE； ·确立地域的个性化品牌； ·针对拥有一半以上中小事业者的住宿产业，推进旅游普及化； ·营造"家庭时间"； ·完善旅游统计
2014	·推进战略性访日扩大计划； ·访日旅行促进事业； ·观光地商业计划的综合援助； ·观光地域品牌打造的援助事业； ·旅行安全的确保、全球旅游的促进事业	·针对东南亚国家的集中促销、提高日本的知名度； ·扩大宣传信息的传播市场、强化 MICE； ·开拓地方旅游产品的销售渠道； ·打造国内外首选的旅游目的地； ·营造适合所有人的旅游环境
2015	·持续推进以访日游客达到 2000 万人次目标的入境旅游政策； ·观光地域振兴支援； ·观光产业振兴； ·完善旅游统计	广域观光游览路线形成促进项目； ·开展利用 ICT 的外国游客旅游动态调查； ·充实和强化旅游翻译指南； ·助力地方经济振兴的宣传内容等； ·支援旅游业务的海外拓展； ·利用当地资源提升旅游景点吸引力； ·建立旅游地域品牌项目； ·为观光地业务提供全面支持； ·促进地域观光振兴的紧急措施项目（如"故乡假日"等）； ·普及旅游推广项目； ·改善旅馆经营，促进信息传播等； ·促进地域旅游的应急对策事业（人才培养等）

续表

年度	主要事项	具体推进事项
2016	·面向"下一个时代"的入境旅游环境整备/观光产业振兴; ·振兴地方的观光地打造; ·推进战略性访日促销/MICE的引入	·改善接待外国游客的环境的紧急应对措施; ·通过产学研合作培养旅馆和酒店的管理人才; ·志愿旅游地域品牌; ·利用当地资源提升旅游景点吸引力; ·地域按主题划分以吸引游客; ·通过统计发展支持观光地域的建设; ·观光地域趋势调查事业; ·JNTO推进访问日本事业; ·促进MICE的拓展事业
2017	·强化旅游产业的核心及国际竞争力; ·营造无压力、舒适旅行的环境; ·夯实地方振兴的基础	·加强访日促销活动; ·观光人才培育支援事业; ·充实和强化旅游翻译指南; ·普及完善的民宿服务; ·加强旅游业信息安全的支援; ·实现访日外国旅行者无压力的移动和停留; ·广域观光游览路线形成促进项目; ·支援观光地域品牌; ·利用当地资源提升旅游景点吸引力; ·完善旅游统计
2018	·对访日促销进行根本性改革,实现旅游业的核心产业化; ·以实现"欢乐之国 日本"为目标的旅游资源开发,并提高吸引力; ·打造世界最高水准的舒适旅行环境	·访日促销进行根本性改革; ·促进MICE的招徕; ·观光产业人才培育; ·促进以住宿设施为核心的地域振兴; ·最先进的旅游产品; ·最先进的旅游内容孵化器; ·支援地域旅游资源的多语言解说; ·按主题划分的旅游地域游客引流
2019	·营造无压力、舒适旅行的环境; ·促进访日游客可获得关于日本旅游魅力的信息,使旅游业成为核心产业; ·通过开发、活用当地文化和自然的旅游资源,提高当地的旅游体验潜力	·创造顺畅的出入境环境和通关环境; ·快速推进旅行事业; ·创新公共交通环境; ·利用ICT等多语种应对,提高对当地"城市"的旅游满意度; ·通过旅行安全信息共享平台,确保旅行者的安全; ·促进旅游产业的生产发展; ·旅游产业的人才确保和培养事业; ·利用历史资源促进地方旅游发展; ·地域旅游战略核心的DMO改革; ·利用文化资源(文化财产等)为入境创造有利环境; ·营造适应入境旅游的国立公园环境

续表

年度	主要事项	具体推进事项
2020	·营造无压力、舒适旅行的环境； ·确保访日游客获得关于日本各种景点的信息，并利用旅游业核心产业化地区特有的文化和自然资源，提高游客体验的满意度	·通过教育旅行促进青少年的国际交流； ·促进具有国际竞争力的滑雪度假村的发展； ·观光地域振兴法人（DMO）改革； ·开拓夜间旅游市场； ·促进区域基础设施资源的活用与邮轮停靠事业； ·收集和分析旅游地域振兴法人提供的住宿数据； ·促进按主题划分的旅游地域游客招徕事业
2021	·活用遍布全球的 All Japan 对外推广点"Japan House"； ·线上与线下相结合对外推广	·在巴西、英国、美国等地的"Japan House"开展文化体验、美食美酒品鉴、工艺品展示等活动开展旅游宣传； ·在海外开展现场推介会、由外务省联合各地方开展线上交流会、活用大使馆、文化团体等的社交媒体网站介绍日本文化；在国外报刊宣传日本旅游信息，利用友好城市开展国际合作交流等
2022	·开展战略性访日宣传活动； ·放宽签证要求，加快签证程序； ·促进国际合作和交流	·旅游相关省厅、机构和地方公共团体、民间团体等联合推进"All Japan"计划；活用 2025 年大阪 / 关西万博会等大规模活动，借势宣传地域旅游魅力；活用海外日本大使馆、Japan House、国际交流基金等，宣传推广日本的"地域旅游魅力""酷日本""日本文化""和食"等。 ·吸引更多留学生；引入"假日工作"制度；与海外的青少年加强沟通交流；推进与地域的国际交流和国际合作；在海外开展日语教育等

2022 年年底，日本对从我国入境的旅客（不论国别）统一要求提供 72 小时的入境核酸阴性证明，且在入境日本时还需额外接受核酸检测。该政策颁布后在我国国内引起极大的抵触，一时间我国赴日游客人数异常低迷。为了不失去中国这个重要的第一大入境客源国，日本内阁官房长官在我国提出反制措施后，即刻表示会根据我国国内新冠感染的情况，灵活调整相关入境政策。而后，随着日本樱花旅游季节的到来，日本又快速转变政策，宣布从 3 月 1 日 0 时起针对中国入境日本的人员不再实施全员落地检测，改为最大 20% 的样本抽查。不难发现，对日本来说我国游客已经成为日本最重要的游客团体。

2023 年年初，日本观光厅的观光地域振兴部发表了《关于旅游政策的动向》[①]，指出接下来日本的旅游政策主要是打造可持续的观光地域战略、入境旅

---

① 日本観光庁. 観光行政の動向について［EB/OL］.（2023-01-30）［2023-04-03］. https：//www.
env.go.jp/content/000109790.pdf.

游恢复战略和扩大国内交流战略，其中投入力度最大的则是打造高附加值的可持续观光地域（见表 4.8）。

表 4.8 可持续观光地域战略

战略名称	具体措施	预算额（日元）
打造高附加值的可持续观光地域	旅游目的地、旅游产业的再生和高附加值化，如住宿设施的改善、拆除旧房屋、旅游目的地的数字化转型等；基于旅游领域的数字化转型。	1582 亿
扩大国内交流	开拓新的交流市场，如打造"第二故乡"等；改善后疫情时代旅游环境；推进全国旅游支援；旅游的可持续发展；人才的培养。	216 亿
恢复入境旅游	打造特别的旅游产品；打磨国内旅游资源，改善旅游环境；战略性的访日宣传和推广；在地方打造高附加值的入境旅游观光地。	512 亿

2023 年 2 月 9 日，日本观光厅召开了交通政策审议会观光分科会的第 45 次会议，提交了一份在未来三年内促进日本旅游业发展的新观光立国推进基本计划草案。本次的计划的核心关键词是旅游产业的可持续发展、扩大旅游消费额以及促进地方的游客引流。从计划的内容可以看出，日本接下来的入境旅游目标不再是关注游客的数量，而是强调对富裕阶层的吸引，并提出了将访日游客的消费额目标提高到每人 20 万日元的方案，该额度比新冠感染疫情前的 2019 年增长 25%，实现每年 5 兆日元的入境消费额。这是日本 6 年来首次更新了观光立国推进计划，并已于 2023 年 3 月 31 日正式发布，详细内容见第 5 章。

三、日本版 DMO

在 2015 年 11 月 9 日举行的"支持明日日本的观光愿景构想会议"上，日本开始努力将经济放在首位，并以 600 万亿日元的 GDP 为目标，积极推进旅游业的发展。近年来，随着访日人数的增加，访问日本农村地区的人数也在增加，政府看到了吸引游客到农村地区的机会，而其中起到关键作用的是日本版的 DMO（观光地域创建法人），日本将其定位为"创建旅游区的指导角色"。

DMO 是 Destination Management / Marketing Organization 的缩写，是指通

过广泛的公私合作伙伴关系促进旅游区发展的机构。DMO 的主要职能是通过管理营销、品牌推广、产品创造、联合各种组织的推广吸引游客来振兴经济，以增强旅游区的吸引力。日本版 DMO 的重要关键词是"地域振兴"，主要是通过缓解大都市区人口过度集中和增加地域人口流入来振兴地区，是日本地域振兴的王牌，由观光厅集中负责在各领域、各行业开展旅游推介，吸引入境游客流入地方，促进地域旅游的"造血能力"。

日本版的 DMO 是基于地域的旅游资源和《观光圈整备法》，最大化活用以观光圈、广域观光周游路线等广义区域为对象的观光基础设施，通过所有利益相关方的参与，利用国内外的人力资源和技术加强相关方之间的合作，持续收集和分析振兴旅游业所需的数据并制定战略，它不拘泥于政府理念，引进民间方法，制定提升品牌力的机制，并进行有效的推广（见图 4.3）。

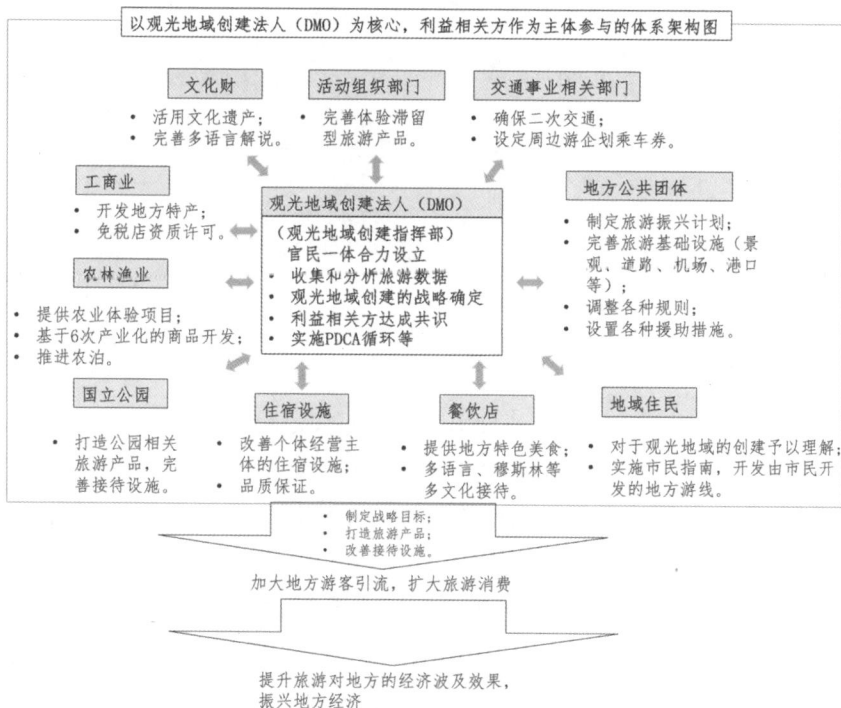

图 4.3 DMO 和利益相关方的关系及其体系架构

尽管 DMO 在地域振兴的发展过程中起到了重要的作用，但在地域振兴的过程中也面临一些亟待解决的难题。一是利益相关方参与力度不足。由于文化、农业、林业和渔业、环境、体育等领域的相关企业和居民等各种利益相关者的参与度不高，未能最大限度地活用该地区的广泛资源并形成可引起当地居民自豪感的社区。二是数据收集和分析不足。由于对访客数据的收集和分析不足，目标客户群和地域内容没有得到很好的发展。此外，它也未能应对不断变化的旅游市场。三是民间手法引入不足。有效的品牌推广和促销等民间手段引入不足，无法打造有竞争力的旅游目的地品牌（见图4.4）。

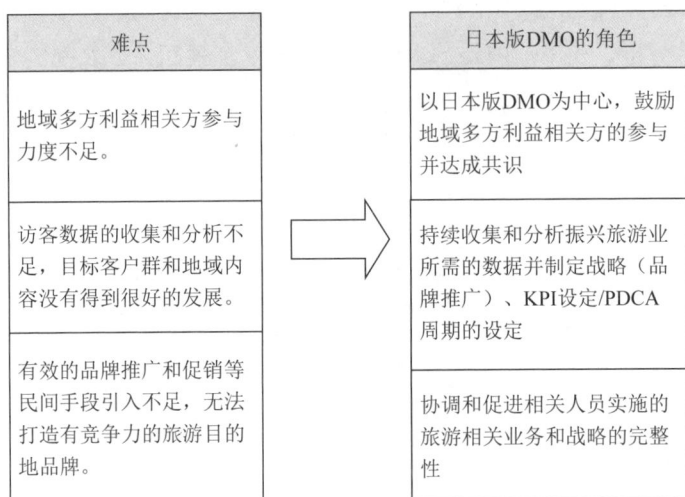

难点		日本版DMO的角色
地域多方利益相关方参与力度不足。		以日本版DMO为中心，鼓励地域多方利益相关方的参与并达成共识
访客数据的收集和分析不足，目标客户群和地域内容没有得到很好的发展。		持续收集和分析振兴旅游业所需的数据并制定战略（品牌推广）、KPI设定/PDCA周期的设定
有效的品牌推广和促销等民间手段引入不足，无法打造有竞争力的旅游目的地品牌。		协调和促进相关人员实施的旅游相关业务和战略的完整性

图 4.4　日本版 DMO 的作用

2015 年，观光厅主导推出了日本版 DMO 的认证活动。该项认证活动，根据法人的资格分为日本版 DMO 法人（登记条件的充足度）以及日本版 DMO 候选法人，日本版 DMO 登记制度的概要如表 4.9 所示。认证对象根据地域的范围分为地域 DMO、地域合作 DMO 以及广域合作 DMO3 种类型（见表 4.10）。根据日本观光厅的统计，截至 2023 年 3 月，已获得认证的 3 种类型的 DMO 法人共有 270 地。[①]

---

　① 日本観光庁. 観光地域づくり法人（DMO）> 登録一覧［EB/OL］.（2023–03–31）［2023–04–10］. https://www.mlit.go.jp/kankocho/page04_000054.html.

表 4.9　DMO 登记制度的五要素

要素一： 针对日本 DMO 为中心的地域观光振兴形成多方利益相关方的共识	属于或适用于以下的内容： ・来自公共行政、文化、体育、农林渔业、交通等广泛领域的相关组织的代表，能够参与日本版 DMO 的决策 ・设置以政府、关联团体为主的日本版 DMO 工作委员会 ・为了协调日本版 DMO 的联络，与日文版 DMO 分开设立由政府及有关团体组成的理事会 ・其他有利于相关方形成共识的组织机构
要素二： 持续收集、分析各类数据，基于数据分析的战略（品牌推广）制定、KPI 设定 / PDCA 周期的设定	属于或适用于以下的内容： ・持续收集和分析数据 ・制定基于数据分析的旅游战略 ・KPI（旅行消费额度、延长游客过夜数、来访者满意度、回头率等 4 个为必备要素）的设定，确定 PDCA 周期
要素三： 协调和促进相关人员实施的旅游相关业务和战略的完整性	属于或适用于以下的内容： ・通过与地域社区的沟通以及对地域观光关联产业从业者的业务支援，与多方利益相关方共同制定战略 ・建立维持、改进和评价当地为游客提供服务的机制和制度 ・根据区域一体化旅游战略进行集中信息传播和推广
要素四： 日本版 DMO 的组织机构	属于或适用于以下的内容： ・法人资质 ・建立决策机制（明确责任人） ・至少配置 1 名数据的收集和分析等专业人才
要素五： 确保安定的运营资金	为了推进日本版 DMO 的自律和持续性的活动，确保稳定运营的资金（收益事业、特定财源、政府的补助金 / 委托事项等）

表 4.10　"观光地域创建法人"类型

名称	范围及特点	案例
地域 DMO	将基层自治体市町村统筹成一个旅游区，通过营销管理等手段开展旅游胜地创建的组织。	静冈县伊豆市的伊豆市产业振兴协议会、北海道上川町的大雪山旅游公司、高知县黑潮町的 NPO 海滨美术馆、长野县白马村的白马观光局等 130 处法人。
地域合作 DMO	将涵盖多个地方公共团体的区域统筹成一个旅游区，通过营销管理等手段开展旅游胜地创建的组织。	大阪府的大阪观光局、新潟县的新潟县观光协会、岩手县的世界遗产平泉·一关 DMO、北海道的通往东部北海道之路 DMO 等 101 处法人。
广域合作 DMO	将地区级别的区域统筹成一个旅游区，通过营销管理等手段开展旅游胜地创建的组织。	有东北观光推进机构、关东观光广域合作事业推进协议会、中央日本综合观光机构、关西观光本部等 10 处法人。

日本版 DMO 法人以及候补法人在登记以后，与地方的从业者、当地居

民、地方自治体以及观光协会等积极合作，活用国内外的人才，以打造有魅力的一体化观光地为核心开展活动。同时日本版 DMO 本身作为地域振兴的重要组成部分，在贩卖、开发在地旅行商品以及土地运营业务的实施过程中也起到了重要的作用。

日本的观光厅等相关政府部门通力合作，针对已登记的日本版 DMO 法人以及候补法人实施各种补偿措施。具体包括提供具备 DMO 运营和市场营销等专业知识的人才培养支援项目、提供用于地域观光的市场营销 / 管理相关的信息、提供"DMO 网络"的支援系统以及收集 / 提供其他各种的政策实施以及关联数据等。日本版 DMO 的组织架构如图 4.5 所示。

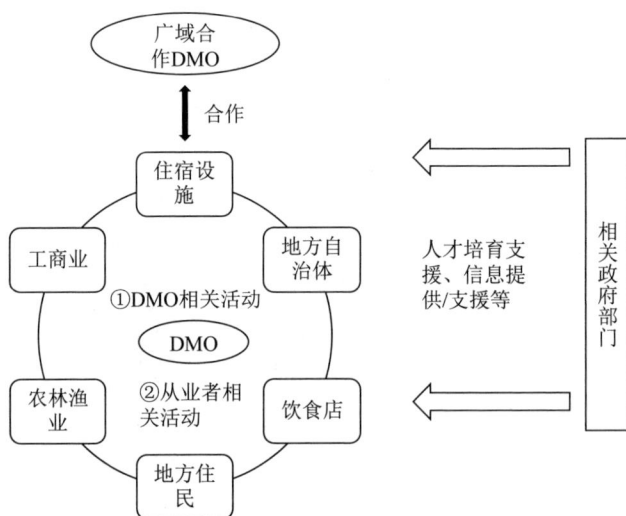

图 4.5 DMO 的活动和支援

第五章

日本旅游法律体系

一、法律体系概况

"二战"以前，为了有效促进旅游业的发展，日本政府相继制定了一些与旅游有关的法律法规。"二战"以后，以温泉旅游为特色的日本旅游业得到迅速发展，因此日本最主要的旅游法和其他相关法规都是"二战"以后逐渐制定的。[①]

旅游法规在日本旅游发展过程中发挥着重要的作用，其主要的特征就是体系完整、法规齐全。首先，为了加强对旅游业发展的指导和管理，日本相继制定了许多旅游法规，这一体系是以观光基本法为基础，以旅游专门法规为主体，以旅游相关法规为补充构成的。1963年颁布的《观光基本法》被称作"旅游法规的母法"或者"旅游行政管理的宪法"，是所有旅游法规的依据，自颁布以来就成为指导日本旅游发展的最主要、最基本的法律。该法1963年出台后经1983年修改一直使用至今。

除了基本法以外，日本的旅游法律还有专项法和相关法，他们的内容涉及旅行社业、翻译导游业、旅馆业、娱乐业、交通运输业、食品业、城市规划、

---

① 殷作恒.日本旅游法律法规［M］.北京：社会科学文献出版社，2005.

国土的利用、自然环境保护、文化资源的保护，还涉及旅游资源的开发与保护、旅游业的管理与经营、旅游设施的建造与利用、人员的出入境手续以及旅游业与地区经济的发展等方方面面。[①]

日本旅游方面出台的法律，很多都随后配以施行规则和施行令等实施细则，即由法律规定内容，由规则做出解释，由施行令规定具体做法。如《旅行社法》，同时还伴有《旅行社法施行令》和《旅行社法施行规则》，而《旅馆业法》则伴有《旅馆业法施行令》和《旅馆业法施行规则》等。通过相应的施行规则和施行令，进一步增强了法律的可操作性。

除了体系完整，日本旅游法规还有一个很大的特征就是立法的针对性强。如"二战"初期，漫长的战争使日本原有的许多基础设施和旅游服务设施，如旅馆饭店、交通设施等受到严重的破坏，各地生存环境恶劣、卫生条件极差、社会风气不良，许多地方疾病流行、娼妓泛滥、社会秩序混乱。为此，1950年以前制定的法规主要有《食品卫生法》《旅馆业法》《色情营业取缔法》等，目的是恢复正常的秩序，整顿环境，改善公共卫生条件，防止疾病流行，整顿社会风气。当旅游业经过十多年的发展以后，各个方面的条件都已经成熟，日本陆续颁布了《自然公园法》《城市公园法》《河川法》《自然环境保全法》《国土利用计划法》等，逐步重视旅游资源开发和保护。进入20世纪80年代以后，日本出台的旅游相关法律法规的重点放在旅行安全、保护消费者利益、旅游促销和旅游区建设等方面，同时对原有的一些法律法规进行了修订和完善，法规的数量也不断减少。

表5.1罗列了日本旅游业发展过程中主要的一些法令，主要有旅游业整体相关法律、跟团游相关、住宿业事业相关、移动交通相关、集会活动相关、集会活动设施相关以及观光资源相关等法律。总而言之，经过半个多世纪，日本已经建立起以《观光基本法》为基础、以多项旅游专门法规为主体、以大量相关法规为补充的旅游法规体系。

---

① 殷作恒.日本旅游立法的主要内容及法律体系的特点［J］.外国经济与管理，2000（5）：30-33.

表5.1　日本旅游业发展过程中的主要法令

类别	法律法规名称	负责的政府部门
旅游业整体相关法律	《观光立国基本法》	观光厅
	《国际观光振兴法》（促进外国观光游客的来访等国际观光振兴相关法律）	观光厅
	《国际观光游客税法》	财务省
	《度假区法》（《综合保养地域整备法》）	国土交通省 观光厅
	《观光圈整备法》（基于观光圈的整备促进观光游客的来访和停留等）	观光厅 农林水产省
	促进国际观光事业发展的法律	国土交通省
跟团游/旅游业相关	《旅行业法》	观光厅
	《赠品展示法》（《不当赠品及不当展示防止法》）	消费者厅
	《翻译案内士法》	观光厅
住宿事业相关	《旅馆业法》	厚生劳动省
	《国际观光酒店整备法》	观光厅
	特区民宿（《国家战略特别区域法》）	内阁府 厚生劳动省 国土交通省 农林水产省 法务省 文部科学省
	《民宿新法》（《住宿业法》）	厚生劳动省 国土交通省 观光厅
	《食品卫生法》	厚生劳动省
	《建筑基准法》	国土交通省
	《公共浴场法》	厚生劳动省
	《消防法》	总务省
移动/交通相关	《道路运送法》	国土交通省
	《铁道事业法》	国土交通省
	《铁道营业法》	国土交通省
	地域公共交通的活性化及再生相关法律	国土交通省
	《港湾法》	国土交通省
	《航空法》	环境省 国土交通省

类别	法律法规名称	负责的政府部门
集会活动相关	2020 年东京组委会采购	东京奥运会和残奥会组委会
	《道路交通法》	国土交通省
	《食品卫生法》	厚生劳动省
	《食品标识法》	消费者厅
	《赠品展示法》(《不当赠品及不当展示防止法》)	消费者厅
	《屋外广告物法》	国土交通省
	《门票非法转售管制法》(《禁止非法转售特定票房门票法》),以确保票房门票的适当流通	文化厅
集会活动设施	《工作室竞技场改革指南》	体育厅
	《建筑基准法》	国土交通省
	《票房法》	厚生劳动省
	防止电影盗拍相关法律	文化厅
	《风俗法》	警察厅
	《IR 推进法》(特定复合型观光设施区域的整备推进的相关法律)	国土交通省
	《IR 实施法》(《特定复合观光设施区域整备法》)	国土交通省
观光资源相关	《自然公园法》	环境省
	《自然环境保全法》	环境省
	《生态旅游推进法》	环境法 农林水产省 国土交通省 文部科学省 观光厅
	《自然再生推进法》	环境省 农林水产省 国土交通省
	《地域自然资产法》	文部科学省 观光厅 环境省
	《海岸法》	农林水产省 水产厅 国土交通省

续表

类别	法律法规名称	负责的政府部门
观光资源相关	《森林法》	农林水产省 林野厅
	《河川法》	国土交通省 环境省
	《鸟兽保护法》	环境省
	《灭绝野生动植物保存法》	环境省
	《文化遗产保护法》	文部科学省 文化厅
	《历史城市发展法》	文部科学省 文化厅 农林水产省 国土交通省
	《古都保护法》	国土交通省
	《明日香法》（针对明日香村已有的历史风土留存以及生活环境的整备等相关的特别措施法）	国土交通省
	《地域传统技能等活用法》	文化厅 农林水产省 国土交通省 经济产业省 总务省 观光厅
	《农山渔村休闲法》	农林水产省
	《景观法》	国土交通省 农林水产省 环境省
	《温泉法》	环境省
	《都市公园法》	国土交通省
	《屋外广告物法》	国土交通省

二、旅游业基本法律概述

（一）《观光立国推进基本法》[①]

《观光基本法》[②]颁布于 1963 年 6 月（昭和三十八年第 107 号法），作为日本旅游政策相关法中最具权威性的法律（在日本被称为"亲法""母法"），基本法也是日本政府关于旅游政策及其基本方针的法律，是引导日本旅游发展的纲领性文件。2006 年 12 月，日本政府对《观光基本法》进行全面修改，并更名为《观光立国推进基本法》，并于 2007 年 1 月 1 日起正式实施。与旧的《观光基本法》相比较，《观光立国推进基本法》增加许多条款内容，明确规定政府、旅游企业、全体国民在实施观光立国时应当承担的责任，要求政府大力发展旅游高等教育培养高素质人才，并且专门开辟观光立国推进基本计划章节内容，给今后日本旅游业指明发展方向。《观光立国推进基本法》共分为前言、正文（包括总则、观光立国推进基本计划、基本政策、行政机关及团体的合作四部分），共计 27 条。

1. 前文

观光立国基本法是基于"迎接少子老龄化社会的到来以及促进国际交流开展"的视野，将观光立国的实现作为 21 世纪日本经济社会发展不可或缺的重要课题，综合实施各项政策，有计划推进观光立国的实现。《观光立国推进基本法》还提出了今后日本旅游发展以振兴国际旅游、增强旅游业的国际竞争力、促进旅游环境整备等为主导方向。

观光立国的基本理念是尊重地方作为主体发挥独特创意，打造令地方居民具有自豪感、充满活力且具有可持续性发展的地方社会，以此促进国际旅游、国内旅游的稳步发展，使国民将来能够过上丰富多彩的生活。另外，观光立国施策要充分认识到旅游产业能够提供很多就业机会，对促进日本地方经济社会发展具有重要作用，需要国家、地方政府、旅游企业、当地居民紧密合作，推进其发展（见图 5.1）。

---

① 「観光立国推進基本法」（平成十八年法律第百十七号）。
② 「観光基本法」（昭和三十八年法律第百七号）。

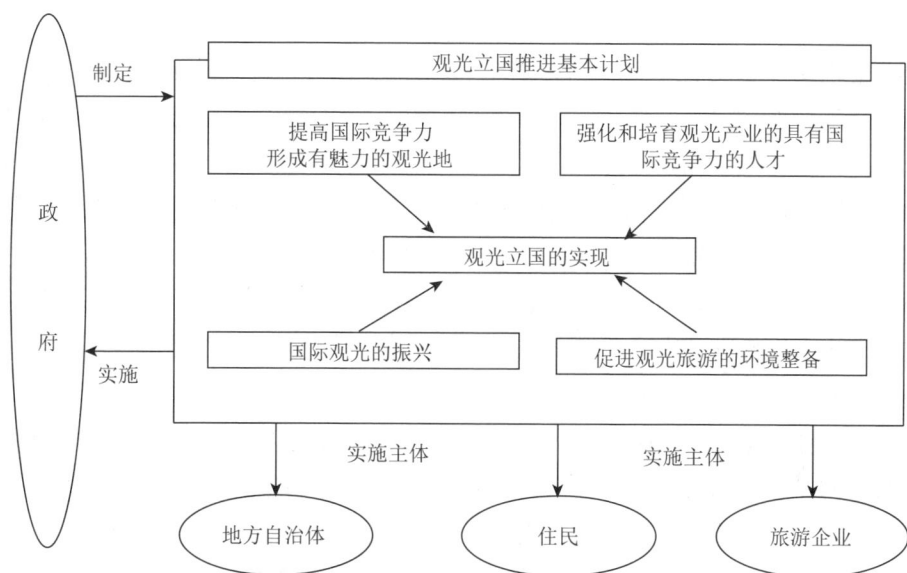

图 5.1　观光立国推进基本法的基本结构

　　基本法针对国家以及地方公共团体等相关方的责任也做出了明确的要求（见表 5.2）。

表 5.2　观光立国推进基本法各利益相关方的职责

国家的责任	国家有义务制定实施观光立国战略的各项政策。
地方政府的责任	为实现观光立国，地方政府要和国家共同分担实施政策，充分发挥本地区的特色，制定与之相适应的各种政策措施。
日本国民的要求	全体日本国民要深刻领会观光立国的意义，在各自的地方社会里为国内外游客提供各种便利，促进当地旅游发展。
旅游企业的责任	在旅游企业应努力担当实现观光立国的主体。

　　基本法规定，为实现观光立国，政府必须依据法律，在财政金融等领域采取措施，推进观光立国战略的实施。同时每年要向国会作实施旅游政策的报告，并且每年还要认真听取交通政策审议会的意见，并根据该意见制定本年度将要实施的旅游相关政策，并将其形成报告提交国会。交通政策审议会应国土交通大臣或者其他大臣的要求，要及时对观光立国各项政策进行调查审议。

2.观光立国推进基本计划

为积极稳妥地推进观光立国战略，政府必须制订推进观光立国战略发展的综合计划，即《观光立国推进基本计划》，这在《观光立国推进基本法》中第10条和第11条中都有明确的规定。第10条规定制订观光立国推进基本计划的政府责任部门（人），以及观光立国基本计划包括的主要内容，要求观光立国推进基本计划必须包含旅游基本方针、基本目标以及具体政策等内容，旅游行政主管部门长官即国土交通大臣，要及时听取交通政策审议会的意见，及时制定观光立国推进基本计划提交阁僚会议审议，并将阁僚会议做出的旅游相关决定及时向国会报告并公示于众。

基本法的第11条明确了观光立国推进基本计划的主导性，要求今后政府制订旅游相关计划时必须以观光立国推进基本计划为基础，不得违背观光立国推进基本计划的宗旨。通过以上内容不难看出，《观光立国推进基本法》第10条、第11条对保证《观光立国推进基本计划》的一贯性、连续性和权威性，避免因政府换届造成该计划搁浅或者被其他计划替代，发挥着制约的作用。

3.基本措施

基本法的基本措施主要包括：建设具有国际竞争力且富有魅力的旅游地区；提高旅游产业国际竞争力，培养旅游振兴人才；振兴国际旅游；治理旅游环境促进旅游发展等（见表5.3）。

表5.3　观光基本法的基本措施主要内容

具有国际竞争力且富有魅力的旅游地区	·为了促进外国游客来访，必须在国外大力宣传日本传统文化，在国内重点整备旅游交通、住宿等基础设施，积极进行国际会展的招徕工作，简化外国游客入境手续。 ·为建设具有地方特色的旅游区域，国家要对史迹、名胜、天然纪念物等文化财产、历史风土、优秀的自然风景区、良好的景观、温泉或其他文化、产业等旅游资源采取相应政策措施对其进行保护、培育、开发。 ·为促进游客来访对交通设施进行治理。为方便国际客到访日本，采取综合措施对与各旅游地区连接的机场、码头、车站、停车场所、客船等进行治理。
提高旅游产业国际竞争力，培养旅游振兴人才	·为提高旅游产业国际竞争力，政府要采取措施促进旅游相关企业进行紧密合作，满足旅游者多样化旅游需要。 ·为加强培养旅游振兴人才，政府要加强旅游高等教育，提高旅游接待人员的技术素质、文化素质和思想素质，提高旅游地区和旅游业的国际竞争力，促进旅游业发展。

续表

振兴国际旅游	·政府要采取措施积极有效地宣传日本的传统、文化，发布日本国内住宿交通费用方面的信息，积极申办国际会议，采取措施方便外国游客入境，提高导游的服务质量促进外国客到访。 ·在国际旅游领域不断加强与世界各国的旅游合作，与外国政府积极协调，促进日本地方政府与外国地方政府的旅游交流、加强与各国青少年之间的交往。
治理旅游环境促进旅游发展	·为促进旅游业发展，使游客在日本顺利地旅游，政府将进行休假制度改革，解决旅游旺季时期旅游质量低下的问题，并采取措施抑制旅游企业之间不正当竞争，保护旅游者的消费权益。 ·为提高旅游接待服务的质量，政府要采取措施，提供培训机会，整修旅游接待设施、积极向外国游客介绍日本传统的饮食文化、生活文化、产业特点等方面知识，大力支持开发具有地方特色的旅游商品。 ·针对老年人、残疾人以及外国游客的特点，政府要采取措施使这部分游客能够顺利地使用相应旅游设施，并加强治理公共基础设施建设，充分利用 IT 技术发布旅游信息。 ·为确保旅游领域安全，政府要采取措施，及时发布国内外旅游地区的旅游事故相关信息，并防止本国发生旅游安全事故。 ·为拓展新型旅游活动领域，政府要采取措施，促进普及自然体验活动、与农林渔业相关的旅游活动和增进身心健康的旅游活动。 ·为保护旅游地区的环境和景观，政府要采取措施，对游客宣传环境保护的知识，对房屋外面的广告也要采取措施进行整治。 ·为确保观光立国战略的实施，国家要采取措施，对旅游消费统计、游客住宿状况统计以及其他旅游相关统计方法进行必要的改革，提高旅游统计精确度。

以上这些基本政策的实施在观光立国基本推进计划中均有详细的说明。日本内阁会议在 2007 年、2012 年、2017 年以及 2023 年期间均颁布过观光立国推进基本计划，本书就最新的 2023 年观光立国推进基本计划做简单的介绍（见表 5.4）。

表 5.4　观光立国推进基本计划（2023 年）概要

基本计划的方向	本次的计划主要是面向疫情后观光立国可持续发展的复兴，围绕"旅游产业的可持续发展""扩大旅游消费额""促进地方的游客引流"三个核心内容，基于"打造高附加值的可持续观光地域战略""入境旅游恢复战略""扩大国内交流战略"三个战略，官民一体，全力推进观光立国战略的实现。
基本方针	·打造高附加值的可持续观光地域战略 ·入境旅游恢复战略 ·扩大国内交流战略
计划周期	2023 年到 2025 年期间的 3 年

基本目标	1）完善可持续观光地域创建的体制 · 到 2025 年创建可持续观光地域数量达到 100 个（其中获得国际认证和表彰的地域数达到 50 个） 2）入境旅游的恢复 · 访日外国人游客消费额：早期 5 兆日元（2019 年为 4.8 兆日元） · 访日外国游客旅行消费单人额度：到 2025 年实现访日外国游客单人消费达到 20 万日元（2019 年为 15.9 万日元） · 访日外国游客人均住宿日长：到 2025 年实现每人住宿 2 晚（2019 年为 1.4 晚） · 访日外国游客回头客数量：到 2025 年实现入境游客数量超过 2019 年的业绩（2019 年为 3188 万人） · 日本人出境游数量：到 2025 年是此案出境游旅游数量超过 2019 年的业绩（2019 年为 2000 万人） · 亚洲主要国家的国际会议召开数量占比：到 2025 年实现占比 30% 以上（2019 年占比 30.1%，亚洲第 2） 3）推进国内交流 · 国内游客到地方旅游住宿的数量：到 2025 年实现住宿人次达到 3.2 亿（2019 年住宿人次为 3.0 亿） · 国内旅游消费额：早期实现 20 兆日元，到 2025 年实现 22 兆日元（2019 年 21.9 兆日元）
政策实施	1）打造高附加值的可持续的观光地域战略 2）入境旅游的复兴战略 3）扩大国内交流战略

4. 国家及地方公共团体的合作

基本法提出国家和地方政府要充分合作，共同推进观光立国发展，在此基础上，采取措施开展行政组织治理、提高行政管理质量。同时，为实现观光立国，必须充分发挥民间的活力，要采取措施对民间团体加强管理，推进观光立国战略的实施。

（二）《国际观光振兴法》①

1. 制定背景和目的等

1997 年之前，外国游客访日主要以大都市圈的团体旅游为主，但是迫于访日旅游成本高等问题，日本在 1997 年制定了《促进外国游客来访地域的多样化的国际观光振兴相关法律》，为了降低外国游客访日期间的费用、促进入境游客客源地的多样化等。

之后到 2018 年，日本访日游客超过了 3000 万人次，同时个人旅游及其多

---

① 「外国人観光旅客の来訪の促進等による国際観光の振興に関する法律」（平成九年法律第九十一号）。

样化旅游形式的诞生，外国人游客的数量和质量都发生了极大的变化。为了完成观光立国推进基本计划制订的到 2020 年实现访日游客 4000 万人次的目标，积极整备旅游环境，促进外国游客来访地域多样化等成为当务之急。

因此，在 2018 年 4 月，日本将国际观光振兴法更名为《促进外国游客来访等国际观光振兴相关法律》（通称《国际观光振兴法》），增加了充实旅行者便利化措施以及出国税等内容。国际观光振兴法的基本结构如图 5.2 所示。

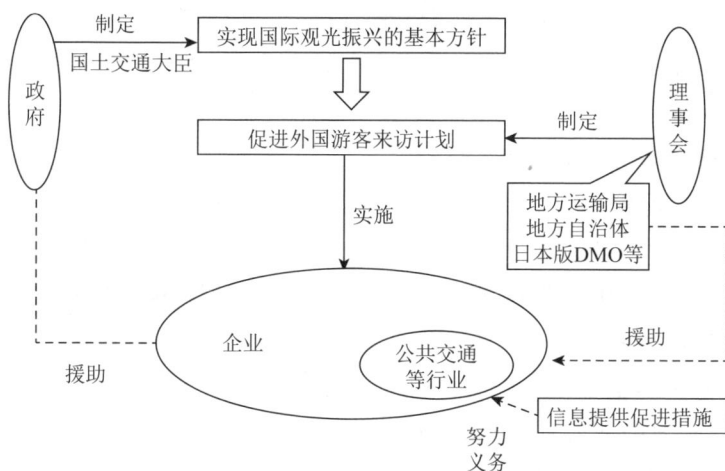

图 5.2　《国际观光振兴法》的基本结构

2. 基本方针及外国游客来访者的促进计划

《国际观光振兴法》要求国土交通大臣应制定促进国际旅游业的基本政策（以下简称"基本方针"）。基本方针包括了促进国际旅游振兴的基本事项；为国际旅游旅客的顺利和舒适旅行创造有利环境；促进获得关于日本多样化旅游吸引力的信息；利用当地特定文化、自然和其他特征开发和利用旅游资源，提高该地区的旅游体验和住宿质量；促进国际旅游业的其他必要事项。

《国际观光振兴法》注重形势的变化，强调国土交通省应及时调整方针，以应对局势变化的需要。在做出变更时，需事先与有关行政机构的负责人协商并予以公布。

在促进外国游客访问的计划方面，《国际观光振兴法》规定理事会或者作为理事会成员的都道府县可以单独或共同制订本区域的促进外国游客到访的促进计划（以下简称"外国游客促进计划"），具体包括：外国游客促进计划区域（以下简称"规划区域"）；为规划区内外国游客的顺利、舒适旅行创造有利环境的政策；促进获得规划区多样化旅游吸引力信息的政策；利用规划区内独特的文化、自然和其他特点开发和利用旅游资源，提高该地区体验和住宿质量的政策。

理事会制订了促进外国游客的计划，如适当在规划区外进行宣传，并实施宣传，促进外国游客的来访；实施其他促进外国游客访问的计划，被认为有助于促进外国游客到规划区旅游的事项时，或者更改计划时均需征得观光厅厅长的同意。

3.促进外国游客来访的措施

公共交通经营者（铁路、巴士、海运、航空运输等的经营者）等应当按照观光厅长官规定的标准，为用于该事业的旅客设施和车辆等提供外语等信息，采取措施，允许利用互联网浏览旅游信息，设立座便式洗水马桶，提高其他外国旅游旅客使用公共交通工具的便利性。

对于与公共交通经营者等业务有关的路线或航线，特别需要促进外国游客的便利性时，属于大量外国游客使用的区间或预计外国游客使用增加的区间，只要符合国土交通运输省法令规定的路段，均可指定为应采取促进外国旅游便利措施的区间。

针对该条款，日本观光厅发布的《第23号公示》以及《公共交通部门促进外国游客便利化措施指南》均给出了详细的指示，包括提供外语信息、通过互联网提供观光信息、设置座便式水洗厕所、设置信用卡可用的售票机、整备交通 IC 卡的使用环境、设置行李放置场所以及整备互联网预约环境等。

4.国际观光游客税的用途

国际观光游客税也被称为"离境税"，征收对象为离开日本的外国游客和日本人，税额为每人 1000 日元（约合人民币 58.8 元）。根据日本国税厅的解释，设立此项新税，是扩充并强化日本观光业基础提供恒久稳定的财源，以实现成为旅游先进国的目标。该税种是日本自 1993 年征收地价税以来，时隔多年再度引入新的永久性国税，于 2019 年 1 月 7 日起正式开始征收。

本法规定国际观光游客税的主要用途是完善舒适的旅游环境、宣传日本的美丽以及提升游客体验度等。离境税将以增加入出境机票、船票等费用的形式实现征收。2 岁以下儿童及在日本转机（入境后 24 小时内离境）的过境旅客等人群不包含在内。无须纳税人群还包括：船舶或机组人员、被强制遣返的人、通过公用船舶或公用飞机（政府专用机等）出国的人、航行中因天气等原因在日本紧急着陆的人，以及从日本出国，因天气等原因再次返回日本的人。

（三）《观光圈整备法》①

日本于 2008 年开始实施《通过整备观光圈促进游客来访及住宿的相关法律》，通称《观光圈整备法》。该法的制定主要是为了增加旅游地区的魅力，提高国际竞争力，促进国内外游客到访并在当地住宿停留，市町村或都道府县要制订本地区观光圈整备计划，实施观光圈整备事业。相关企业以及旅游地区之间要互相合作，充分发挥旅游地区的特点，为游客提供优质服务，促进国内外游客到访观光圈并住宿停留。观光圈内相关企业、民间团体和地方政府要充分发挥当地的创意，全面而综合地建设具有特色的观光圈，建设充满活力的地方社会，实现观光立国。

此法中的观光圈主要是指为一些在自然、历史、文化等方面具有紧密关系的几个旅游地区所形成的旅游区域，观光圈内各旅游地区互相合作，共同进行区域一体化建设，由此增加整个旅游区域的魅力并提高国际竞争力，促进国内外游客到访并停留住宿。

1. 基本方针

《观光圈整备法》的基本方针主要是为了通过观光圈整备促进游客来访并停留过夜。方针必须包括观光圈整备的意义及目标；与观光圈整备计划相关的基本事项；停留促进地区相关的基本事项；观光圈整备事业的基本事项；振兴观光圈内旅游的措施与合作事项；通过观光圈整备促进游客来访并停留过夜的市町村、都道府县与其他相关地方之间的合作事项，以及其他观光圈整备促进游客来访并停留过夜的相关事项。

根据《观光圈整备法》的要求，上述基本方针必须与《观光立国推进基本法》第 10 条规定的《观光立国推进基本计划》协调，不得违背《观光立国推

---

① 「観光圏の整備による観光旅客の来訪及び滞在の促進に関する法律」（平成二十年法律第三十九号）。

进基本计划》。

2.观光圈整备计划／观光圈整备实施计划

国土交通大臣以及农林水产省联合制定"基于观光圈的完善促进观光游客的来访和滞留的基本方针"。基于该基本方针，地方自治体基本政策，单独或者共同在有关市、县区域内，通过完善观光圈，全面、统一地促进旅客的来访和停留的计划（以下简称"观光整备计划"）。

整备法规定了观光圈的发展计划需要包括通过发展观光圈促进游客来此旅游和住宿的基本政策、观光圈的范围、发展目标、实施期限以及为实现这些目标而开展的观光圈发展项目及其实施主体的事项。观光圈的发展计划必须与《国家土地形成计划》和其他法律规定的区域发展规划、区域森林规划和其他法律规定的森林发展规划以及《城市规划和城市规划法》（昭和四十三年第百号法律）第18-2条规定的市政城市规划基本政策保持一致。

整备法鼓励拟制订观光圈发展规划的市、县，应当协商制订观光圈发展规划，并协调与实施观光圈发展规划有关的理事会。理事会的成员一般由制订观光圈发展计划的地方以及一般社团法人、财团法人、特定非营利活动促进法（平成十年法第七号）第2条第2款规定的促进特定非营利性活动的法人和其他旅游圈整备事业机构等组成。

在制订观光圈发展计划方面，整备法规定拟实施观光圈发展项目的人员应当共同制订计划，同时明确观光圈发展项目的目标和内容、观光圈发展项目的实施时间以及实施观光圈发展项目所需的资金数额及其筹集方法等。

观光圈发展计划制订完成以后，可以向国土交通省申请认证，证明该计划在促进观光旅客的来访和停留方面是合适可靠的。申请认证的流程需由地市提出并审查观光圈的建设实施计划，随后提交国土交通省。当观光圈发展实施计划中规定的事项符合①基本方针，或②确保观光的建设项目可以顺利进行，或③计划中在观光促进区实施的改善项目应当有效促进旅游区旅客逗留的其中一项，国土交通省则予以认证，并即可通知地方（见图5.3）。

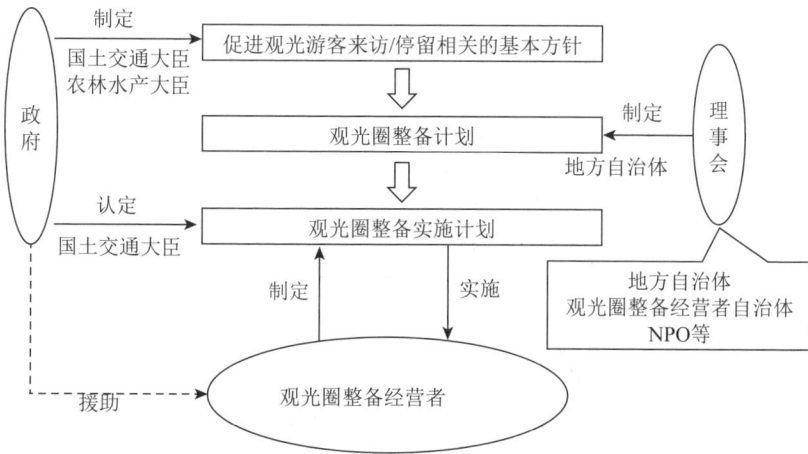

图 5.3 《观光圈整备法》的基本结构

3. 法律规定的其他事项

为促进区域旅游一体化建设，在观光圈内可实施特殊法律制度。如在观光圈内实施《国际观光酒店整备法》的特例、《旅行社法》的特例、《通用车船票法》的特例、《道路运输法》的特例、《海上运输法》的特例等，以此推进观光圈的建设（见表 5.5）。此外，《观光圈整备法》还要求政府在财政金融上支持地方社会建设观光圈。

表 5.5　观光圈内实施的特殊法律

旅行社法特例	经国土交通省认证的住宿业经营者（酒店、旅馆等）针对所在区域内的游客，允许从事旅行社代理（观光圈内限定的旅行社代理）业务。经国土交通大臣认证过的过夜旅游促进地区内的住宿业经营者（酒店、旅店等），可以从事面向本观光圈内过夜游客的旅行社代理业务（观光圈内限定旅行社代理业）。在上述情况下，相关人员不必取得旅行社法所规定的旅游业务处理管理者资格，完成一定的培训即可被任命为观光圈内限定旅行社业务处理管理者。
农山渔村振兴补助金	如果观光圈开发计划中包含"作为区域间交流基地设施的开发维护等"（农山渔村交流促进项目）有关事项，且该开发计划已送交主管部门（国土交通大臣和农林水产大臣）时，则视为其已根据《振兴农山渔村的定居促进及区域间交流促进法》提交了振兴计划，可发放补助金。（补助金发放额度：原则上 1/2 以内）
通用车船票法	如果多家运输公司共同制订的观光圈开发实施计划中包含发行优惠车船票等相关项目的内容，并获得批准，此时通过事先向国土交通大臣申报项目内容，则可视为已根据《道路运输法》和《铁路项目法》等相关法律进行了必要的申报。

观光圈认证咨询中心	如果观光圈开发方制定的观光圈开发实施计划包含经营符合认证要求的旅游咨询中心的内容，并获得批准，则可使用"观光圈认证咨询中心"称号。
国际观光酒店建设法特例	如果《国际观光酒店建设法》下登记注册的酒店或旅馆制定的观光圈开发实施计划中包含为改善提升住宿服务而变更合约（如更改退房时间等）的内容，并获得批准，则视为已根据《国际观光酒店建设法》进行申报。
道路运输法特例	巴士运营商制定的观光圈开发实施计划中如包含增加观光圈内每条公交线路运行次数的内容，并获得批准，则只需及时地向国土交通大臣提出申报，可免除《道路运输法》的相关认证。
海上运输法特例	如果经营普通旅客定期航线的经营者制订的观光圈开发实施计划中包含通过改变运行日期或时刻以增加运行次数的内容，并获得批准，则只需及时地向国土交通大臣提出申报，可免除《海上运输法》的相关认证。

三、专项法律制度解读

"二战"以后，日本旅游业迅速发展，为了改善战后如旅游饭店、交通设施等基础设施的环境，整治不良的社会风气等，政府除了根据旅游业的发展情况实时制定政策以及与实现这些政策目标相关的计划和方案，同时也会适时地制定相关的法律和法规，以确保其旅游业健康稳定的发展。因此，可以说，日本最主要的旅游法和专项旅游法规都是在"二战"以后逐步制定并实施的。目前日本的旅游法律除了旅游基本大法的《旅游业法》以外，还有各种针对旅行社、住宿业、旅游交通、景区管理、旅游资源的开发与保护、旅游业与地区经济的发展等方方面面的法律，形成了一套涉及面广、数量多且完整的旅游法律体系，并相互制约。

（一）旅行社相关法律政策

旅行社是介于旅行者与提供旅游业务经营者（交通、住宿等）之间，为游客提供旅行和附带的各种服务，以实现和满足旅行目的，为经营者带来利润的机构。日本的旅行社因为政府的干预，形成了垂直分工和水平分工并重的混合分工体系，主要分为三种类型：（1）第一类旅行社（执行所有旅行合同，如海外和国内招聘计划旅行、订单型计划旅行、安排旅行）；（2）第二类旅行社［执行旅行合同（海外招聘型计划旅行除外）］；（3）第三类旅行社（海外和国内招聘计划旅行除外，执行旅行合同）。旅行社代理商则指销售旅游产品的特定旅行社。据统计，截至 2023 年 1 月，日本共有旅行社及代理机构 12090 家。这些旅行社按照规模大小分为 3 个级别，从事的业务范围也有所限定（见表 5.6）。

表 5.6　日本旅行社规模分类

旅行社	批准注册机关	业务范围			注册条件		
		全程旅行服务		旅行配套服务	经营保证金（万日元）	基本资产（万日元）	旅游业务经营管理者
		固定旅游线路	个性化旅游线路				
		国外	国内					
第 1 类	观光厅长官	○	○	○	○	7000	3000	必需
第 2 类	总公司所在地的都道府县行政长官	×	○	○	○	1100	700	必需
第 3 类	同上	×	▲（毗邻地市）	○	○	300	100	必需

日本旅行社相关的法律主要有《旅行社法》《赠品展示法》《翻译导游法》。

1.《旅行社法》①

日本的《旅行社法》最初制定于 1952 年，该法共分为总则、旅行社、旅行社协会、综合规定和处罚 5 章，共计 32 条，81 分条，208 款。该法从实施注册管理、制定旅行社行为规范、建立政府与旅行社协会双重管理结构和经济处罚标准等方面，构成了日本旅行社管理的基本框架。1971 年的修订主要修正旅行社出旅合同的不明确性，如何看待旅行社的法律责任成为一个问题。到了 20 世纪 80 年代，价格低廉品质低下的旅行社产品成为当时面临的主要问题，因此在 1995 年的旅行社修正法案中，严格要求旅行社明确标明旅行产品的价格并以书面的形式告知旅游者。1996 年的《旅行社修正法》，将旅行社原先的一般旅行社（可以实施国内和国外的旅游包价业务）、国内旅行社和旅行社代理商（不能实施旅游包价业务）简化为旅行社和旅行社代理两种。到了 21 世纪，在线旅游机构 OTA 兴起，日本再次修订旅行社法，在法中针对在线订购等方面的内容

---

① 「旅行業法」（昭和二十七年法律第二百三十九号）。

作出了详实的规定。目前，日本的《旅行社法》主要内容概要如表5.7所示。

表 5.7 《旅行社法》概要

目的	通过对旅行社经营者实行登记制度、确保其业务范围合理适当，同时促进相关团体开展适宜的活动，从而维护旅游交易公平、确保旅游活动安全，为游客提供更多便利。（第1条）	
定义	旅行社	获得报酬，从事本法第2条第1项各号所列之业务。
	旅行社代理业	获得报酬，以旅行社经营者为业务对象，与其签订代理合同，从事本法第2条第1项各号所列之业务。
	旅游服务筹划业①	获得报酬，以旅行社经营者为业务对象，就针对游客的交通运输服务等相关项目，与提供服务的商家之间签订代理合约，担当旅行社经营者与相关服务供应商之间的媒介、联络角色。
概要	·希望从事上述业务的各方，须在观光厅长官或都道府县知事处登记。（第3条，第23条） ·旅行社经营业者，要遵守如交纳商业担保金、选任旅游业务处理管理者②等规定。 ·旅行社代理业者，只能代理1家特定的旅行社，且须遵守选任旅游业务处理管理者等的规定。 ·旅行服务筹划业者，须遵守选任旅游服务安排业务处理管理者等的规定。	

2.《赠品展示法》③

《不当赠品及不当展示防止法》通称《赠品展示法》，是为了确保公平竞争，保护一般消费者的利益，对附加过大的赠品销售、附加抽奖销售、虚假表示以及夸大广告等进行了规定。该法原本是《反垄断法》的补充，是关于竞争的法律，但是由于这个法律所要限制的是直接侵害消费者利益的行为，其规定与消费者的利益直接挂钩，因此，在法律运用上十分注重将消费者保护放在第一位。

日本的最早的《赠品展示法》发布于1962年，当时是作为日本《反垄断法》的特别法发布的，主要的目的是通过禁止私人垄断、不当地限制交易和不公正的交易方法，以防止经营业者的过度集中，对生产、销售、价格和技术等的不当限制以及其他一切对事业活动的不当约束，从而促进公正而自由的竞争。该法设立初期是由日本公正交易委员会为主执行。

随着日本经济社会的发展，随意篡改生产日期、赏味期限、虚假包装等食

---

① 旅行サービス手配業。

② "旅行業務取扱管理者"，日本国家资格，旅行社等旅游服务提供方于消费者之间商业活动的责任人。

③ 「不当景品類及び不当表示防止法」（景品表示法）（昭和三十七年法律第百三十四号）。

品事故安全事故的增多逐渐成为严峻的社会问题。于是，在 2007 年 9 月，日本福田首相继任后，即刻在自由民主党中设立了"消费者问题调研会"，并于 2008 年正式确立设立消费者厅。到了 2009 年，《赠品展示法》的执行权力被移交到了日本消费者厅。2014 年，日本又在《赠品展示法》的修正案中正式引入了"罚金"的概念。截至 2022 年 6 月，日本根据社会发展的需求，适时修订法案《赠品展示法》16 次，最新的法律概要如表 5.8 所示。

表 5.8 《赠品展示法》

目的	通过规定限制和禁止可能阻碍普通消费者自主性选择的行为，从而防止以展示与商品或服务相关的不当赠品的方式来诱骗消费者，进而保护普通消费者的利益。（第 1 条）	
定义	赠品	本法中所涉赠品，是指作为吸引顾客的手段，不论其方法直接或间接，或是否以抽奖形式，包含从业者的自营商品或通过服务附带向顾客提供的物品、金钱及其他经济利益，或内阁总理大臣指定之物。（第 2 条第 3 项）
	展示	本法中所涉展示，是指作为吸引顾客的手段，宣传从业者的自营商品、服务、商业条款及其他相关产品的广告等其他展示方式，或内阁总理大臣指定之物。（第 2 条第 4 项）
	合约	从业人或团体，根据内阁府令的规定，就赠品或其展示的相关事项，接受内阁总理大臣与公正交易委员会的认定，防止不正当的诱客行为，确保普通消费者自主理性的选择及从业者间的公平竞争而缔结的契约。（第 31 条第 1 项）
概要	第 31 条第 1 项提及的合约须符合下列全部①～④项，否则无法获得内阁总理大臣与公正交易委员会的承认。 ①防止不正当的诱客行为，确保普通消费者自主理性的选择及从业者间的公平竞争。 ②不存在损害普通消费者利益的风险。 ③不存在不恰当的歧视。 ④对加入合约、退出合约的行为，不存在不正当的限制。 基于第 31 条，旅游业公正交易委员会制定了《关于限制旅游业中赠品的公平竞争合约》①（赠品合约）和《关于大众型旅游线路展示的公平竞争合约》②	

3.《翻译导游法》③

翻译导游（通译案内士）在日本主要是为访日游客提供关于日本文化、传统、生活习惯等讲解和指导游览的工作。与会议等场所的翻译人员不同，翻译导游需要具备日本的文化、历史、地理、经济、产业等多方面的知识，并可以用外语清晰地向外国游客进行讲解，同时还需具备策划旅游行程、预订酒店

① 「旅行業における景品類の提供の制限に関する公正競争規約」（景品規約）。
② 「募集型企画旅行の表示に関する公正競争規約」（展示規約）。
③ 「通訳案内士法」（昭和二十四年法律第二百十号）。

（包括入住和退房等相关手续）、移动交通、购物指导等全方位的能力。因此，日本自 1949 年推出翻译导游制度以后，作为日本语言类唯一的国家资格证，翻译导游的地位一直比较权威，且通过率一般也就在 20% 左右。近年来，随着访日外国游客人数屡创新高，日本导游人才的缺口也越来越大，且 75% 左右都集聚在东京、神奈川、千叶、大阪等大城市，其中 70% 左右为英语，而目前访日外国游客中占比最大的是中国游客。

为了缓解全国的"翻译导游荒"现象，日本政府先是在 2006 年修正了《翻译导游法以及基于促进外国人游客到访地域的多样化诉求以振兴入境旅游的相关法律》，修正法在原先的只有国家层面开展的翻译导游资格考试制度中增设了都道府县地域的翻译导游资格考试，既从总数上增加了翻译导游的数量，又缓解了地域导游人才匮乏的问题。2012 年 4 月以后，日本个别地域基于地域特别措施法、综合特别区域法、构造改革特别区域法等规定，只要通过地方公共团体的研修，即使没有参加资格考试的导游也可以作为特列导游开展业务。2013 年，日本正式确立观光立国战略以后，访日游客数量激增，为了应对游客的多样化需求，日本又于 2017 年 6 月 2 日正式决定修改《旅行社法》，废止"翻译导游资格证"独占业务的做法，即从法律上允许非持证者有偿开展导游业务，该修正法于 2018 年 1 月 4 日开始施行。最新的《翻译导游法》内容如表 5.9 所示。

表 5.9 《翻译导游法》

目的	通过制定全国翻译导游及地方翻译导游制度、确保其业务妥当实施，从而提升外国游客接待水平，促进国际旅游事业发展。（第 1 条）	
定义	全国翻译导游	获得报酬，从事翻译导游业务（跟随外国人，使用外语提供旅行相关的导引服务。下同）的从业者。（第 2 条第 1 项）
	地方翻译导游	于获得认可的地方翻译导游培养计划中规定的地方翻译导游业务区域内，获得报酬，从事翻译导游业务员的从业者。
概要	·通过国家翻译导游考试者，获得国家翻译导游资格。（第 3 条） ·国家翻译导游考试以判定考生是否具备成为国家翻译导游所必需之知识与能力为目的，考试科目包括外语、日本地理、日本历史、产业、经济、政治、文化常识及翻译导游实务。（第 5 条、第 6 条第 2 项） ·国家翻译导游不得以促使游客消费为由向商家或其他相关人员索要钱财，不得强迫他们接受导游讲解，不得将注册资格转借他人，不得进行有损于国家翻译导游信誉与品格的行为。（第 31 条、第 32 条） ·地方翻译导游培养等计划，由经观光厅长官认可的市町村或都道府县制定，屡修完成符合地方翻译导游服务区特性的培训课程者有资格成为地方翻译导游。（第 55 条）	

（二）与住宿设施相关的法律政策

日本的住宿设施相关法律大体可以分为与住宿设施经营许可相关的法律以及其他与住宿设施相关的法律（见图5.4）。与住宿设施经营许可相关的法律主要负责经营性住宿的营业许可，这个营业许可主要分为由旅馆业颁布的许可、由国家战略特别区域法颁布的认定以及由《民宿新法》（《住宅宿泊事业法》）出具的证明三种类型，住宿业经营者只需获得其中一种即可开展经营。本章节中与住宿设施经营许可相关的法律主要列举了《旅馆业法》《特区民宿（国家战略特别区域法）》《民宿新法》《绿色旅游法（促进农山渔村滞留型休闲活动的基础设施完善的法律）》以及《国际观光酒店整备法》。其他与住宿设施相关的法律，主要还包括住宿设施提供的服务、住宿者的安全以及公共卫生等相关的法律，如《食品卫生法》《温泉法》以及《公共浴场法》等。

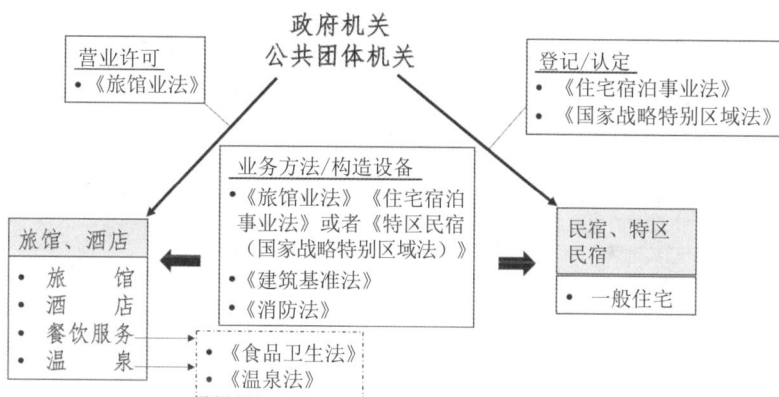

政府机关
公共团体机关

营业许可
• 《旅馆业法》

登记/认定
• 《住宅宿泊事业法》
• 《国家战略特别区域法》

业务方法/构造设备
• 《旅馆业法》《住宅宿泊事业法》或者《特区民宿（国家战略特别区域法）》
• 《建筑基准法》
• 《消防法》

旅馆、酒店
• 旅　　馆
• 酒　　店
• 餐饮服务
• 温　　泉

《食品卫生法》
《温泉法》

民宿、特区民宿
• 一般住宅

图5.4　住宿业相关法律体系

1.《旅馆业法》[①]

日本于1948年开始正式施行《旅馆业法》，并定期基于旅游业的发展现状不断适时进行修正，但是总体而言修正法的核心要求仍然是规定旅馆只有获得经营执照才能合法经营。最新的《旅馆业法》中规定了旅馆业的三种形态，即旅馆/酒店营业、简易住宿营业以及公寓住宿营业。旅馆/酒店营业主要是指温泉旅馆、商务酒店、度假酒店等；简易住宿营业主要指民宿、胶囊旅馆等

---

① 「旅館業法」（昭和二十三年法律第百三十八号）。

简易的住宿设施；公寓住宿营业主要指寄宿在别人家中，与房屋主人共同居住的设施。该法的主要内容如表 5.10 所示。

表 5.10 《旅馆业法》

目的	通过确保住宿业务的正常运营以保障住宿行业健康发展，同时促进提供得以满足住宿领域日益增长及多样化的用户需求的服务，从而改善公共卫生与国民生活。（第 1 条）	
主要用语	旅馆业	包括旅馆·酒店业务、简易宿所业务、下宿业务。（第 2 条第 1 项）
	旅馆·酒店业务	建设设施供他人留宿、收取住宿费用，除简易宿所业务、下宿业务以外的业务。（第 2 条第 2 项）
	简易宿所业务	建设多人共用设施供他人留宿、收取住宿费用，除下宿业务以外的业务。[1]（第 2 条第 3 项）
主要用语	下宿业务[2]	建设设施，为他人提供一个月或更长期的住宿，收取住宿费用的业务。（第 2 条第 4 项）
	宿泊	使用寝具利用上述旅馆业设施的行为。（第 2 条第 5 项）
概要	·本法是从改善公共卫生与国民生活的角度出发，对住宿业经营者进行必要规范的法律。 ·希望经营住宿业务的主体必须遵循《旅馆业法》从都道府县行政长官等处获得经营许可。（第 3 条第 1 项原文） ·经营者应采取必要措施为留宿者确保住宿设施卫生。（第 4 条第 1 项） ·经营者应在住宿设施内设置住宿登记簿，将住宿者的姓名、地址、职业等输入登记簿，并在县知事等要求时提交。（第 6 条第 1 项）	

2. 特区民宿

特区民宿是《旅馆业法》中的特例，全称是国家战略特别区域外国人住宿设施经营项目[3]。其法律依据为 2013 年 12 月制定的《国家战略特别区域法》[4]，于 2016 年 1 月在东京都大田区首次施行。该法提出要取得特殊民宿认定必须要在"国家战略特别区域"范围内，且具体是否可以实施也要看各个自治体是否自行制定并实施了"民宿条例"，因此彰显地域特色，是为振兴地区经济、加强国际竞争力而设的经济特区。以大阪为例，大阪虽然整体被指定为"国家战略特别区域"并制定实施了《大阪府民宿条例》，但由于大阪市、东大阪市、枚方市、堺市、豊中市等都需各自制定民宿条例，才有权利选择是否参加《大

---

① 如胶囊旅馆、青年旅舍等。
② 寄宿业务。
③ 国家戦略特别区域外国人滞在施设经营事业．
④ 「国家戦略特别区域法」（平成二十五年法律第百七号）．

阪府民宿条例》。

根据《特区民宿（国家战略特别区域法）》条例的规定，申请特区民宿的设施面积至少需要 25 平方米，且无须设置前台，确认入住时，房东与租客可以通过现场见面交接钥匙的形式也可以在入口处放置智慧手机或者平板计算机，通过网络视频电话的形式与租客进行确认。为了不影响周边住户，特区民宿还要求设置 24 小时对应周边邻居投诉的窗口，且需要将房东的联系方式也告知周边邻居。通常情况下，特区民宿必须对应有外国语的指示牌，注明各个设施的位置以及使用方法等。民宿可以对应一种或多种语言，但必须在预订接口标明都对应哪些语言。特区民宿的最低滞留天数为 3 天 2 晚，但是大阪市运营天数不设上限，也就是大阪市区特区民宿可全年运营。特区民宿条列的具体内容如表 5.11 所示。

表 5.11　特区民宿（《国家战略特别区域法》）

目的	在国家划定的国家战略特别区域内，通过重点推进经济社会结构改革以强化产业国际竞争力，同时鉴于建成国际经济活动据点的重要性，制定有关国家战略特区的制度改革及其他政策统合集中推进的必要事项，从而发展国民经济改善国民生活。（第 1 条）	
主要用语	国家战略特别区域	由内阁政令划定的，以招揽高新技术研究开发者、跨国经济活动从事者等人员迁入为目的而实施城区建设等相关举措，有望在相当程度上促活日本社会经济、促进可持续发展的地区。（第 2 条第 1 项）
	国家战略特别区域外国人居住设施经营业务	符合内阁政令规定的，基于租赁合同与附带合同提供适合外国游客居住的设施，允许其留宿一定时期以上，同时以外语说如何使用这些设施进行说明，并提供外国游客停留期间所必需的其他服务的业务。（第 13 条第 1 项）
概要	·本法是认可满足一定条件的国家战略特区内的住宿设施，基于租赁合同允许旅客的住宿时长超过条例规定的法律。 ·在国家战略特区内，经营外国人住宿设施业务的主体只要在内阁总理大臣授权的地区获得都道府县行政长官等的许可，即可不受《旅馆业法》第 3 条第 1 项的限制而经营住宿设施。（第 13 条第 1·第 4 项） ·高于最低住宿天数（在 3~10 天范围内，由住宿设施所在地的都道府县政府所制定条例中规定的期限）是适用本法之条件。（本法实施条例第 13 条第 2 号）	

3.《民宿新法》

2017 年 10 月，日本政府内阁会议决定于 2018 年 6 月 15 日正式实施《住宅宿泊事业法》[①]，简称《民宿新法》。作为一部专门监管新出现的将民房出租

[①] 「住宅宿泊事業法」（平成二十九年法律第六十五号）。

给游客的新业务形态的法律，新法的出台主要是为了满足多样化的住宿需求和盘活存量空房。

《民宿新法》规定日本的民宿实行申报制，且全年营业时间上限为 180 天，都道府县和部分政令市可以根据当地实情制作条例缩短营业天数。例如，京都市充分考虑到民宿经营对居民生活的影响等因素，规定北区金阁寺和左京区南禅寺以外的市中心居住专用区域中，民宿仅允许在京都旅游淡季的 1—2 月经营 60 天左右，而福知山市、舞鹤市、宇治市等地区则规定了学校校区 100 米圈内学期期间民宿不得开展经营活动。

日本的民宿分为房主在家型与不在家型两种形态。如果房主不与租客同住，则民宿必须委托第三方机构经营管理。管理者必须向国土交通大臣申请登记。具体关于《民宿新法》的内容如表 5.12 所示。

表 5.12 《民宿新法》(《住宅宿泊事业法》)

目的	鉴于日本游客的住宿状况，通过对从事住宅住宿业务、住宅住宿管理业务和住宅住宿中介业务的主体构建申请、登记制度等措施，确保这类从业者的业务妥当运行，并通过准确应对国内外游客的住宿需求促使其来访留宿，从而保障国民生活稳步提升、促进国民经济发展。(第 1 条)	
主要用语	住宅住宿业务	除《旅馆业法》中规定的经营业务外，向他人有偿提供住宅用以住宿并收取住宿费用的业务。根据国土交通省令、厚生劳动省令的规定，这类住宿业务年均营业天数合计不可超过 180 日。(第 2 条第 3 项)
	住宅住宿管理业务	接受住宅住宿业务经营者的委托，有偿执行与住宅住宿有关的管理、住宅维修保养业务，如确保住宿者的卫生和安全等。(第 2 条第 6 项)
	住宅住宿中介业务	代表住宿者或住宅住宿业务经营者，利用互联网等途径，代理签订、中介或转达住宿服务合同的业务。(第 2 条第 8 项)
	房主住家型	住宅住宿业务中，经营者将自住房屋的一部分提供给住宿者的类型。
	房主离家型	住宅住宿业务中，旅客留宿期间，经营者不在住宅内的类型。
概要	·本法是允许酒店旅馆之外的使用普通住宅作为住宿设施使用的法律。 ·希望经营住宅住宿业务、住宅住宿管理业务或住宅住宿中介业务的主体，分别须向各都道府县的行政长官提交申请，取得国土交通大臣的注册登记，取得观光厅长官的注册登记。(第 3 条第 1 项、第 22 条第 1 项、第 46 条第 1 项) ·房主离家型的住宅住宿业务，其经营者必须将住宅住宿的管理业务委托给住宅住宿管理公司。(第 11 条第 1 项第 2 号)	

4.《绿色旅游法》

为了推进农家乐的发展，实现国民的美好生活，振兴乡村，完善农山渔村地域的基础设施环境，迎接城镇居民的来访，日本政府于1994年制定了《农山渔村休闲活动基础设施建设促进法》[1]（简称《农山渔村休闲法》，也被称为《绿色旅游法》）。之后，为了进一步推进农山渔村体验型住宿的经营者登记制度，日本于2005年6月对该法进行了修订，并于2005年12月起施行。绿色旅游法的具体内容如表5.13所示。

表5.13　《绿色旅游法》

目　的		通过推进建设农山渔村留宿型假日活动的基础，以期促进农山渔村地方振兴。
主要 用语	农村留宿型假 日活动	主要指城市居民利用假期前往农村留宿，体验农作等其他劳动，加深农业理解的活动。（第2条第1项）
	山村·渔村留 宿型假日活动	主要指城市居民利用假期前往山村或渔村留宿，体验森林作业、捕鱼等其他劳动，加深林业渔业理解的活动。（第2条第2项）
	农林渔业体验 民宿[2] 业	建设设施供他人住宿，提供农村留宿型假日活动或山村·渔村留宿型假日活动中必要服务的业务。（第2条第5项）
概要		·农林渔业体验民宿的经营者可以注册成为"农林渔业体验民宿业者"。（第16条第1项） ·注册成为农林渔业体验民宿业者的手续于农林水产大臣认证的"注册实施机关"进行。（同项） ·拟注册成为农林渔业体验民宿业者的主体，须遵守农林水产省制定的有关经营方式的法规条例。（上述条款第1项、第2项）注册成功的经营者可以在该住宿设施中展示相应标识。（第17条第1款）
其他		·放宽了《旅馆业法》中关于简易宿所营业许可（《旅馆业法》第3条第1项、第2条第3项）的申请要求（同法第3条第2项）（同法施行令第1条第2项第1号、第2条，施行规则第5条第1项第4号、第2项）。本法使得在农村渔村等地区经营旅馆更加容易，但基于《民宿新法》提出申请也可开展经营活动。究竟哪种方法更有利尚值得商榷。

5. 其他与住宿设施相关的法律

其他与住宿设施相关的法律体系，本章节主要介绍《食品卫生法》《温泉法》《公众浴场法》《国际观光酒店整备法》。关于这些法律的概要如表5.14所示。

---

① 「農山漁村滞在型余暇活動のための基盤整備の促進に関する法律」（平成六年法律第四十六号）。

② 日文"民宿"指小规模营业型住宿设施，属于《旅馆业法》中的简易宿所业务，须取得简易宿所营业许可证。汉语中一般意义的民宿对应日语的"民泊"。

表 5.14　其他住宿设施相关的法律概要

《食品卫生法》①		
目 的	为确保食品安全，从公共卫生的角度制定必要法规采取必要措施，从而防止因饮食引起的卫生危害，进而保护国民健康。（第 1 条）	
主要用语	食品等从业者	从事食品或添加剂的采集、生产、进口、加工、烹调、储存、运输或销售，或器具或包装容器的生产、进口或销售的自然人或法人。或在学校、医院等其他设施内持续地向不特定或大量人群提供食品的自然人或法人。（第 3 条第 1 项）
	食品	所有食品饮料。不包括药品、准药品和再生医疗等产品。（第 4 条第 1 项）
概 要	·食品等从业者应努力习得有关保障所售食品等的安全性知识和技能，保障所售食品等的原材料的安全性，对所售食品等进行自检及采取其他必要措施。（第 3 条第 1 项） ·企业经营者必须遵守都道府县法规中关于公共卫生措施方面的规定。（第 50 条第 2、3 项） ·拟经营餐饮业（包括旅馆）的主体，须获得都道府县行政长官的许可。（第 52 条第 1 项、第 51 条，同法施行令第 35 条第 1 号）	
《温泉法》②		
目 的	保护温泉，防止因开采温泉等情况下产生的易燃天然气造成的灾害，并确保正确利用温泉，以期增进社会福利。（第 1 条）	
主要用语	温泉	地下涌出的具有一定温度或物质的热水、矿质水、水蒸气及其他气体（不包括以碳氢化合物为主要成分的天然气）。（第 2 条第 1 项）
概 要	·根据《温泉法施行规则》，为开采温泉而挖掘土地的主体必须向都道府县行政长官提交申请并获得许可。（第 3 条第 1 项） ·根据《温泉法施行规则》，为利用温泉经营公共洗浴或饮用业务的主体必须向都道府县行政长官提交申请并获得其许可。（第 15 条第 1 项）	
《公众浴场法》③		
目 的	从国民保健及环境卫生视角出发，对公众浴场制定必要的法规限制。	
主要用语	公众浴场	利用热水、潮汐温水或温泉等，供公众入浴的设施。（第 1 条第 1 项）
概 要	·希望将公众浴场经营业务作为职业的主体必须获得都道府县行政长官等的许可。（第 2 条第 1 项） ·公众浴场经营者必须采取必要措施，包括换气、采光、照明、保温和清洁等以确保入浴者的卫生与公共道德。（第 3 条第 1 款）	

---

① 「食品衛生法」（昭和二十二年法律第二百三十三号）。

② 「温泉法」（昭和二十三年法律第百二十五号）。

③ 「公衆浴場法」（昭和二十三年法律第百三十九号）。

续表

其他	·《旅馆业法》中规定的住宿设施内的浴场，因其限制法规已由同法规定，故不适用本《公众浴场法》。（1949 年 10 月 17 日，厚生省公众卫生局局长《关于公共浴场法等经营相关法律中的"作为职业"的解释》的通知）
《国际观光酒店整备法》①	
目 的	通过实行酒店等其他涉外住宿设施的注册制度，改善提升此类设施整体水平。同时通过向外宾提供注册酒店信息等宣传措施，充实涉外接待服务，进而促进入境旅游。（第1条）
概 要	·酒店·旅馆经营者在各自的硬件设施（如房间的标准数量）与软件设施（如任命专门的外宾接待员）方面达到酒店或旅馆的注册标准后，可以获得注册（第 3 条、第 18 条第 1 项），并可以在其店名中使用"注册酒店"或"注册旅馆"的称号（第 8 条、第 18 条第 2 项）。 ·登记注册工作由观光厅长官认定的"注册实施机关"负责执行。（第 3 条） ·注册机关负有义务提交并公示价格、住宿条款等，同时负有义务采取为外国住宿者提供便利的措施，如聘用具备外语能力的员工等。
其他	·截至 2019 年 4 月底，注册总数为酒店 946 家、旅馆 1432 家。 ·有可能存在地方税收不同，截至 2018 年 12 月底，有 249 个市町村实施固定资产税费减免措施。

---

① 「国際観光ホテル整備法」（昭和二十四年法律第二百七十九号）。

第六章

旅游资源开发与保护的法律

一、旅游资源保护利用的最新动向

（一）旅游资源的分类

随着日本中央及地方政府的举措与游客的多样化需求相互促进，地方旅游业务作为地方发展和区域经济振兴的一张王牌吸引了大量关注，其成功的关键正是当地的旅游资源。虽然"旅游资源"一词目前尚无明确定义，但一般是指"基于旅游的目的，并具有潜在集客效果的资源"。

日本的旅游资源大致可分为三种类型：自然旅游资源、文化旅游资源和复合旅游资源。具体示例如表 6.1 所示[①]。

表 6.1　旅游资源的分类

旅游资源	具体示例
自然旅游资源	山岳、高原、湖沼、河川·溪谷、瀑布、海岸·海角、洞窟、温泉、动植物、自然现象（火山、潮水、气象等）等
文化旅游资源	历史遗迹、古墓、寺社佛阁、城堡·城郭、集落、乡土景观、古宅·庭院·公园、历史建筑物、文化财产（画、雕刻、工艺品等）、庙会·传统节日等
复合旅游资源	历史风土、历史景观（古街道·武士屋舍、土墙景观等）、都市景观（高层建筑景观、夜景等）、农村渔村景观（田园景观、早市、街道、梯田等）

---

① 荒井正児，佐伯優仁，高宮雄介，等.ガイダンス インバウンド·観光法［M］.東京：商事法務.

为了发挥这些旅游资源的功能和优势，为游客和旅游经营者创造更大的价值，需要在旅游资源的保护与利用之间、保存和使用之间取得适当的平衡。

在本章中，笔者将基于上述类型和分类，从把握全局阐释整体的角度，以保护与利用之间存在平衡困难的自然、文化和复合型旅游资源为对象，讨论有关保护利用这些旅游资源的最新动向、法律和法规。

（二）有关旅游资源保护利用的最新动向

1. 从旅游资源到"旅游产品"

旅游资源具有作为旅游对象的魅力，但这并不意味着它们可以直接作为旅游项目加以利用。为了把它们变成"旅游内容"，不仅要提高旅游资源自身的吸引力、改善行业环境，还要采取信息传播、管理规则制定等各种措施。

如今，特别是为了满足外国游客的访日需求，利用当地旅游资源开发培育新的旅游产品已成为旅游业的共同目标。这大致可以分为两个方向：①对传统旅游资源进行内容化开发；②开发培育新型旅游产品。

具体来说，首先，在对传统旅游资源进行产品开发这一方向上，自然旅游资源的开发主题是利用本地区独特的自然环境进一步发展旅游，充实本地区的自然体验型旅游内容。文化旅游资源的开发主题则是向外国游客开放富有文化特色的日式生活、文化体验、庙会节日等。至于复合型旅游资源，则是要注重开发和保护整个城市的景观。

其次，在发掘培育新型旅游产品这一方向上，高附加值的美容服务和夜间经济等旅游内容正在不断发展。日本观光厅正在实施的"尖端旅游内容孵化项目"[1]，其目的正是扩充并支持这些新型旅游内容。

因上述方向①与现行法律法规在关系上存在待解决的问题，故本章将主要着眼于此，阐述其最新动向（见图6.1）。

---

[1]　最先端観光コンテンツ・インキュベーター事業。

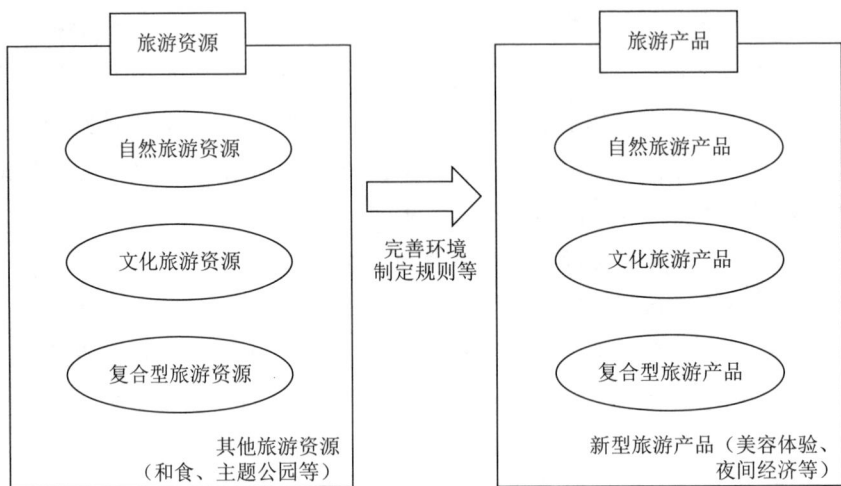

图 6.1 旅游资源和旅游产品

2.自然旅游资源的旅游产品开发动向

为实现自然旅游资源产品化并加以利用，以日本相关的各省厅为中心开展了各项活动。

（1）地方自然体验型旅游产品（观光厅）

自然体验型旅游产品指的是符合"自然 × 活动"和"自然 × 跨文化体验"的产品。由于其场地涉及所有的自然环境（海洋、河流湖泊、山脉森林、雪地、天空和陆地），所以受众相当广泛。近年来，一种被称作"Glamping[①]"的新型露营方式越来越受欢迎。它以富裕阶层为目标群体，是一种类似于露营地却省去自行搭建帐篷等程序的户外旅游设施。此外还有生态旅游、河川旅游等，这也体现了自然体验型旅游产品的广泛性和生命力。

1）生态旅游

2015 年，国际生态旅游协会（TIES）将生态旅游最新定义为：具有保护自然环境和维护当地人民生活双重责任的旅游活动，包含向导与教育[②]。

1991 年，由当时的环境厅发起了一项题为《位于冲绳的生态旅游等观光

---

① 日式造词 glamping=glamorous+camping，意为富有魅力的露营。

② The International Ecotourism Society（TIES）. What Is Ecotourism？［EB/OL］.［2022–09–12］. https：//ecotourism.org/what-is-ecotourism/.

开发推进方策讨论调查》的关于推进生态旅游的调查研究。1993年，白神山地和屋久岛被评为世界自然遗产，以此为契机，一些旅游业者开始在国立公园等自然景区内开展生态旅游。随后，推进生态旅游的全国性、地区性的组织纷纷成立。如1996年的西表岛生态旅游协会、1998年的日本生态旅游协会、1999年的屋久岛生态导游联络协议会等。到了2002年，冲绳县和东京都政府明确了推进生态旅游的具体方案。东京都在《东京岛屿地区自然保护及适当开发纲要》中，规定了进入小笠原村特定区域的自主规则。《冲绳振兴特别措施法》中涵盖了推进生态旅游的措施。在此背景下，2003年至2004年成立了以环境大臣为议长的生态旅游推进会，开启了全国范围的生态旅游开发进程。该会议定义了日本的生态旅游为：以观光地的自然环境和历史文化为对象，通过体验、学习，承担起保护它们的责任的旅游形式。2007年，日本参议院决议通过了《生态旅游推进法》（平成十九年法律第百五号），并于次年4月1日开始施行。该法案由环境省、国土交通省、农林水产省及文部科学省共管，规定了开展生态旅游的综合框架。其宗旨是，鉴于生态旅游在保护自然环境、振兴地区特色旅游、提高环境保护意识等环境教育方面的重要意义，通过规定生态旅游的基本理念、除政府基本政策方针之外的其他必要事项，全面有效地推进生态旅游，从而为确保国民现在及未来的健康文明的生活作出贡献。

目前，生态旅游的推进虽然主要由环境省负责，但是其他中央省厅也在政策支持、资金保障、人才培养等各个方面为该事业的发展作出了诸多努力[1]（见表6.2）。

表6.2 中央省厅对生态旅游的支撑

中央省厅	支持政策
内阁府	·设立"生态旅游推进事业冲绳特别振兴对策调整费"预算额，2002年度2000万日元，2003年度3800万日元。 ·基于《冲绳振兴特别措施法》[2]，推进环保型自然体验活动（即生态旅游）。具体措施有划定重点推进地区、制定活动推进计划、收集并提供相关信息、培养人才、设施修缮等。

---

① 日本環境省.エコツーリズムに関する国内外の取組みについて［EB/OL］.［2022-04-21］. https://www.env.go.jp/council/22eco/y220-01/mat_03.pdf.

② 「沖縄振興特別措置法」（平成十四年法律第十四号），最新有效期已延长至2032年3月31日。

续表

中央省厅	支持政策
国土交通省	·培养生态导游，普及安心安全的导游模式，使得不仅在独特的自然景区，在普通的自然景区也能有导游激发游客兴趣，让游客充分享受大自然。为此，2001年划拨1673万日元用于编写导游培训教材；2002年划拨2813万日元用于编写经营指导手册；2003年划拨1400万日元用于召开会议商讨导游普及方案、可持续旅游开发方案等。 ·修缮城市公园，使之成为环境教育、地区交流的场所。建造池塘、树林等以供野生生物生息繁衍，设置鸟类自然观察点、环境学习点等设施。通过召开讲习会，培养环境教育相关的从业者。 ·调查利用海洋资源的渔村地区休闲活动，推进蓝色旅游（blue tourism）。蓝色旅游是指利用海岛地区美丽的自然景观和丰富的传统文化，向城市居民提供多样休闲活动的渔村逗留型休闲旅游。
环境省	·印发生态旅游指导手册。2004年至2020年，环境省为了宣传普及生态旅游，共编纂发行了8册旅游指导手册。[①] 内容丰富多样，涵盖政策解说、活动介绍、景点推介等。 ·举办生态旅游大奖赛。从2005年开始，环境省为了表彰参与生态旅游事业的企业、组织及地方政府并同时介绍成功经验，以期提高全国生态旅游相关活动的质量及数量，培养相关从业人员的合作意识，举办了生态旅游大奖赛。截至2022年3月，已经成功举办了17次。 ·支援地方推进生态旅游。如设立生物多样性保护推进资金，协助培训相关人才，派遣专家顾问，培养生态旅游导游，评选模范景区，推动地域合作等。
总务省	主持从地方财政中筹措资金，设立"国土保全对策事业费"，用于农山渔村的水资源涵养、森林养护、景观维护等事业。文部科学省，推动面向青少年的体验型环境学习。

《生态旅游推进法》颁布之后，各地区积极回应，纷纷成立生态旅游促进团体，如白川乡完全体验协商会、宫岛生态旅游推进协商会等。这些团体结合当地旅游资源推出了各种生态旅游政策及项目。目前已有19个团体的旅游构想被《生态旅游推进法》认可[②]。典型案例如表6.3所示。

---

① 日本環境省.エコツーリズム関連パンフレット［EB/OL］.［2022-04-29］.https：//www.env.go.jp/nature/ecotourism/try-ecotourism/pamphlet/pamphlet.html#ecoP.
② 日本環境省.エコツーリズム推進法で全体構想が認定された団体［EB/OL］.［2022-04-02］.https：//www.env.go.jp/nature/ecotourism/try-ecotourism/certification/index.html#hannou.

表6.3　生态旅游的典型案例

地名	发展简介	主要游线
岐阜县白川村	该村拥有丰富的文化和自然资源，包括1995年被列入世界文化遗产的白川乡合掌造集落，以及白山国立公园、天生县立自然公园等。为了推进生态旅游事业，该村在基于《白川村民宪章》的基础上，制定了三个基本方针： ·保护白川村丰富的生物多样性，创建一个可持续的旅游城市； ·通过开发各种继承了丰富文化传统的生态旅游和体验项目，发展住宿型生态旅游； ·村民、政府和团体组织合作致力于环境·旅游教育，培养导游人才与好客精神。	·森林线路，如大白川原生林游览、新绿与残雪的森林远足。 ·山地线路，如白山登山、白水瀑布观景。 ·水源线路，如白水湖皮划艇体验、大白川河流攀爬浴场。 ·传统文化线路，如合掌集落前山游览。
东京都小笠原村	为了将小笠原群岛丰富美丽的自然风光和独特的文化留给后代，保持开发与保护之间的平衡，在推进生态旅游方面需要考虑以下三个方面： ·自然环境保护。从全球角度来看，以特有动植物为代表的海洋岛屿具有非常宝贵的独特性，必须作为世界人民的共同资产加以保护。为了使生态旅游的推广能够更积极地作用与保护自然环境，旅游从业者需要提供有关保护活动和指导方针的信息，并鼓励企业积极参与到自然环境的保护中。 ·旅游业振兴。在利用珍贵的自然和历史文化时，需要将开发利用所造成的负担降到最低，形成可持续发展的旅游产业。为此，需要培养对自然充满尊重和理解的导游队伍。此外，为了让游客充分享受岛屿的乐趣，需要开发当地特色体验项目，完善高质量的接待系统。通过提示游客对岛屿的满意度来增强获客力，从而确保旅游业的可持续发展。 ·地区振兴和环境教育。加强提供信息、分享经验，推动生态旅游的发展，进而使整个地区得到振兴。此外，在加强本地儿童教育的基础上，小笠原村还将广泛接纳来自国内外的儿童，推广小笠原群岛独特的自然环境教育和历史文化教育。	·观赏海洋生物和特色景观，如观鲸、观海豚、巡航等。 ·观赏沿海水域（地表或浅水）的动植物。 ·观赏陆地动植物、景观和地貌，如游览森林和山脉。 ·观赏陆地夜间的动植物和自然现象，如海龟迁徙、观星等。

2）河川旅游

河川旅游的开发是为了振兴河流和与之相连的城镇，以开发利用当地的景观、历史、文化和旅游基础设施等资源为主，鼓励政府、民间企业和居民与河流管理者多方合作，创建河流城市。

具体而言，河川旅游一般是基于"水系环境综合整治项目"的支持，以保护、恢复和创造良好的河流环境；通过"放宽占用河床土地许可规则的措施"来开辟河道空间；通过"水源地愿景"来利用水坝激活水源区等。

代表景区有岛根县津和野町。这里被称为"山阴地区的小京都"，有着700年的历史。然而，旅游活动仅集中在市中心的几个街区，和分散在周边地区的景点之间缺乏联系，导致其作为旅游地难以扩大范围。因此，这里一直是一个停留时间较短的中转型旅游目的地。在这种背景下，政府决定以津和野川为纽带，把周围分散的景点连接起来，实施与历史自然协调发展的城镇建设。具体方案主要包括本地居民与景观设计专家交换意见，将河流景观设计成一个人们可以享受与周围自然和氛围和谐相处的聚会场所；基于当地的环境保护条例，对建筑物的高度、颜色、屋顶材料、种植等方面进行规划指导；历史城区景观开发和河流开发项目相整合，形成城区与河流融为一体，开发出以津和野川为核心的新的观光路线。

如今，津和野川已被开发为各种节日和活动的场所，成为当地的一大特色。河流沿岸旅游设施的完善和旅游线路的开发，增加了游客的逗留时间，使得津和野町正逐渐成为一个留宿旅游地。此外，当地居民对河道的的兴趣也增长了，并开始自发地进行日常管理活动，如锄草和清洁。

为有效推广类似的自然体验旅游产品，改善行业环境、提供内容、制定规则等成为当下急切需要解决的问题。从法律视角来看，重要的是制定规则，以确保自然体验旅游产品的安全和质量以及保护环境和旅游资源。然而现状却是，类似的规则并未十分完善，迫切需要政府、旅游地创建法人 DMO 及内容提供商等主体为每一类自然体验型产品制定指导方针。目前，日本观光厅正着手制定指导方针，以开发满足外国游客需求的自然体验型旅游活动。

（2）国立公园畅享项目（环境省）

多年来，日本将自然资源作为旅游资源进行保护和利用时，主要是在《自然公园法》等法律法规的基础上进行的。而近几年的旅游政策中，与利用自然旅游资源相关的政策是由环境省主导的"国立公园畅享项目"。该项目是为了实现政府于 2016 年 3 月提出的《支撑未来日本的观光愿景》①中提出的到 2030 年实现 6000 万名外国游客的目标而采取的重要举措之一。"国立公园畅享项目"以建成世界水平的国立公园为目标，由环境省主持开展至今，截至 2021 年 3 月已召开了 14 次政府（环境省、观光厅、国立公园负责人等）与社会有识之士共同参与的研讨会。

---

① 明日の日本を支える観光ビジョン。

·项目的宗旨

国立公园畅想项目以"最大的魅力是自然本身"为基本理念，向旅游业开放最优质的自然环境的同时，还能给游客提供亲密接触当地文化、饮食、生活方式的机会。别样的自然景观和浓缩的文化历史生活，为来自世界各地的游客提供非同寻常的体验，创造一个高品质、高附加值的入境游市场。

国立公园畅享项目的宗旨是，通过保护及利用国立公园的资源，实现守护美好自然、促进地区发展的目标。细分有两方面：（1）通过提升日本国立公园的品牌实力，助力吸引国内外游客。不仅体现在游客数量上，还要延长游客在当地的停留时间，帮助游客实现充分享受大自然的高质量旅行。（2）促进旅游地各界充分协作，形成一个刺激当地经济社会发展同时又反哺自然环境保护的良性循环。

·发展方针

2020 年 8 月，在《国立公园畅享项目 2021 年之后的发展方针》①基础上，各个公园也制定了 2025 升级方案。基本方针为：

1）与新冠共存，应对后新冠时代。

2）从 8 个先行模范公园向全部 34 个国立公园进行横向、纵向展开。

3）延续并重视一贯的基本观点——最大的吸引力是自然本身。

基于方针，国立公园将加强对国内游客的获客力，利用迄今已建立的接待环境和基础设施，吸引外国游客，致力于创建世界级的国立公园。同时横向推广先行的 8 个模范公园中已取得成功的经验。此外，为了实现 2050 年的碳平衡目标，还将推进建设零碳公园。具体的举措有：

1）制度化国立公园畅享项目，把合适的改善措施反映到各个公园的管理制度中。

2）扩大目标群体，以国内游客为重点，利用国立公园的特点和故事进行品牌宣传和内容创作，提升国立公园的认知度；开发多样化体验模式，如工作假期、探险旅游、可持续旅游等；对本地人力资源进行培训。

3）推广兼顾质量、舒适和环保的体验式使用，在保护和使用之间形成良性循环。推广限定体验活动，发展用户付费机制，根据体验模式进行区域

---

① 国立公園満喫プロジェクトの 2021 年以降の取組方針。

划分。

4）加强基础设施建设。强化游客中心的导览功能；提供可应对疫情传播或自然灾害的安全舒适设施，如游客中心、山间小屋等；创造环境友好型接待环境，推广去碳化、去塑化等。

5）创建游客愿意驻足的景区。评估公园项目的管理状况，拆除废弃建筑物。

6）强化公私合作、地域合作。建立与地方金融机构、交通部门的合作体系，加强与私营公司及 DMO 的合作；联合多家公园、周边旅游地，建成包括广域旅游、文化、商品等在内的地区旅游带。

· 发展情况

2016 年项目施行之初，日本环境省选定了 8 个先行模范公园，在对外宣传、设施翻新、Wi-Fi 环境、多语服务等软硬件方面作出了改善提升，而后将这些经验逐步推广到全国其他的国立公园中。这些举措使得国立公园的外国游客数量从 2015 年的约 490 万人次增加到 2019 年的 667 万人次。但同时，在世界级的品牌认知度、与民营企业的合作等方面，依旧存在不足之处。

到了 2020 年，由于受到新冠感染疫情影响，旅游业遭受了沉重打击，全日本的外国游客数量比前一年减少了约 87%，而在国立公园住宿的国内游客也同比下降了约 44%，公园经营者面临着维持经营的巨大挑战。如今，在后疫情时代，随着人们生活方式工作方式的改变，户外休闲、远程办公等需求也在增大，这也给国立公园带来了新的机遇。因此，尽管旅游业的未来尚不明朗，但日本依旧没有改变 2030 年实现入境游客 6000 万人次这一目标，并继续商讨未来将要开展的新措施，包括吸引高品质酒店、向私营企业开放公共设施、引入受益人负担金制度[①]、改善景观等。

· 具体举措

1）向私营企业开放公共设施。

环境省将所管辖土地、建筑物的使用许可期限从 3 年修订延长至 10 年，以供民营企业使用。如伊势志摩国立公园，在修缮能够眺望英虞湾全景的横山

---

① 国家和地方政府让受益于使用其公共设施的个人或特定地区的居民支付部分设施的建设和维护费用。

展望台时，引进了私营咖啡馆。

2）与私营业者开展合作。

截至 2021 年 3 月，国立公园已与 105 家公司缔结了官方合作伙伴关系①，这些伙伴公司正在持续努力地向全世界传播国立公园的魅力。如阿苏肥后银行为阿苏久住国立公园提供非现金结算的技术支持；全日空在旅游规划网站上向访日游客展示国立公园特集；羽田机场在机场等候区、JR 东日本在成田特快列车上播放国立公园的宣传片。

3）打磨宣发内容、强化接待体制。

国立公园在日本旅游门户网站"Japan Travel"上开设专栏，介绍各个公园的魅力。印发宣传手册达 8 万册，摆放在国际机场、黄金旅游线路沿线等外国游客驻足地。

4）用减法改善景观。

在大山隐岐国立公园的大山寺地区，当地政府利用内阁府的划拨资金拆除可废弃建筑，建成了咖啡厅、购物店。在阿苏久住国立公园的长者原地区，九州电力公司配合环境省实施的基础设施建设工程，拆除了有碍观瞻的电线杆、电缆等。

5）修缮基础设施。

在大山隐岐国立公园，修缮了木制游步道，开发了多语言导游软件"大山自然图鉴"。在十和田八幡国立公园，重建了旅游广场，为游客提供了休憩交流的场所。

3. 文化旅游资源的旅游产品开发动向

（1）修订《文化财保护法》

文化旅游资源的主要构成是以历史建筑为代表的有形文化财产和以庙会、传统节庆活动为代表的无形·民俗文化财产。这些文化财产的一部分是基于《文化财保护法》单独保护和利用的（详见本章第 3 节），但日本的文化厅除了依据上述法律保护"个别"文化财产外，还致力于以"统筹"方式保护和利用多个文化财产群及其周边的环境（对文化财产进行综合管理），从而实现以

---

① 環境省国立公園利用推進室. 国立公園オフィシャルパートナーシッププロブレム［R］. 東京：日本環境省，2021. https：//www.env.go.jp/nature/mankitsu-project/pdf/2021/partnership.pdf.

文化财产为中心，把整个地区创建成极具历史文化魅力的地区。此前，日本各地方政府还制定推行了《历史文化基本构想》①，对文化财产进行综合保护和利用。而随着《文化财保护法》修正案于 2019 年 4 月 1 日生效，这一宗旨也已被法制化。

2019 年的《文化财保护法》修正案是为了让文化财产在城市发展建设中发挥作用，促进地区整体受益于文化财产。其要点有三个：①由市町村主导的《文化财保存活用地域规划》②制度化；②由国家制定文化财产所有者等主导的《保持活用规划》法制化；③文化财产行政主管部门由教育委员会移交给地方长官及政府机关（作为《地方教育行政组织及运行相关的法律》修订按执行）。上述①是为了让市町村政府在中央政府"个别"指定文化财产施以保护措施之外，能够制定"统筹"规划综合地保护利用本地文化财产（包括未受指定的文化财产），实现《历史文化基本构想》的法制化。甚至可以说，这已经不仅仅是一个"构想"，而是一个为了让文化财产能够发展成为旅游产品而与有关方面协同采取具体行动的"整体规划"。上述③是为了充分发挥文化财产的价值，确保行政一体性，在如景观和城市发展建设等其他行政领域也推行统筹综合的治理，规定文化财产的行政管理可以由地方长官负责（此外，上述②旨在通过可视化单个文化财产所有者的管理情况、弹性化变更程序、提供特殊的税收措施等方式来支持文化财产所有者的管理，以确保文化财产的切实传承）。

此外，作为推进文化财产综合管理的举措之一，日本政府还制定了基于《历史城市创建法》③的"历史风貌维护改善计划"④认证体系。本法中所谓的历史城市，主要是指高历史价值的建筑、本地的历史和根植于传统文化的居民活动形成一个整体共同存在的城市，这些地区的地方政府会自行制定规划来维护并提升历史城市的环境。而"历史风貌维护改善计划"则是国家对各地区制定的规划给予认证，获得认证的城市可以得到国家和县级⑤政府的优先支持。（《历史城市建设法》第 5 条～第 11 条）。这类规划的制定和认证也可以被视

---

① 歴史文化基本構想。

② 文化財保存活用地域計画。

③ 「地域における歴史的風致の維持及び向上に関する法律（歴史まちづくり法）」（平成二十年法律第四十号）。

④ 歴史的風致維持向上計画。

⑤ 相当于国内"省级"。

为将文化财产及其周边地区综合作为旅游内容进行发展的一项举措。

（2）向外国游客开放传统节庆活动

日本各地的传统节庆活动具有巨大的旅游潜力，但同时也面临着各种困难，如传承人的老龄化等。鉴于此，现在越来越多的传统节日被打造成吸引外国游客，特别是那些喜欢体验特色地方历史文化游客的旅游产品。一方面可以保护和延续作为非物质文化遗产的传统节日，另一方面也可以通过旅游带动饮食住宿业的发展，从而振兴整个地区。

观光厅在《如何向外国游客开放传统节日知识集》[①]中描述了通过节庆活动来振兴城市的多种形式，如需要站在游客角度考虑如何收集信息、如何前往举办地、如何参加节日、如何在举办地逗留住宿、在举办地周边拓展游玩等各种活动，即不能仅仅把目光停留在节日现场，重要的是包括节日前后，为参加节庆活动的游客提供各个时段、各种场景的服务，需要一如既往地提供均衡优质的应对方案。

4.复合型旅游资源的旅游产品开发动向

自然和文化相结合的复合型旅游资源的价值日益凸显，是当代旅游的一个重要特征。复合型旅游资源的中心是城市景观，虽说构成景观的单个元素可能没有什么价值，但当它们形成一个整体时，则会具备作为旅游目的地的强大吸引力。因此为了保护开发这种复合型旅游资源，与其分别保护单个构成元素，不如将整个地区作为一个整体保护对象更有效。在这个意义上，可以说与前述基于《历史文化基本构想》和《文化财保存活用地域规划》的文化旅游资源保护利用有很多共通之处，因此从理论上讲，对于以特定文化财产为中心发展旅游业的城市，和不拥有特定文化财产而是把城市景观本身作为旅游资源的城市，这两者的发展方向有差异且是可以区分的，但这种差异只是相对的。

这样一来，以复合型旅游资源为对象的产业与该地区及其文化有极大关联，且可以被视为城市发展规划本身。截至目前，国土交通省已经公布了47个都道府县利用景观进行旅游城市发展规划的实例，《世界一流的日本美丽景观及城市规划——全国47个都道府县利用景观的城市规划和成效》[②]。从实例

①「お祭りの訪日外国人への開放に向けたナレッジ集」。
②「世界に誇れる日本の美しい景観・まちづくり」。

可以看到，除了温泉、城堡和客栈等传统的城市景观，日本全国各地还开发了夜景、商业街、雪国等各种创意的旅游产品，推动着整个城市景观的发展和保护。

此外，官商民协作开发设计城市河流及河岸景观的"水域创新协同计划Mizbering renovationing"也受到广泛重视。该词的来源为日文的"Mizbe（水边）"，英文的"ring（环）""renovation（创新）""ing（进行时）"。希望让民众、企业和政府三位一体形成一个圈子开展工作，改善水域使之实现可持续发展。具体方案有在河流两岸经营咖啡厅、餐厅，组织沿河的步行游览，以及在河边公园举办文体活动等。由于这些举措是基于《河川法》[①]及《河川土地占用许可准则》[②]而组织的商业活动，因此虽然与自然旅游资源的保护利用有所关联，但从设计和利用整体滨水空间进行旅游开发方面而言，则被认为是与利用景观进行的城市发展规划（复合型旅游资源产品化）相通的课题。目前，该计划已在全国 78 个地方实施（截至 2020 年 6 月 1 日），并逐渐推广至全国。为了使其成为扎根于当地社区的更积极的活动项目，创造适应未来的水岸及城镇的形态，正在施行如支援各地的人才培养、加强水域开发与防灾减灾之间的联系等举措。

二、旅游资源保护的相关法律体系综述

（一）自然旅游资源保护的相关法律法规

所谓自然旅游资源，是以国立公园等的自然公园为中心，以多数的自然环境（海洋、山川、湖泊、森林）为保护对象的旅游资源。此外，还有一系列旨在推进生态旅游的相关法律法规。

目前，日本自然旅游资源保护有关的法律法规主要有 9 部：①《自然公园法》（见表 6.4）；②《自然环境保全法》（见表 6.5）；③《鸟兽保护法》（见表 6.6）；④《地域自然资产法》（见表 6.7）；⑤《自然再生推进法》（见表 6.8）；⑥《森林法》（见表 6.9）；⑦《海岸法》（见表 6.10）；⑧《河川法》（见表

① 「河川法」（昭和三十九年法律第百六十七号）。
② 国土交通省「河川敷地占用許可準則」。

6.11）；⑨《生态旅游推进法》（见表6.12）。各法详情见对应的表格内容。

关于自然资源保护的系列法令：

表 6.4 《自然公园法》①

目 的	·推进优秀自然风景区的保护与开发利用。 ·保护生物多样性。	
主 要 用 语	自然公园	指国立公园、国定公园、都道府县立自然公园。（第2条第1号）
	国立公园	能够代表日本风光的卓越自然风景区，由环境大臣指定。（第2条第2号）
	国定公园	参照国立公园标准的优秀自然风景区，由环境大臣指定。（第2条第3号）
	都道府县立自然公园	优秀的自然风景区，由都道府县指定。（第2条第4号）
	特别地域 ·特别保护地区 ·利用调整地区 ·海域公园地区 ·利用调整地区	在自然公园内设立的限制区域的类别。国立公园内的由环境大臣指定，国定公园内的由都道府县长官指定，都道府县立自然公园内的依据条例指定。（第20条第1项、第21条第1项、第22条第1项、第23条第1项、第43条第1项）
	普通地域	在国立公园或国定公园内，不属于特别地域或海域公园地区的其他区域。
概 要	·在特别地域内，原则上禁止新建改建建筑物、变更土地形态性质。（第20条第3项大意） ·在特别保护地区内，原则上禁止采伐种植植物、捕获放生动物、明火作业。（第21条第3项大意） ·海域公园地区内，原则上禁止填海造陆、改变海床形状、停泊物体等。（第22条第3项大意） ·在利用调整地区，原则上禁止入内。（第23条第3项大意） ·在普通地域，可以通过申请开展上述被禁止的行为。（第33条第1项大意）	
备 注	·将自然公园内的自然旅游资源转化为旅游内容时，须充分理解《自然公园法》的限制规定。 ·在《地域自然资产法》②中，上述部分限制规定有所放宽。 ·如上所述，在特别保护地区内，即使是砍伐树木和使用明火这类轻微的活动也是被禁止的，违反这些规定会产生刑事责任（第83条第3号），因此在使用自然公园举办聚会活动等情况时须谨慎留意。	

---

① 「自然公園法」（昭和三十二年法律第百六十一号）。

② 「地域自然資産区域における自然環境の保全及び持続可能な利用の推進に関する法律」（平成二十六年法律第八十五号）。

表 6.5 《自然环境保全法》①

目 的		在特别有必要保护自然环境的地区，保护生物多样性和其他自然环境。
主要用语	原生自然环境保全地域	由环境大臣指定，当地的自然环境须保持不受人类活动影响的原始状态，特别有必要进行保护的地区。（第 14 条第 1 项）
	自然环境保全地域	由环境大臣指定，从植被、地形、地质、生态系统等的状况来看，特别有必要进行保护的地区。（第 22 条第 1 项）
	都道府县自然环境保全地域	当地的自然环境达到自然环境保全地域的标准，属于特别有必要进行保护的地区，基于各地的相关条例获得指定。（第 45 条第 1 项）
	限制进入地区	在原生自然环境保全地域内部设置的限制区域。
	特别地区	在自然环境保全地域内部设置的限制区域。
	海域特别地区	在自然环境保全地域内部设置的限制区域。
	普通地区	在自然环境保全地域内，除特别地区区域、海域特别地区之外的其他地区。
概 要		·在原生自然环境保全地域内，原则上禁止新建改建建筑物、变更土地形态性质（第 17 条第 1 项大意），允许在其内划定限制进入地区（第 19 条第 1 项）。 ·在自然环境保全地域，更进一步划分出特别地区、海域特别地区和普通地区。在特别地区、海域特别地区内，进行规定的开发行为需要得到环境大臣的许可（第 25 条第 4 项、第 27 条第 3 项大意）。但在普通地区，开展一定规模以上的开发项目前只需向环境大臣申报即可（第 28 条第 1 项大意）。 ·在都道府县自然环境保全地域，可以通过各地条例划定特别地区，在自然环境保全地域的法规范围内适用相关限制。（第 46 条第 1 项前段）
备 注		·在《地域自然资产法》中，上述的部分限制规定有所放宽。 ·本法是与《自然公园法》非常相似的框架限制法。《自然公园法》以"自然公园"为约束对象，本法以"自然环境保全地域"为约束对象。 ·因此，值得注意的是，即使是没有被指定为"国立公园"等称号的区域，也可能作为"自然环境保全地域"而受到相应管制。 ·此外，由于大部分"自然公园"的评定要求里包含土地公有这一条件，多以较少出现私人开发受限的案例。但私有地也可以被指定为"自然环境保全地域"，因此这些土地的私人所有者可能面临相应的开发限制。

表 6.6 《鸟兽保护法》（《关于鸟兽保护及狩猎正当化的法律》）②

目 的		通过开展保护和管理鸟类及其他动物的活动，防止因使用猎具造成的危害，实现鸟兽保护、管理及正当狩猎，进而保护生物多样性。（第 1 条）
主要用语	鸟兽保护区	禁止狩猎鸟兽的区域。

① 「自然環境保全法」（昭和四十七年法律第八十五号）。

② 「鳥獣の保護及び管理並びに狩猟の適正化に関する法律」（平成十四年法律第八十八号）。

续表

主要用语	特别保护地区	鸟兽保护区中，除狩猎外原则上也禁止其他开发行为的地区。（第29条第1、7项，第11条第1项）
	休猎区	在一定时期（不超过三年）内，禁止狩猎鸟类及其他动物的地区。（第34条第1、2项，第11条第1项）
概要		·本法是一部综合性法律，制定了各种限制条例（如狩猎许可证制度等）一方面为保护鸟兽，另一方面也为了保护人类不受狩猎行为带来的危险。 ·原则上，禁止未经许可捕捉鸟兽或采集鸟蛋（第9条），但有以下例外：①在可狩猎期间于可狩猎区域通过狩猎方式捕获动物（第11条第1项）；②农业或林业经营活动中不可避免的捕捉或采集行为（第13条第1项）。 ·对于上述行为①，另有特定鸟兽的狩猎限制·禁止（第12条第1项第1~3号）、特定狩猎方法的禁止（第15条第1项）、土地所有者的同意（第17条）、指定鸟兽保护区（第28条第1项）和休猎区（第34条第1项）的限制规定。此外除了关于捕捉和采集的规定外，对于特定鸟兽的贩卖（第23条）、出口（第25条第1项）和进口（第26条第1项）等行为也有所限制。 ·为保护人类不受狩猎行为造成危险，相关条款有特定危险狩猎方法的禁止·限制（第35~38条）、狩猎许可证制度（第39~54条）和猎人登记制度（第55~67条）。
备注		·在《地域自然资产法》中，上述的部分限制规定有所放宽。 ·如前文所述，特别保护地区存在开发活动的限制，禁止新建、改建和扩建建筑物，禁止砍伐树木（第29条第7项），因此即使是不开展狩猎行为的人群也需注意。

表 6.7 《地域自然资产法》[①]

目 的		推进"地域自然资产区域"内的自然环境保护及可持续开发利用。
主要用语	地域自然环境保全等事业	向游览《自然公园法》框架下的国立公园或《文化财保护法》框架下的纪念物等名胜风景区的游客收取"入场费"，作为资金用于当地自然环境保护和利用的事业。（第2条第1项）
	自然环境信托活动[②]	以保护和可持续开发利用自然环境为目的，除一般社团法人、一般财团法人和非营利组织外，都道府县和市町村政府开展的相关活动（如收购、开发风景名胜等）。（第2条第2项）
	自然环境信托活动促进项目	都道府县和市町村政府开展的，推进自然环境信托活动的项目。（第2条第3项）
概 要		·作为"地域计划"（第4条第1项），都道府县和市町村政府需要划定地域自然环境保全事业的实施区域、内容和入场费，自然环境信托活动的实施区域和内容，以及自然环境信托活动促进项目的内容和规划期限（同条第2项）。对于符合地域计划的活动，适用以下宽限条例。

---

① 「地域自然資産区域における自然環境の保全及び持続可能な利用の推進に関する法律」（平成二十六年法律第八十五号）。

② トラスト活動。

续表

概 要	·作为《自然公园法》的特例，实施该法案第 20 条第 3 项、第 21 条第 3 项和第 22 条第 3 项所述之需要许可的行为时，视为已获得许可。（第 6 条第 1 项） ·作为《自然环境保全法》的特例，实施该法案第 25 条第 4 项所述之需要许可的行为时，视为已获得许可。（第 7 条第 1 项） ·作为《鸟兽保护法》的特例，在该法第 29 条第 1 项所规定的特别保护区内实施该法第 29 条第 7 项所述之需要许可的行为时，视为已获得许可。（第 9 条）
备 注	冲绳县竹富町向访问当地离岛的游客收取入场费用，作为保护离岛自然环境工作的资金来源。

表 6.8 《自然再生推进法》^①

目 的		综合推进自然再生领域的政策措施，通过确保生物多样性实现一个与自然和谐共生的社会，同时为保护全球环境作出贡献。（第 1 条）
主 要 用 语	自然再生协商会	有意参与由当地居民、特定非营利活动法人、自然环境专家、土地所有者等其他项目实施者开展的自然再生项目或与自然再生有关的活动的主体，以及相关地方公共团体和行政机关组成的协商会。（第 8 条第 1 项）
	自然再生整体构想	由上述协商会制定的构想，明确了：①自然再生的对象区域；②自然再生的目标；③协商会成员的姓名及岗位；④其他关于促进自然再生的必要事项。（第 8 条第 3 项）
	自然再生项目	以自然再生为目的而开展的项目。（第 8 条第 3 项）
概 要		·有意实施自然再生项目的主体，可组织自然再生协商会。 ·协商会就自然再生整体构想以及为实现这一构想而开展的自然再生项目实施计划进行协商。（第 8 条第 2 款） ·国家和地方政府应努力采取必要的财政及其他政策措施，促进自然再生。（第 15 条） ·如上所述，任何人都可以成为自然再生项目的立项者、执行者是本法的特点，国家和地方政府提供支持促进自然再生项目。
备 注		·据环境省统计，截至 2018 财年末，已成立了 26 个自然再生协商会，编制了 25 个自然再生整体构想和 42 个自然再生项目实施计划。 ·例如，钏路湿原自然再生协商会提出了将当地环境恢复到 1980 年（《国际湿地（拉姆萨尔）公约》注册）之前状态的目标，并正在开展恢复曲流河^②等项目。

---

① 「自然再生推進法」（平成十四年法律第百四十八号）。

② 曲流河 meandering river。

表 6.9 《森林法》①

目的	规定森林计划、保安林和其他森林相关的基本事项，保护涵养森林、提高森林生产力，从而为保护国土和发展国民经济做出贡献。	
主要用语	国有林	所有者为国家的森林等。（第 2 条第 3 项）
	民有林	国有林以外的所有森林。
	保安林	国有林、民有林中，为了实现预防水土流失、预防山体滑坡、保护名胜古迹等目的，由农林水产大臣指定的森林。（第 25 条第 1 项正文）
	地域森林计划	由都道府县行政长官制定，关于各地方民有林建设、保护的规划。（第 5 条第 1~3 项）
	市町村森林整备计划	由市町村政府制定，关于地域森林计划所涉民有林建设、保护的规划。（第 10 条其 5 第 1~3 项）
概要	·任何主体在地域森林计划所涉民有林中进行开发活动（参考森林土地的自然条件及相关行为的程度，如采伐木石、开垦土地等改变土地形状性质的超出政令规定规模的行为活动），都应事先获得都道府县行政长官的许可。（第 10 条其 2 第 1 项正文） ·原则上，采伐地域森林计划所涉民有林中树木之前，必须向市町村行政长官提交书面申请。（第 10 条其 8 第 1 项正文） ·原则上，在保安林中进行以下活动之前需要获得都道府县长官的许可：①砍伐或破坏树木；②放牧家畜；③采集杂草灌木、落叶落枝；④开挖土石树根；⑤开垦土地等改变土地形状性质的行为。	
备注	·本法与《自然公园法》《自然环境保全法》相同，是对某些特定区域进行开发限制的法律。 ·特别是在被指定为保安林的森林中，有很多开发限制规定，经营者需要特别注意。 ·此外，在发生森林火灾时，基于本法还可能产生相关刑事责任。（第 203 条）	

表 6.10 《海岸法》②

目的	通过保护海岸不受海啸、涨潮、海浪及其他由海水或地基变形造成的损害，实现海岸环境的完善与保护及公众对海岸的正确使用，进而为保护国土作出贡献。（第 1 条）	
主要用语	海岸保全区域	由都道府县行政长官指定的，为保护其不受海水或地基变形带来的损害有必要建设海岸保护设施或采取其他管理措施的海岸区域。（第 3 条正文）
概要	·在海岸保全区域进行以下行为需要得到海岸管理员（原则上是都道府县行政长官）的许可： ①通过建设海岸保护设施以外的其他设施或建筑物占用海岸保全区域（第 7 条第 1 项）； ②采挖土石（含沙子）；③在水面或沿海公共用地以外的土地上新建、改建项目；④开挖、填埋、增减土地或其他政令规定的行为（第 8 条第 1 项第 1~3 号）。 ·在海岸保护区内，禁止下列行为： ①破坏、污损海岸管理员管理的海岸保护设施或其他设施建筑；②以油或其他主管部委	

---

① 「森林法」（昭和二十六年法律第二百四十九号）。

② 「海岸法」（昭和三十一年法律第百一号）。

续表

概 要	条例规定的难以通过通常方式处置的物质污损海岸；③将汽车、船舶或其他海岸管理员指定的物体驶入或放置于海岸保护区；④实施政令规定的其他可能对保护海岸造成严重影响的行为。（第8条其2第1项第1~4号）
备 注	·在海岸保全区域以外的公共海岸（一般公共海岸区域），也存在与上述限制条例类似的规定。（第37条其4~6） ·特别需要注意的是，关于"占用一般公共海岸区域"（第37条其4），经营"沙滩屋"属于此处的"占用"，因此需要获得海岸管理员的许可。

表 6.11 《河川法》[①]

目 的		对河流进行综合治理，防止涨潮、洪水、海啸造成的灾害，合理利用河流，保持河水正常功能，保护流域环境。（第1条）
主要 用语	一级河川	对国土资源保护和国民经济建设特别重要、获得内阁政令指定的河流，由国土交通大臣指定。（第4条第1项）
	二级河川	与公共利害密切相关的河流，由都道府县行政长官指定。（第5条第1项）
	河川区域	构成河流的土地，一般指自河堤非河流侧最宽处至对岸河堤非河流侧最宽处之间的土地范围。（第6条）
	河川管理者	一级河川为国土交通大臣，二级河川原则上为都道府县行政长官。（第7条、第9条第1项、第10条第1项~第2项）
概 要		·原则上，在河川区域内开展以下活动需要得到河川管理者的许可：①占用河流水资源的行为（第23条正文）；②占用河川区域内土地的行为（第24条）；③在河川区域内土地上采挖土石（含沙子）的行为（第25条前段）；④在河川区域内土地上新建、改造或拆除建筑物的行为（第26条前段）；⑤在河川区域内土地上开挖、填埋或以其他方式改变土地形状，或种植、砍伐树木的行为（第27条第1项正文）。 ·一级河川由内阁政令、二级河川由省级条例，在管理河流的必要范围内禁止、限制或需经河川管理者许可后方可进行下列行为：①在河流中运送树木或航行船只竹筏（第28条）；②在河流流向、清洁度、流量、流域面积或深度等方面，可能妨碍河流管理的行为（第29条）。
备 注		需要注意，尽管在河岸边的烧烤行为未包含于上述限制规定，但仍有可能被相关条例禁止。

表 6.12 《生态旅游推进法》[②]

目 的	·通过确定生态旅游的基本理念、政府的基本方针和其他促进生态旅游的必要事项，全面有效地推进生态旅游相关政策措施。（第1条） ·基本理念包括：①关注自然环境；②有助于旅游业的复兴；③有助于地区振兴；④活用于环境教育事业。（第3条）

---

① 「河川法」（昭和三十九年法律第百六十七号）。

② 「エコツーリズム推進法」（平成十九年法律第百五号）。

续表

主要用语	生态旅游推进整体构想	确定了生态旅游的实施方法、自然旅游资源（如动植物栖息地）保护措施等的构想。（第5条第3项）
	特定自然旅游资源	有可能因游客或其他人员的活动而破坏的自然旅游资源中，有必要对其采取保护措施的部分。（第8条第1项大意）
概要		·市町村政府可以组织一个由企业、非营利组织、专家、土地所有者、相关行政机构等组成的协商会（第5条第1项），该协商会负责制定生态旅游推进整体构想（第5条第2项第1号）。 ·市町村政府可向主管大臣申请批准整体构想（第6条第1项），对于获得认定的整体构想，国家将致力于协助宣传（第7条第1款）、给与各项许可审批优待（第7条第2款）。 ·市町村政府可以根据获得批准的整体构想，指定需要保护的特定自然旅游资源。（第8条第1项大意） ·对于受指定的特定自然旅游资源，与《自然公园法》框架下的特别区域或海域公园地区等地的禁止行为相同，将禁止污损或破坏、限制使用者人数等。（第9、10条）
备注		环境省和日本生态旅游协会设立了"生态旅游大奖"，以表彰致力于生态旅游的地区和企业所作出的杰出努力。

（二）文化旅游资源保护的相关法律法规

所谓文化旅游资源，是以历史建筑为代表的有形文化财产，以及以庙会、传统节庆活动为主的无形·民俗文化资产，这些资源受到《文化财保护法》的保护。此外，诸如对于京都和奈良这类在日本历史上占有重要地位的地区，还有一些专门的法律和法规，保护其历史景观不被过度开发。

日本目前文化旅游资源保护有关的法律法规共有4部：①《文化财保护法》（见表6.13）；②《古都保存法》（见表6.14）；③《明日香法》（见表6.15）；④《地方传统艺能等活用法》（见表6.16）。各法律详情见对应的表格内容。

关于文化旅游资源保护的法令：

表6.13　《文化财保护法》[①]

目的		保护和利用文化财产，提升国民的文化素养并为世界文化发展作出贡献。（第1条）
主要用语	有形文化财	建造物、绘画、雕刻、工艺品、书法作品、典籍、古籍等其他对我国历史文化领域有较高价值的有形文化财产，以及考古资料等其他具备较高学术价值的历史资料。（第2条第1项第1号）
	国宝	重要文化财中，对于从世界文化角度看具有较高价值的、无与伦比的国家级宝物，文部科学大臣有权将其指定为国宝。（第27条第2项）

---

① 「文化財保護法」（昭和二十五年法律第二百十四号）。

·　177　·

续表

主要用语	无形文化财	·戏剧、音乐、工艺技术等其他对我国历史文化领域有较高价值的无形文化财产。（第2条第1项第2号） ·文部科学大臣有权将无形文化财中重要的部分指定为重要无形文化财。（第71条第1项）
	民俗文化财	·与衣食住、生产作业、信仰、传统节日等相关的风俗习惯、民俗艺能、民俗技术以及用于其中的服饰、器具、屋舍等其他对于理解我国国民生活演变状况不可或缺的财产。 ·文部科学大臣有权将有形民俗文化财中特别重要的部分指定为重要有形民俗文化财，将无形民俗文化财中特别重要的部分指定为重要无形民俗文化财。（第78条第1项）
	纪念物	贝冢、古墓、都城遗迹、城堡遗迹、古宅等对我国具有较高历史或学术价值的遗迹；庭院、桥梁、峡谷、海滨、山岳等对我国具有较高艺术或观赏价值的名胜地；动物、植物、地质矿物等对我国具有较高学术价值的部分。
	文化性景观	在当地人民的生产生活、风土气候等要素发展而成的景区中，理解日本国民生产生活时不可或缺的景观。（第2条第1项第5号）
	传统建造物群	与周围环境协调形成历史风貌的传统建筑物群中具有较高价值的部分。（第2条第1项第6号）
	景观地区	为形成良好的城市景观，基于市町村的都市计划而划定的地区。（《景观法》第61条第1项）
概要		·原则上，在改变依据《景观法》划定的景观地区中的重要文化性景观（第134条第1项），或采取任何可能影响此类景观存续的行为（第139条第1项大意）时，需要事前向文化厅长官提出申请。 ·市町村政府有权依据都市计划或条例，划定设立传统建造物群保存地区（第143条第1项前段、第2项前段），为维持其状态可制定相应的限制变更规定及措施（第143条第1项后段、第2项后段）。 ·国家（文部科学大臣）在收到市町村政府的申请后，如果认为某个建筑群对国家具有特别高的价值，可以将其选定为"重要传统建造物群保存地区"。 ·文化厅还会同都道府县的教育委员会协作，对各市町村的传统建造物群保存地区的保护工作提供必要的指导和建议，另可为各市町村提供经费援助、税制优待等支持其进行修缮、修复、防灾等事宜。

表 6.14 《古都保存法》[1]

目的		保护古都的历史风貌不受胡乱开发。
主要用语	古都	·作为国家曾经的政治和文化中心而具有重要历史地位的城市村庄。（第2条第1项） ·现有京都市、奈良市、镰仓市、天理市、橿原市、樱井市、斑鸠町、明日香村、逗子市、大津市为指定古都。

[1] 「古都における歴史的風土の保存に関する特別措置法」（昭和四十一年法律第一号）。

续表

主要 用语	历史性风土 保存区域	在古都区域内，由国土交通大臣指定的，为保护古都历史风貌所必需的土地区域。（第4条第1项前段）
	历史性风土 特别保存地 区	在历史性风土保存区域内，由古都的城市规划划定的，构成历史性风土保存区域核心部分的地区。（第6条第1项）
概要		·在历史性风土保存区域内进行以下行为时，原则上需事先向都道府县行政长官申报：①新建改建建筑物或设施；②建造屋舍、开垦土地等其他土地形态性质变更；③采伐树木；④开采土石；⑤政令规定的其他可能对保护历史风貌造成影响的行为。（第7条第1款） ·在历史性风土特别保存地区，除上述①～⑤行为外，在⑥改变建筑物和其他设施的外观颜色及⑦展示或张贴户外广告时，原则上需获得都道府县长官的许可。（第8条第1款）
备注		·作为保护历史性景观的法律，尽管1950年颁布了《文化财保护法》，但该法只保护作为"有形文化财"的特定历史建筑物，而历史性景观本身并未成为法律保护对象。 ·因此在20世纪60年代，京都、奈良、镰仓等历史名城制定了许多开发计划，此类计划当时遭受了众多反对运动。为此，1966年出台了《古都保存法》。 ·之后，《文化财保护法》于1975年被修订，"传统建造物群保存地区"成为保护对象，"文化性景观"也于2004年成为保护对象。 ·同年《景观法》颁布，2008年《历史城市创建法》颁布。发展至今，历史性景观已受到多项法律的保护。

表6.15　《明日香法》(《关于明日香村地区的历史风土保存及生活环境建设等的特别措施法》)①

目的		作为《古都保存法》的特例，保护飞鸟地区遗迹的历史性文化遗产。
主要 用语	第1类历史性风 土保存地区	构成了历史性风貌保存的核心部分，应严格控制对现状变更，维持和保护历史性风貌的地区。（属于《古都保存法》的特别保存地区。本法第3条第3项，《古都保存法》第7条其2）
	第2类历史性风 土保存地区	应控制显著的现状变更，维持和保护历史性风貌的地区。（同上）
概要		作为奈良县明日香村的《明日香村历史性风土保存计划》（第2条），在第1、2类历史性风土保存地区内实施比《古都保存法》更严格的开发限制规定。

---

① 「明日香村における歴史的風土の保存及び生活環境の整備等に関する特別措置法」（昭和五十五年法律第六十号）。

表 6.16 《地方传统艺能等活用法》(《关于通过开展活用地域传统艺能等的节庆活动振兴旅游业及特定地区工商业的法律》)①

目 的	通过支持活用地方传统艺能等的节庆活动的开展，促进本地旅游及工商业发展，创造丰富的国民生活、个性的地方社区，进而促进国民经济健康发展、增进国际社会相互理解。（第1条）
概 要	·主管部门长官（国土交通大臣、经济产业大臣、农林水产大臣、文部科学大臣及总务大臣）负责制定、公布关于通过开展传统节庆活动促进特定地区工商业发展的"基本方针"。（第3条） ·各都道府县政府负责制定、公布关于通过开展传统节庆活动促进特定地区工商业发展的"基本计划"。（第4条） ·国家和地方行政机关向基于"基本计划"开展传统节庆活动和特定项目的主体提供建议、指导和其他援助。（第7条） ·由主管部门长官指定的"支援事业实施机关"（第8条）向活用传统艺能开展节庆活动的组织者提供信息、建议、指导和资金帮助。（第9条）
备 注	一般财团法人地方传统艺能活用中心被指定为"支援事业实施机关"，负责组织召开地方传统艺能全国大会、支援日本全国的传统节庆活动（宣传、财政支持、活动策划及运作等）。

（三）复合型旅游资源保护的相关法律法规

复合型旅游资源的核心——景观的形成·保护规章是基于《景观法》进行制定的。此外，由于室外广告除了具备景观功能外还关乎公众安全，因此受到《屋外广告物法》的监管。

日本关于复合型旅游资源保护有关的法律法规共有 3 部：①《景观法》（见表 6.17）；②《屋外广告物法》（见表 6.18）；③《历史城市创建法》（见表 6.19）。各法详情见对应的表格内容。

关于复合型旅游资源保护的法令：

表 6.17 《景观法》②

目 的	为了促进城市、农山渔村等地良好景观的形成，通过综合制定景观计划等其他政策，创建美丽且别具风格的国土风貌、富裕且丰富多彩的生活环境、个性且充满活力的地方社会，从而促进人民生活的改善提升与地方社会的健全发展。（第1条）	
主 要 用 语	景观计划	为在城市、农山渔村地区、其他聚落形成地区以及与这些地区共同形成景观的地区，制定的良好景观形成计划。（第8条第1项）

---

① 「地域伝統芸能等を活用した行事の実施による観光及び特定地域商工業の振興に関する法律」（平成四年法律第八十八号）。

② 「景観法」（平成十六年法律第百十号）。

续表

主要用语	景观计划区域	景观计划对象区域（第8条第2项第1号）
概要		·在地方政府划定的景观计划区域内开展新建、扩建、改建、搬迁，带有外观改变的修缮、改变形态、改变颜色等工程，及其他可能即使符合景观行政团体制订的景观计划，但可能妨碍形成良好景观的行为时，必须事先向当地政府长官提交申请。（第16条第1项） ·市町村政府在都市计划中划定景观地区之后，其中的建筑物的形态风格、最高高度和最低高度、墙面位置、最小占地面积将有所限制。（第61条第2项）

表 6.18 《屋外广告物法》①

目的	形成良好景观，维持地方风貌，预防公众危害。（第1条）
主要用语　屋外广告物	设置在户外长期或持续一段时期向公众展示的物品，如招牌、广告牌、海报和传单，以及张贴展示在广告塔、广告板、建筑物和其他设施上的物品及类似物品。（第2条第1项）
概要	都道府县长官有权对户外广告的展示、设置执行限制裁量，具体限制内容、限制范围由各地条例规定。
备注	·国土交通省制定了《投影广告物条例指南》，作为技术性建议发放给地方政府，供地方政府制定或修订户外广告条例时参考。 ·例如，姬路市在政府官方网站上介绍了景观友好型户外广告的例子，成为安装招牌等场景下的参考。

表 6.19 《历史城市创建法》(《关于维持及提升地方历史性风貌的法律》) ②

目的	维持及提升历史性风貌，创建个性丰富的地方社会，进而实现城市的健康发展和文化的积极进步。（第1条）
主要用语　历史性风貌	反映了当地历史、传统的人类活动，由这些人类活动创建的具有历史价值的建筑物，及周边城市街道等共同构成的良好的社区环境。
概要	·基于国家的基本方针，各市町村政府制定维持及提升本地历史性风貌的规划（《历史性风貌维持提升计划》），在主管部门长官认定的计划区域内，若要开展改变土地划分、形状性质，新建或改建建筑物等的活动，原则上需事先向市町村行政长官提出申报。（第33条第1项正文） ·对于通过认可的《历史性风貌维持提升计划》，将通过社会资本建设项目支援、法律上特殊对待等给与支持。 ·对于重点区域（重要文化财、重要有形民俗文化财、史迹名胜天然纪念物的建筑用地，重要传统建造物保存地区内的土地范围及其周边区域）内的历史性建筑物，市町村长官可将其指定为"历史性风貌形成建造物"，从而要求其所有者履行管理义务，并在增建、改建、拆除、迁移等情况下履行申报义务。（第12条、第15条）

---

① 「屋外広告物法」（昭和二十四年法律第百八十九号）。

② 「地域における歴史的風致の維持及び向上に関する法律」（平成二十年法律第四十号）。

续表

备 注	·根据上述《历史性风貌维持提升计划》开展的项目实例包括：历史建筑的修缮、市政道路的无电杆改造、为拆除有碍观瞻的户外广告提供补助等。 ·《古都保存法》旨在保护"特定的古都"，本法则可更广泛地保护日本全国的历史性城市街区。此外，《景观法》也有关于"保护"历史性景观的条款，但本法使得更积极的促进"利用"的支持措施成为可能。

除此之外，还有一些虽不以景观形成·保护为主要目的但也与之相关的各类法律法规，包括：①风貌地区内建筑物规章（《都市计划法》[①]第 58 条）、地区规划（同法第 12 条其 5）；②传统建造物群保存地区（《文化财保护法》）；③历史风土特别保护地区（《古都保存法》）；④明日香村历史风土保存地区（《明日香法》）等之类基于《历史城市创建法》或《文化财保护法》的各种规章制度。

三、旅游资源利用·保护重点法律专项解读

本节主要就第 2 节中提及的法律法规，特别是与旅游资源利用·保护关联紧密的《自然公园法》《文化财保护法》《景观法》进行解说，加深理解。

（一）《自然公园法》[②]（关于自然旅游资源保护的法规）

1.《自然公园法》概要

《自然公园法》的立法目的是保护优秀自然风景区的同时促进开发利用，从而为民众的保健、休养和教育以及生物多样性做出贡献。

为了确保对自然公园的正确保护和利用，基于每个自然公园的公园规划（《自然公园法》第 7 条），本法规定了公园内设施的类型、布局和限制。（本法概要详见图 6.2）。

2.《自然公园法》下的规制体系

自然公园包括国立公园、国定公园和都道府县自然公园（见表 6.20）。

国立公园是指能够代表日本绝美风光的自然风景区，由环境大臣指定；国定公园是指参照国立公园标准的优秀自然风景区，也由环境大臣指定；都道府县自然公园是指优秀的自然风景区，由都道府县指定。

---

① 「都市計画法」（昭和四十三年法律第百号）。

② 「自然公園法」（昭和三十二年法律第百六十一号）。

被指定的区域可以是国有地、公有地或私人土地。日本的这种制度被称为"地域指定制公园"（见表6.21；美国的国家公园一般以国有土地为基础，被称为"建筑物制公园"）。

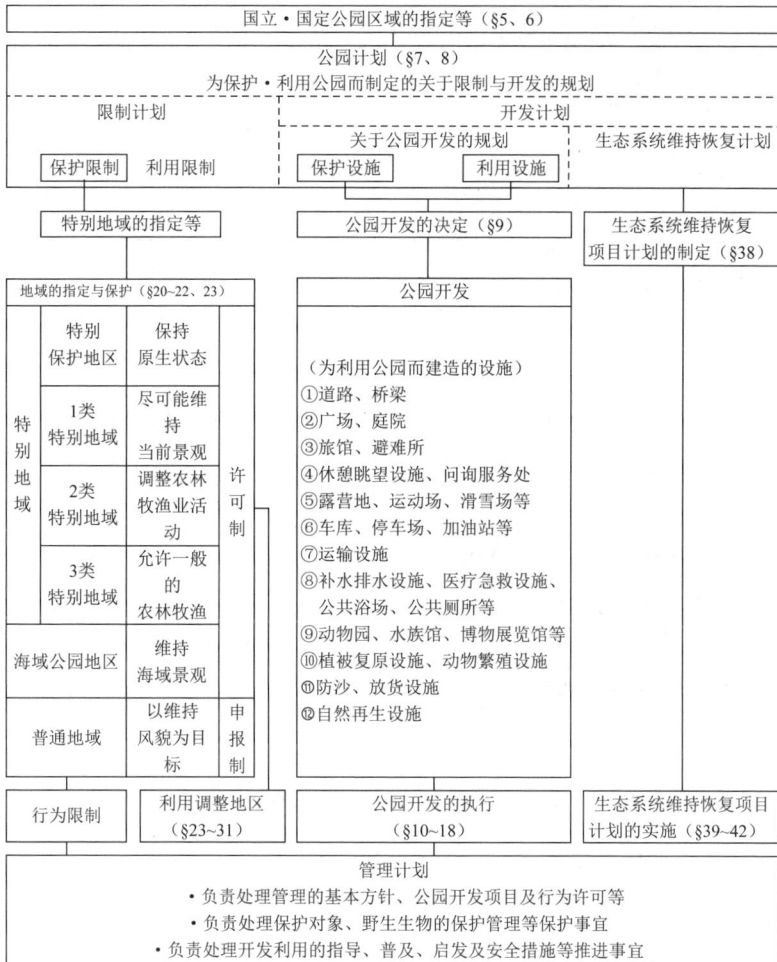

（参考：关于国立公园中协调合作型运营体制的商讨会（第1回） 以参考资料1《自然公园法概要》为基础绘制）

图 6.2 《自然公园法》概要

注：参照环境省国立公园协调合作型运营体制的商讨会（第1回）参考资料1《自然公园法概要》绘制[1]

---

① 日本環境省．自然公園法の概要［EB/OL］．［2022-04-17］．https://www.env.go.jp/nature/np/kanri_kondan/conf/conf01-01/ref01.pdf.

表 6.20　国立公园等的指定状况

类别	公园数（家）	面积（陆地：万平方公里）	占国土面积比例（%）
国立公园 （国家指定、国家管辖）	34	2.19	5.8
国定公园 （国家指定、县管辖）	56	1.41	3.7
都道府县自然公园 （县指定、县管辖）	311	1.97	5.2
合　计	401	5.58	14.8

注：参照环境省网页"自然公园面积总括表"① 绘制

表 6.21　自然公园的分类——地域指定制自然公园和建筑物制自然公园

项目	地域指定制自然公园	建筑物制自然公园
采用国	日本、英国、意大利、韩国等。	美国、加拿大、澳大利亚、瑞士等。
特　征	无论是否拥有土地所有权，公园管理者均可划定公园管理区域，限制公共用途。	土地权利来源归公园管理者所有，土地作为公园专用地使用。
优　势	在划定公园时，无须取得土地所有权，可保障广大用地。	土地成为公园专用地，可施行严格的自然保护措施，易于执行规章制度。
劣　势	需要顾及土地所有者的私有权利以及当地社会影响，较难施行严格的自然保护措施。	在自古以来就用途密集、所有权多样的地区，较难设置公园。
管理体制	多层级地区管理，不同国家管理体制不同。	单一机构（政府机关等）视同财产直接管理。

注：参照环境省关于国立公园·国定公园的指定及管理运营的商讨会 第1回全体商讨会 资料5《国立公园·国定公园制度的概要》② 绘制

3. 自然公园的地域划分

国立公园、国定公园大致上包括"特别地域""普通地域""海域公园地

---

① 日本環境省. 自然公園面積の総括［EB/OL］.（2022-03-31）［2022-05-01］. https：//www.env.go.jp/park/doc/data/natural/naturalpark_1.pdf.

② 日本環境省. 国立公園·国定公園制度の概要［EB/OL］.［2022-05-01］. https：//www.env.go.jp/nature/koen_kento/061031_05.pdf.

区"（都道府县自然公园内无海域公园地区）。

国立公园和国定公园的"特别地域"又可以进一步划分为：特别保护地区、1类特别地域、2类特别地域和3类特别地域。

与这些特别地域不同，在特殊必要的情况下，还可以根据公园规划在特别地域内指定"利用调整地区"，以维持公园的风貌景观同时确保其适当开发利用。这一制度的目的是防止过度开发利用，即通过调整使用者的数量来维护自然景观和生物多样性，以便在以自然景观为使用核心、保有原始景观的国立公园地区实现未来可持续开发利用。也就是说，想要进入该地区，必须得到环境大臣（如果是国立公园）或都道府县行政长官（如果是国定公园）的批准授权。获得批准需支付一定的费用。作为"利用调整地区"的一个例子，在知床国立公园内的部分知床五湖地区，参加事前讲习课程是使用者的义务，这就需要收取管理费用。

此外，在特别地域还存在限制进入地区、限制车马地区、限制种植地区、限制动物放归地区等各类限制规定。

4. 公园计划和公园事业

公园计划是指保护利用国立公园、国定公园的相关限制计划和事业计划（见图6.3）。事业计划包括设施计划和生态系统维持恢复计划。设施计划规定了必要设施的布局、整修政策等。

公园事业是指为保护利用国立公园而整备的设施，这些设施是基于每个公园的公园计划而确定的。公园事业有多种类型，包括登山道路、酒店、餐馆和露营地等。不仅是国家或地方的公共团体，私人经营者在获得环境大臣的批准认可后也可以执行（经营）公园事业。

在实施公园事业时，国立公园严格的开发限制规定并不是一律适用的，而是根据各个地区或公园事业设施的特点制定单独标准。

原则上，国家和地方政府是公园事业的实施主体，但在酒店（住宿）等项目中，经环境大臣或都道府县行政长官的批准，私人公司也可以成为实施主体。具体来说，在公园计划中规定了必要的公园事业，这些可以由获得政府认可的私营公司执行。

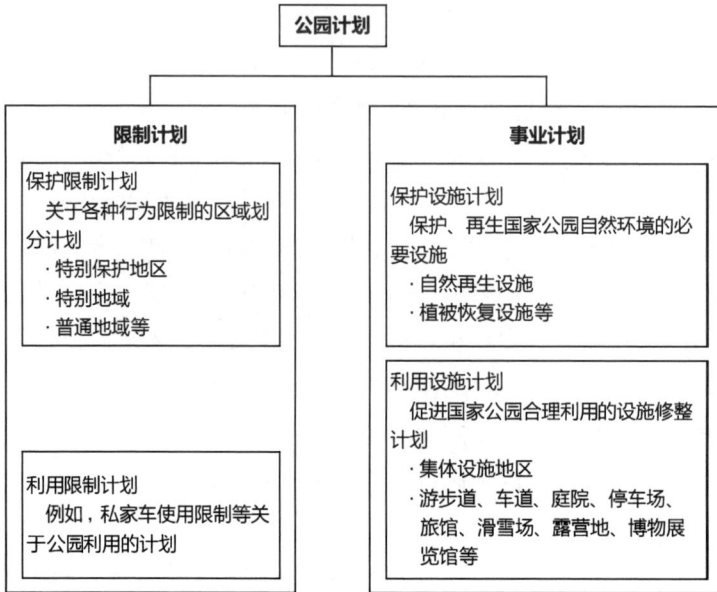

图 6.3　公园计划体系

5.行为限制规定

（1）特别地域

在自然公园的"特别地域"（特别保护地区和 1~3 类特别地域）和"海域公园地区"，特定的行为（活动）须遵循许可制；而在"普通地域"，则实行申报制。目前，在特别保护地区以外的特别地域，有 18 类行为需要获得许可。在限制更严格的特别保护地区内，比一般的特别地域规定了更多类型需要获得许可的行为。

（2）普通地域

在普通地域，并无禁止事项。相关的特定行为，只需向行业管理部门——国立公园向环境大臣，国定公园向都道府县行政长官提交申请，申报行为的种类、地点、施行方式、施行预定日期等内容即可。

（3）海域公园地区

在海域公园地区，特定的行为须遵循许可制。为了防止无秩序的观察观测影响野生动物的生息，阻碍对海洋风景区的保护，若要在海域公园地区内环境大臣指定的区域中使用动力船，其须遵循各地的时限许可。

（二）《文化财保护法》^①（关于文化旅游资源保护的法规）

1. 法律框架

《文化财保护法》旨在通过保护和利用文化财产，提升国民的文化素养并为世界文化发展作出贡献（该法第1条），因而制定了文化财产保护和利用两方面的规则。具体来看，该法一方面规定了文化财产中的重要部分需由国家指定选定，对变更、修缮等做出一定限制；另一方面规定了要扶助有形文化财产^②（建筑、工艺美术品、有形民俗文化财产等）的保护和修缮，无形文化财产^③（表演艺术、工艺技术、风俗习惯、民俗艺能等）的传承人培养（见图6.4、图6.5）。

下文讨论将文化财产作为旅游产品进行利用时所涉及的法律问题，以有形文化财产（建筑）、文化景观、传统建筑群三个方面为中心。

2. 有形文化财产（建筑物）^④

重要的有形文化财产被指定为"重要文化财"，除此之外，特别需要保护利用的有形文化财产被列为"登录有形文化财"。

原则上，如果要改变被指定为"重要文化财"的有形文化财产（建造物）的状态（位置、形状、材质、颜色等），或采取任何对保护有影响的行为，都需要得到文化厅长官的许可（《文化财保护法》第43条第1项）。此外，对于重要文化财的修缮，也必须事先提出申请（同法第43条其2第1项）。如果出现所有者无法承担管理·修缮费用等特殊情况时，政府可以给予资金补助（同法第35条）。

此外，如果要改变被指定为"登录有形文化财"的有形文化财产（建筑物）的状态，原则上需要事先提出申请（同法第64条第1项）。

---

① 「文化財保護法」（昭和二十五年法律第二百十四号）。

② 指文化遗产，属于专有名词，文中保留日语的直译形式。

③ 指非物质文化遗产，属于专有名词，文中保留日语的直译形式。

④ 日文"建造物"包括房屋、桥梁、大坝等，意同汉语"建筑物"，因此处为专有名词，故按原文"建造物"表示。

				(重要的财产)		(价值特别高的财产)
	有形文化财	指定		重要文化财	指定	国宝

[建造物]
[工艺美术品]绘画、雕刻、工艺品、书法作品、典籍
古籍、考古资料、历史资料

（特别需要保护利用的财产）

[建造物] [工艺美术品] — 登录 — 登录有形文化财

无形文化财 — 指定 — （重要的财产）重要无形文化财

[戏剧、音乐、工艺技术等]

选择 —— 应该实施记录等措施的无形文化财（特别有必要的财产）

民俗文化财 — 指定

[有形的民俗文化财]使用于无形民俗文化财中的
服饰、器具、屋舍等
[无形的民俗文化财]与衣食住、生产作业、信仰、
传统节日等相关的风俗习惯、民俗艺能、民俗技术

（特别重要的财产）重要有形民俗文化财

（特别重要的财产）重要无形民俗文化财

（特别有必要保护利用的财产）登录有形民俗文化财 — 登录

选择 —— 有必要实施记录等措施的无形民俗文化财（特别有必要的财产）

纪念物 — 指定

[遗迹]贝冢、古墓、都城遗迹、城堡遗迹、古宅等
[名胜地]庭院、桥梁、峡谷、海滨、山岳等
[动物、植物、地质矿物]

（重要的财产）古迹 — 指定 — （特别重要的财产）特别古迹

（重要的财产）名胜 — 指定 — （特别重要的财产）特别名胜

（重要的财产）天然纪念物 — 指定 — （特别重要的财产）特别天然纪念物

（特别有必要保护利用的财产）登录纪念物 — 登录

文化性景观 — 选定 — （特别重要的财产）重要文化性景观

[梯田、山村、灌溉渠等]

传统建造物群 — 市町村决定 — 传统建造物群保存地区 — 选定 — （价值特别高的财产）重要传统建造物群保存地区

[宿场町、城下町、农渔村等]

文化财保护技术 — 选定 — （有必要实施保护措施的财产）选定保护技术

[文化财保护上必要的材料制作、修理修复等技术]

埋葬文化财

[埋葬在地下的文化财]

文化财

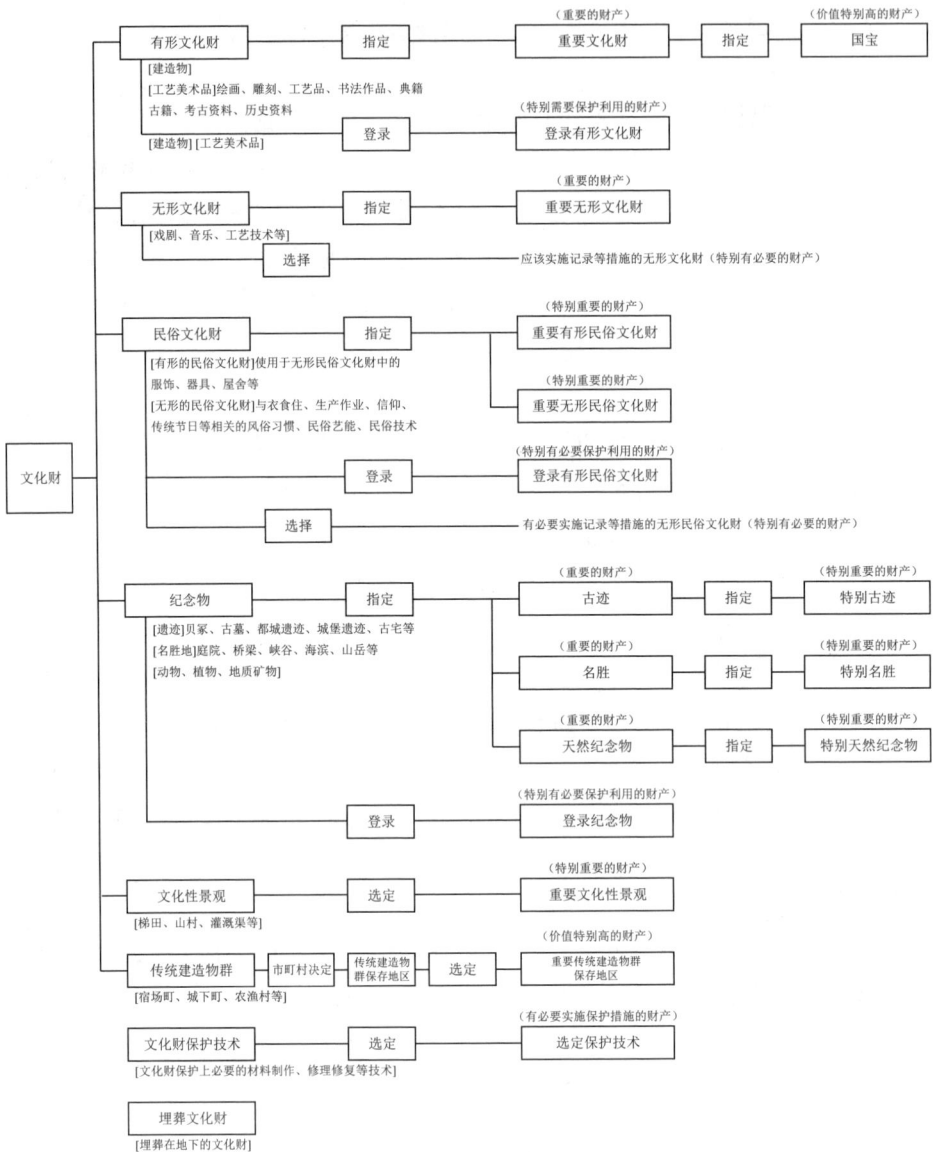

图 6.4　文化财产体系[1]

① 日本文化厅. 文化财の体系图［EB/OL］.［2023-01-06］. https：//www.bunka.go.jp/seisaku/bunkazai/shokai/gaiyo/pdf/93522401_01.pdf.

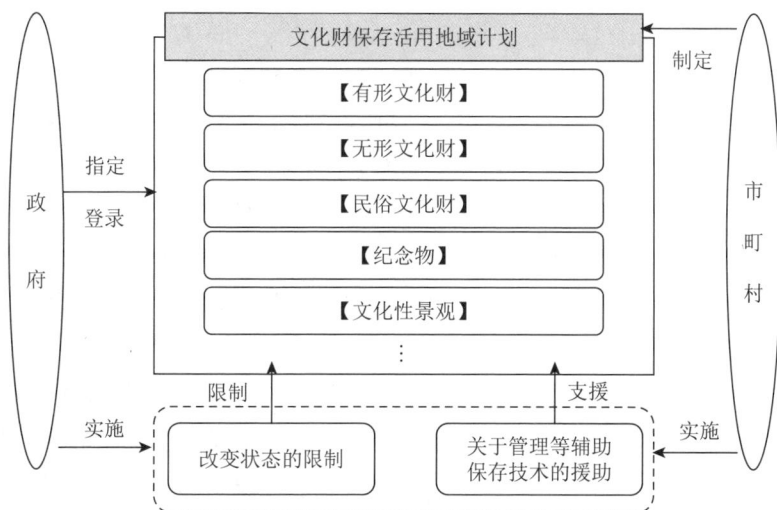

图 6.5 《文化财保护法》体系

3. 文化性景观

日本文部科学大臣可以根据都道府县或市町村的申请，把《景观法》规定的景观计划区域或景观地区内有必要实施保护措施的特别重要的"文化性景观"（在由当地人民的生产生活、风土气候等要素发展而成的景区中，理解日本国民生产生活时不可或缺的景观）选定为"重要文化性景观"（《文化财保护法》第 134 条第 1 项）。梯田、山村和灌溉渠等是日本文化性景观的典型例子，截至 2022 年 3 月，日本全国已选定出 71 处重要文化性景观。

根据《景观法》第 139 条第 1 项的规定，在改变"重要文化性景观"的状态时，原则上需事先提出申请。同时，对于为保护利用文化性景观而进行的调查研究、修缮保养、宣传普及等的项目，日本政府也会提供部分补助金（同法第 141 条第 3 项）。因此，在拥有可以成为本地旅游资源的文化性景观的地区，可以根据情况申请评选为重要文化性景观。

4. 传统建造物群保存地区① （与《都市计划法》② 相关）

根据《都市计划法》第 5 条和第 5 条其 2 以及《文化财保护法》第 143 条第 1 项的规定，市町村政府有权在《都市计划法》规定的"都市计划区"或

---

① 传统的建造物群保存地区。
② 日文"都市计画"，意近"城市规划"。「都市计画法」（昭和四十三年法律第百号）。

"准都市计划区"内设立"传统建造物群保存地区",以保护传统建筑物群(与周围环境相协调形成历史风貌的传统建筑物群中具有较高价值的部分)以及同这些建筑物构成整体价值的周围环境。此外,日本文部科学大臣在收到市町村政府的申请后,如果认为某个建筑物群对日本具有特别高的价值,可以将其选定为"重要传统建造物群保存地区"(同法第 144 条第 1 项)。如驿站町、城邑町、农渔村等历史村庄和城镇景观已作为传统建造物群保存地区而受到保护,截至 2021 年 8 月 12 日,已有 98 个市町村的 126 个地区被选定为重要传统建造物群保存地区①。

日本的《文化财保护法》虽并未针对重要传统建造物群保存地区的状态改变等事宜做出相关规定,但规定了市町村政府在制定保护传统建造物群保存地区相关条例时,需制定"限制改变建筑物状态的规定"和"实施必要保护措施的规定"(同法第 143 第 1 项)。因此,无论是否被选定为重要传统建造物群保存地区,如果要改变传统建造群保存地区内的建筑、传统建筑或与在景观意义上与之密切相关的树木、庭院、池塘、水道、石墙等(环境属性物)的状态,都必须遵循当地条例办理手续。

此外,日本文化厅还与都道府县的教育委员会一同,对各市町村的传统建造物群保存地区的保护工作提供必要的指导和建议,并有权为各市町村提供经费援助,用于重要传统建造物群保存地区的修缮、修复、防灾等事宜(同法第 143 条第 5 项、第 146 条)。此外,在传统建造物群保存地区内,如果为了确保执行市町村制定的管理条例中关于限制改变建筑物状态和必要保护措施的规定,市町村可以在国土交通大臣的批准下,放宽或豁免予《建筑基准法》②中有关建筑场地、构造等的限制规定(《建筑基准法》第 85 条第 2 项)。

(三)《景观法》③(关于复合型旅游资源保护的法规)

1. 法律框架

《景观法》的立法目的是通过促进城市、农山渔村等地良好景观的形成,创建美丽且有风格的国土、独特而有活力的地方社会,从而促进人民生活的改善和地方社会的健康发展(《景观法》第 1 条)。该法对景观计划(景观形成

---

① 重要传统的建造物群保存地区。
② 「建築基準法」(昭和二十五年法律第二百一号)。
③ 「景観法」(平成十六年法律第百十号)。

的总体规划）和在景观计划区域内与形成良好景观相关的行为限制做出规定
（见图 6.6）。

本节介绍了在《景观法》中发挥重要作用的六个行为主体的主要活动内
容：①景观行政团体；②景观行政团体长官；③市町村政府；④景观协议会；
⑤当地居民；⑥景观整备机构。

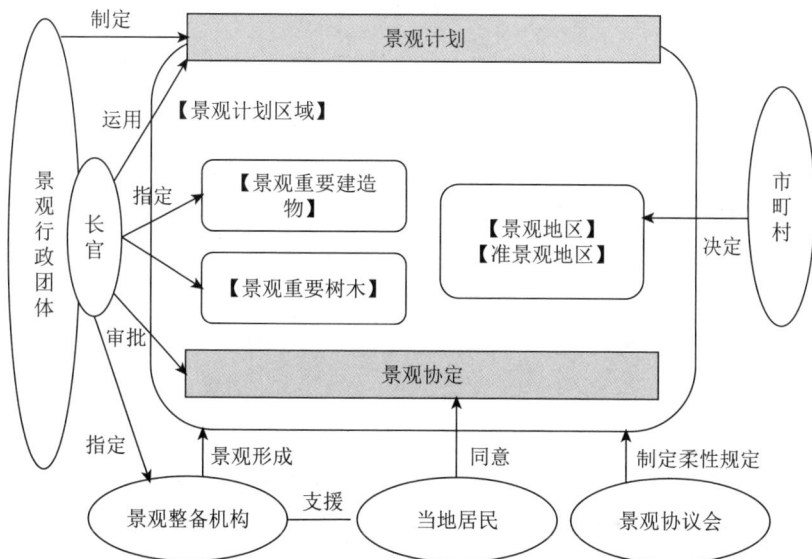

图 6.6 《景观法》体系

2. 景观行政团体：制订景观计划[1]

景观行政团体是基于《景观法》实施景观行政管理的主体，包括：①政令
指定城市（法定人口 50 万以上，受到地方自治法·政令指定的城市）；②核
心城市（法定人口 20 万以上，受到地方自治法·政令指定的城市）；③都道
府县；④与都道府县长官进行协商取得其同意的市町村。

景观行政团体有权在城市、农山渔村等其他市镇或集落形成地区以及与这
些地区形成整体景观的地区，制定保护·构建良好景观的景观计划（同法第 8
条第 1 款）。景观计划须规定下列事项（见表 6.22）。

---

① 日文"景観計画"，意近汉语"景观规划"，此处视为专有名词，故按原文"景观计划"表示。

表 6.22　景观计划规定事项

必须事项	·景观计划区域（可以设定在都市计划区域外） ·为了形成良好景观的行为限制的相关事项 ·景观重要建造物或景观重要树木的指定方针
争取事项	关于在景观计划区域内形成良好景观的方针
选择事项	·关于室外广告的展示方式、张贴载体等的限制事项 ·关于景观重要公共设施的改善事项 ·关于景观重要公共设施占用等的规章标准 ·关于制定景观农业振兴地域整备计划 ① 的基本事项 ·《自然公园法》的许可标准

　　一旦制订了景观计划，则在景观计划区域内开展①新建、扩建、改建、搬迁、带有外观变更的修缮·改变颜色等工程，和②开发行为（为建造建筑物或特定的其他人工建造物而进行的土地区划形态的改变），原则上必须事先向景观行政团体的长官提交申请。除了上述①和②的情况，进行③即使符合景观行政团体制定的景观计划，但可能妨碍形成良好景观的行为时，也须履行相同的申请义务（同法第 16 条第 1 项）。因此，在景观计划规定的区域内，开展可能影响景观的行为（例如，建筑翻新、安装标志、安装夜间照明等）之前，很有必要事先同景观行政团体确认哪些行为需要履行申请义务。

　　关于上述的事先申请事项，需要在景观计划中明确各项行为限制的标准（景观形成标准），包括形态设计限制、高度限制、墙体位置限制和最小占地面积的限制等（同法第 8 条第 4 项）。景观行政团体的长官有权对不符合景观形成标准的行为发出设计变更等劝告（同法第 16 条第 3 项）。因此必须注意，如果一项行为不符合景观形成标准中的形态风格限制，那么景观行政团体有权通过制定条例的方式发出更改命令（同法第 17 条），所以这并不意味着只要提交申请就可以无行为限制。

　　3.景观行政团体长官：实际运用景观计划，指定景观重要建造物·树木

　　如前文所述，景观行政团体的长官负责受理景观计划中规定的应申报行为的申请，并在必要时发出劝告或整改命令。此外还承担如景观协定的批准、景观整备机构的指定等景观计划的实际运用工作。

　　此外，景观行政团体长官有权基于景观计划中关于指定"景观重要建造

---

① 農業水産省「景観農業振興地域整備計画」。

物"的方针,把在景观计划区域内对形成良好景观有价值的建造物(包括与之共同构成良好景观的土地和其他物产)指定为"景观重要建造物"(同法第 19 条第 1 项)。关于景观重要建造物,在对其进行扩建、改建、迁移、拆除或改变外观的修缮、颜色变更等行为时,原则上必须获得景观行政团体长官的许可(同法第 22 条第 1 项)。

同时,景观行政团体的长官有权基于景观计划中关于指定"景观重要树木"的方针,把在景观计划区域内对形成良好景观有价值的树木指定为"景观重要树木"(同法第 28 条第 1 项)。关于景观重要树木,在对其进行砍伐或移植时,原则上必须获得景观行政团体长官的许可(同法第 31 条第 1 项)。

此外,为了保护良好的景观,对于被指定为"景观重要建造物"的建筑中有必要保存其位置、构造的部分,市町村可在取得国土交通大臣承认的前提下,通过法令放宽或豁免于《建筑基准法》中关于建筑场地、构造等方面的限制规定(《建筑基准法》第 85 条第 3 项)。

4. 市町村:决定景观地区等

市町村政府有权在都市计划区域或准都市计划区域内,基于都市计划设立"景观地区",以期在形成良好的城市景观(《景观法》第 61 条第 1 项)。所谓"都市计划"是指为了实现城市健康有序的发展,对土地利用、城市设施完善及城市开发项目而实施的规划(《都市计划法》第 4 条第 1 项)。与"景观计划"那种通过申请制来实现的较为缓和的限制、引导方式,"景观地区"则适用于更积极的场景中去引导良好景观的形成。

在景观地区,可通过制订都市计划·条例来规制建筑的形态风格(设计和颜色)(《景观法》第 61 条第 2 项、第 72 条第 1 项和第 73 条第 1 项)。这些规定和限制条例的遵循由四大机制来保障:①建筑认证(《建筑基准法》第 12 条);②认定(《景观法》第 63 条和第 72 条第 2 项);③适用义务;④许可(见表 6.23)。

表 6.23　景观地区的规定·限制条例及其保障手段

对　象	规定·限制内容	依　据	保障手段
建筑物	形态风格的限制	都市计划（必须）	认　定
	最高高度、最低高度	都市计划（选择）	建筑确认
	墙面位置		
	最小占地面积		
其他人工建造物	形态风格的限制	条例（选择）	认　定
	最高高度、最低高度		适用义务
	建筑间距区域内的安装限制		
开发行为	开发行为（土地形态性质变更、木竹采伐等）的限制		许　可

在都市计划区域或准都市计划区域之外，对于拥有相当数量的建筑物而形成了良好景观的区域，市町村政府也有权将其指定为"准景观地区"，以保护景观（同法第 74 条第 1 项）。在准景观地区，对建筑物和其他人工建造物可以按照景观地区的规定进行管理，但仍需制定相关管理条例来明确限制项目、保障措施、对违规行为的纠正措施等（同法第 75 条第 1 项）。

此外，日本还推行了以"通过发展农业的可持续性来保护地区及景观"为基本理念的制度——景观农业振兴地域整备计划。在景观计划区域中的农业振兴地域（《关于农业振兴地域的整备的法律》[①]第 6 条第 1 项）内，市町村政府为了保障与景观相协调的良好耕作条件、综合推进符合当地特色的农业用地（同法第 3 条）和农业设施的建设，可以制订景观农业振兴地域整备计划。该规划主要包含与景观相协调的土地在农业上的利用事项等内容。同时，当景观农业振兴地域整备计划区域内的土地未按照本计划被开发利用时，市町村的行政长官有权：①对土地所有者进行劝告，告知其应遵循景观农业振兴地域整备计划来使用土地；②当劝告无效时，推荐其进行权利转让的协商（同法第 56 条）。

5. 其他

除上述之外，基于《景观法》，以下各主体也对景观的形成·保护起着作

[①] 「農業振興地域の整備に関する法律」（昭和四十四年法律第五十八号）。

用（见表 6.24）。

表 6.24　对景观的形成·保护起到作用的其他主体

景观协议会（制定与景观相关的软性规定）	·由景观行政团体、景观重要公共设施（景观计划区域内对形成良好景观具有重要价值的道路、河流、城市公园、海滩、渔港等）的管理者和景观整备机构共同组织而成，为实现区域内形成良好的景观进行必要的协商。 ·成员可以包括旅游相关组织、居民等致力于促进良好景观形成的主体（《景观法》第 15 条第 1 项）。 ·由于景观协议会的成员必须尊重协议会讨论过的事项（同条第 3 项），因此协议会可以作为参与景观建设的主体来制定景观相关的软规则（具体来说，可设想其成为政府、商家、行业从业者、当地居民等进行讨论的平台，共同商讨商业街的景观修缮、室外广告的统一化、地区振兴活动等）。

当地居民（景观协定）	·在景观计划区域内的土地所有者（土地所有者和租赁权拥有者）全员同意的基础上，可以制定"景观协定"来综合管理如建筑、绿化、招牌和露天停车场等与景观相关的各种事项（同法第 81 条第 1 项）。 ·景观协定所涉及的内容如下（同条第 2 项）：	
	必须事项	·景观协定区域（在景观计划区域内划定） ·景观协定的有效期 ·违反景观协定时的处置措施
	选择事项	·为形成良好的景观，下列内容中必要的部分： ·关于建筑物形态风格的标准 ·关于建筑物用地、位置、规模、构造、用途、建筑设备的标准 ·关于其他人工建造物的位置、规模、构造、用途、形态风格的标准 ·保护树林、草地及其他绿化相关的事项 ·关于室外广告的展示方式、张贴载体等的标准 ·保护利用农业用地的相关事项 ·其他与形成良好景观相关的事项
	·景观协定需要得到景观行政团体长官的批准（同条第 4 项），已获批准的景观协议对新的土地所有者继续有效（同法第 86 条）。	

景观整备机构（自发的景观形成责任人）	·为了促进民间团体和当地居民自发地保护修缮景观，景观行政团体的长官可以指定那些具有一定景观保护修缮能力的非营利组织和公益组织，共同定位为承担良好景观形成的主体，即景观整备机构制度（同法第 92 条第 1 款）。 ·景观整备机构的工作内容包括：向致力于景观形成事业的当地居民等派遣具有相关知识的人员、提供信息和其他支持，基于管理协定管理景观重要建造物和景观重要树木，开展关于良好景观形成的调查和研究（同法第 93 条）。

参考文献

外文文献

［1］Lauren Uppink，Maksim Soshkin. Travel & Tourism Development Index 2021［R］. The World Economic Forum，2022.

［2］岡本伸之，等. 観光学入門［M］. 東京：有斐閣，2001.

［3］原田順子，十代田朗. 観光の新しい潮流と地域［M］. 東京：財団法人 放送大学教育振興会，2011.

［4］志賀重昂. 日本風景論［M］. 東京：政教社，1894.

［5］小島烏水. 日本山水論［M］. 東京：隆文館，1906.

［6］Laurent Vanat. 2022 international report on snow & mountain tourism［R］.

［7］小谷達男. 観光事業論［M］. 東京：学文社，1994：136-137.

［8］荒井正児，佐伯優仁，高宮雄介，等. ガイダンス インバウンド・観光法［M］. 東京：商事法務，2019.

中文文献

［1］王金伟，李子洁，冯岩飞. 日本旅游经济发展特点及政策走向——基于2018年版《旅游白皮书》的审视［J］. 日本研究，2019（2）：54-60.

［2］陈蕙. 日本旅游业发展及特点研究［J］. 华东师范大学硕士论文，2009：2.

［3］徐皎. 日本国际旅游业的特点及新动向［J］. 世界地理研究，2006

（01）：94-98.

［4］邹蔚菲．经济危机中日本旅游业的市场拓展与政策扶植［J］．现代日本经济，2009（4）：60-64.

［5］凌强．日本政府主导型旅游发展模式及其政策措施与成效［J］．世界地理研究，2008（03）：150-157.

［6］金春梅，凌强．日本观光立国战略模式及启示［J］．日本问题研究，2012，26（01）：20-25.

［7］殷作恒．日本旅游法律法规［M］．北京：社会科学文献出版社，2005.

［8］殷作恒．日本旅游立法的主要内容及法律体系的特点［J］．外国经济与管理，2000（5）：30-33.

［9］陈友华．日本旅游政策研究［M］．南昌：江西人民出版社，2007.

［10］王金伟，李子洁，冯岩飞．日本旅游经济发展特点及政策走向——基于2018年版《旅游白皮书》的审视［J］．日本研究，2019（2）：54-60.

［11］刘立善．日本人的"红叶情节"［J］．东瀛文化，2012（10）：33-35.

［12］陈友华．日本旅游政策研究［M］．南昌：江西人民出版社，2007.

［13］薛芹．日本现代旅游业的发展历程及发展方向［J］．苏州大学硕士论文，2006：18.

［14］朴京玉，万礼．日本绿色旅游的运行模式及其机理［J］。农业经济，2011（08）：33-35.

［15］柴亚林，马歆星．近年来日本旅游产业政策与入境旅游市场分析［J］．日本学刊，2007（04）：73-83.

［16］刘强强，田学军，刘恒霞，章文林．日本旅游业发展的启示［J］．合作经济与科技，2023（07）：59-61.

［17］陈玲玲．日本樱花旅游开发研究［J］．中国花文化国际学术研讨会论文集，2007：11-14.

［18］刘立善．日本人的"红叶情节"［J］．东瀛文化，2012（10）：33-35.

［19］毅杰荐．日本：秋风飒爽 红叶起舞［J］．安全与健康，2008（22）：17-18.

［20］吴楚材，吴章文.发达国家的森林旅游［J］.森林与人类，2010（03）：12-13.

［21］艾林.日本挖掘森林旅游资源［J］.山西林业，1996（01）：23.

［22］付铁山，杨传鑫.日本乡村滑雪市场开发模式及其启示［J］.体育文化导刊，2014（03）：130-133.

［23］王静，田慧.日本滑雪产业发展经验与启示［J］.体育文化导刊，2019（11）：104-109.

［24］彭琳，杨锐.日本世界自然遗产地的"组合"特征与管理特点［J］.中国园林，2013，29（09）：41-46.

［25］李彬.屋久岛：日本生态旅游的一个成功案例［J］.东北亚学刊，2017（04）：55-59.

［26］周星，周超.日本文化遗产保护的举国体制［J］.文化遗产，2008（01）：133-143.

［27］冈村世里奈，向田和弘.日本发力医疗旅游［J］.中国医院院长，2012（16）：52-53.

［28］黎宏宝，杨莹.主题公园盈利模式研究述评与展望［J］.中国市场，2019（34）：85-87.

［29］刘宏盈，万莉莉，张娟，韦复.日本动漫旅游发展模式及其对广西的启示［J］.江苏商论，2012（01）：122-125.

［30］马熙逵.日本动漫衍生文化研究－"趣味的消费"［J］.齐鲁艺苑，2018（03）：92-96.

［31］刘斌.日本动漫海外传播的思考和启示［J］.对外传播，2018（11）：75-78.

［32］韩榕，钱旭鸯.日本修学旅行：国民教育的"必修课"［J］.上海教育，2019（24）：29-32.

［33］曹晶晶.日本修学旅游发展及其对中国的启示［J］.经济研究导刊，2011（04）：134-136.